应用型本科经济管理类专业系列教材

电子商务物流基础与实训

周晓　陈宇　辛琦　马莉婷　编著

西安电子科技大学出版社

内 容 简 介

本书立足于应用型本科高校的特点，注重培养学生的实践技能，较全面、系统地阐述了电子商务物流最重要的知识模块，包括物流基础、物流信息技术、网络采购、库存管理、物流模式、供应链管理、配送中心、国际物流等 8 章。

本书体例形式丰富，每章开篇均设置有"学习目标"模块；在章节中穿插小案例及补充资料，即"小链接"模块；在每章最后均设置有"本章小结""配套实训""课后习题"等模块，部分章节还设置有"讨论案例"模块。

本书可作为高等院校电子商务、物流管理、物流工程、市场营销、工商管理、信息管理等相关专业的教材，也可供企业的物流管理人员、技术人员使用或参考。

图书在版编目(CIP)数据

电子商务物流基础与实训 / 周晓等编著. —西安：西安电子科技大学出版社，2020.8
(2021.6 重印)
ISBN 978-7-5606-5854-4

Ⅰ.①电…　Ⅱ.①周…　Ⅲ.①电子商务—物流管理—高等学校—教材
Ⅳ.①F713.365.1

中国版本图书馆 CIP 数据核字(2020)第 150467 号

策划编辑　李鹏飞
责任编辑　于文平
出版发行　西安电子科技大学出版社(西安市太白南路 2 号)
电　　话　(029)88202421　88201467　　　邮　　编　710071
网　　址　www.xduph.com　　　　　　电子邮箱　xdupfxb001@163.com
经　　销　新华书店
印刷单位　陕西日报社
版　　次　2020 年 8 月第 1 版　2021 年 6 月第 2 次印刷
开　　本　787 毫米×1092 毫米　　1/16　　印 张　13.25
字　　数　310 千字
印　　数　501～2500 册
定　　价　38.00 元

ISBN 978-7-5606-5854-4 / F

XDUP 6156001-2
如有印装问题可调换

前　言

2019 年我国社会物流总额达到 298 万亿元，快递业务量突破 635.2 亿件，稳居世界第一，实现了跨越式发展，走出了一条中国特色的物流发展道路。预计 2020 年我国社会物流总额近 300 万亿元，继续保持增长态势。近年来，我国物流业发展环境得到了显著改善，物流基础设施体系更加完善，大数据、云计算等先进信息技术广泛应用，物流新模式、新业态加快发展，物流业转型升级步伐明显加快，发展质量和效率显著提升。

本书较全面、系统地阐述了电子商务物流最重要的知识模块，包括物流基础、物流信息技术、网络采购、库存管理、物流模式、供应链管理、配送中心、国际物流等 8 章。本书是如下教学团队和项目的研究成果：

(1) 教育部 2018 年第二批产学合作协同育人项目(实践条件和实践基地建设项目)——跨境电子商务创新创业生态圈建设方案(项目编号：201802154071)；

(2) 教育部 2017 年第二批产学合作协同育人项目(教学内容和课程体系改革项目)——基于中国(福建)自由贸易试验区的电子商务专业创新课程体系建设(项目编号：201702067015)；

(3) 2018—2020 年福建省终身教育重点项目(课题研究项目)——创新视角下终身教育电子商务教学资源建设研究；

(4) 2018 年福建省省级本科教学团队项目——电子商务创新创业实战实验教学型本科教学团队；

(5) 2017 年福建省高等学校创新创业教育改革项目(精品资源共享课)——电子商务创业实践(项目编号：17CXKC02)；

(6) 2017 年福建江夏学院校级教学团队项目——电子商务系列课程教学团队(项目编号：17JXTD07)。

本书由福建江夏学院周晓、陈宇、辛琦、马莉婷四位老师共同撰写。周晓与辛琦共同拟定本书的大纲；马莉婷撰写本书的第 1、2 章；辛琦撰写本书的第 3、4 章；周晓撰写本书的第 5、6 章，并对全书进行必要的修改、补充和统稿；陈宇撰写本书的第 7、8 章及全书的"配套实训"模块。

在本书的编写过程中，编者虽然参阅了部分相关文献资料，但由于水平有限，加之时间仓促，书中可能仍存在一些不足之处，恳请广大读者批评指正。

编　者

2020 年 5 月

目　　录

第1章 物流基础

熟练掌握物流的概念及物流创造的价值；掌握物流的七大功能要素及物流的各种分类方法；了解重要的物流学说、物流的历史、我国物流的发展阶段及国内外著名的物流企业。

1.1 物流概述

1.1.1 从"电商价格战"说起

2012年8月14日，京东商城CEO刘强东的两条主要针对苏宁易购进行价格战的微博点燃了电商争霸的导火索，其后包括苏宁易购、国美电器等多家电商高层在微博中回应了刘强东，一时间电商行业硝烟弥漫，新一轮电商大战拉开序幕。随着当当、易迅等企业的"乱入"，这场电商大战逐渐演变为整个国内电商行业的混战。然而，这场号称"最惨烈的价格战"却遭到用户的吐槽：降价幅度不大，苏宁易购开启促销后宕机，订单过多导致体验不佳……高调开场的价格战在京东和苏宁的口水攻势下不了了之。而苏宁易购则表示，今后不会再跟进京东的价格战活动。

电商企业之所以打"价格战"有以下几方面原因。

1. 商品同质化问题凸显，市场呈现供大于求的状况

现存的B2C网站由于所出售的商品相似程度较高、服务水平差异不大、销售策略趋同，导致出现了严重的同质化现象。比如，当当网和亚马逊原本以销售图书类商品为主，京东原本以销售电子产品为主，而如今商品种类都已涵盖了图书、音像、母婴、美妆、家居、数码3C、服装、鞋包等几十大类。由于商品的同质化，消费者在进行网络购物时就会货比多家，因此，B2C网站必然会在价格上彼此竞争，以吸引消费者的眼球。为了争夺消费者，它们不断推出各种打折、大促活动，甚至"赔本赚吆喝"，尤其在重大节假日期间，如"双11"、"双12"、圣诞节、元旦、春节、情人节等，电商企业之间的竞争更加白热化。

2. 存在获得利润、取得规模效应、扩大市场份额的动机

如果没有丰厚的利润和规模效应作为保证，对电商企业来说，开展价格战是不具备现实条件的。国家发改委价监局对2012年8月京东商城挑起的"电商价格战"展开调查，调查结果显示，在价格战过程中，某些电商企业的促销宣传行为涉嫌虚构原价、欺诈消费者。刘强东曾称所有大家电在 3 年内保持零毛利，然而相关部门抽查显示，当时这些产品的毛利率最低为 4%，最高为 22.43%，促销后最高毛利率也达 10%。规模效应则从淘宝"双 11"购物狂欢节公布的官方数据清晰可见。"双 11"购物狂欢节支付宝总销售额达 191 亿元(天猫创造了 132 亿元，淘宝创造了 59 亿元)，其中杰克琼斯、GXG、裂帛、骆驼 4 个服饰品牌和家居品牌——全友家居创造了令人瞩目的辉煌业绩。

需求定理表明，在消费者的收入、偏好及其他商品价格不变的情况下，某商品的需求量与价格呈反方向变动关系：商品价格下降，消费者对该商品的需求量会上升。正因为如此，电商企业才有意愿通过调低商品的售价以期获得销售额的提升，从而扩大市场份额，进而争取到更多的风险投资。当前的 B2C 市场表现为电商企业为了争夺市场份额而展开激烈角逐，最有效的手段就是提供物美价廉的商品，因此，价格战在差异化竞争的格局未形成前是不可避免的。

3. 国家监管制度不完善

如果国家有严格、完善的监管制度，对率先挑起价格战的企业进行严厉的责罚，就能起到有效的震慑作用。2012 年 8 月京东商城挑起的"电商价格战"就暴露出了国家监管不严的问题。价格战源起 8 月 14 日，在经过一系列的调查后，发改委价监局才在 9 月 4 日给出定性：电商价格战涉嫌虚构原价、欺诈消费者，将对此行为依法惩处。历经 21 天才给予定性，可见没有预先设计适当、有效的处理机制。

4. 有供应商愿意为"价格战"买单

频繁的价格战使得供应商线下实体店的价格遭到强大的冲击，价格体系混乱，消费者通过线下实体店购买所需物品的意愿下降，直接导致实体店销售量下滑。同时，由于电商企业控制着供应商的货品和资金，处在供应链顶端的供应商别无选择，只得被动加入价格战。因此，电商价格战实质是电商企业对供应商的进一步压榨，而供应商在为"电商价格战"买单。

5. 参与"价格战"的电商企业都具有一定的物流优势

如果电商企业没有一定的物流优势，在物流成本高居不下的情况下，是很难割舍利润进行降价促销的。例如，率先挑起"电商价格战"的京东商城是国内最早投入物流建设的电商企业，在 2012 年京东挑起价格战时，其自建物流体系由 6 大物流中心、27 个城市仓储中心、近 1000 个配送站、300 个自提点组成，覆盖全国 1188 个行政区县。京东现已推出极速达、夜间配、211 限时达、GIS 包裹实时跟踪等一系列特色配送服务，极大地提升了用户体验。苏宁易购和国美电器也都有实体店的物流配送团队。

因此，有分析人士认为：价格战是明战，物流是暗战。电商价格战将由物流决定胜负。那么物流是什么呢？

1.1.2　物流对人们生活的改变

对于消费者来说，传统的分别到几个店铺购买不同用品的消费习惯已逐渐被在一家超市一次性买齐所需物品的购物方式(一站式购物)所取代。当琳琅满目的商品井井有条地放置在货架上时，你可曾想过它们是怎样从不同的国家、不同的城市、不同的厂商汇聚到一个超市的货架上而呈现在你的面前的？

在网络购物方式下，你可以做到足不出户，只需通过打开计算机、轻点鼠标、网上下单、网上付款这几个简单的操作，再经过一段时间的等待后，就会有快递人员为你送货上门，把你所订购的异地甚至是异国的商品送到你的手中。体会到其中的方便快捷之外，你可曾想过这是怎样实现的？

其实，这所有的一切，都是物流的功劳。可以说，由于物流的存在，人们的购物方式发生了巨大的变化，人们可以方便快捷地获取处于任何地理位置的商品，生活水平得到了明显的提高。那么，究竟什么是物流呢？

小链接

第 45 次《中国互联网络发展状况统计报告》

2020 年 4 月 28 日，中国互联网络信息中心(CNNIC)在北京发布的第 45 次《中国互联网络发展状况统计报告》显示：截至 2020 年 3 月，我国网民规模达 9.04 亿，较 2018 年底增长了 7508 万，互联网普及率为 64.5%，较 2018 年底提升了 4.9 个百分点；我国手机网民规模达 8.97 亿，较 2018 年底增长了 7992 万，网民使用手机上网的比例达 99.3%，较 2018 年底提升了 0.7 个百分点。

截至 2020 年 3 月，我国网络购物用户规模达 7.10 亿，较 2018 年底增长了 1.00 亿，占网民整体的 78.6%；手机网络购物用户规模达 7.07 亿，较 2018 年底增长了 1.16 亿，占手机网民的 78.9%。2019 年网络交易规模达 10.63 万亿元，同比增长了 16.5%。数字贸易不断开辟外贸发展的新空间。2019 年，通过海关跨境电子商务管理平台零售进出口商品总额达 1862.1 亿元，同比增长了 38.3%。数字企业通过商业模式创新、加快数字技术应用不断提升供应链数字化水平，为产业转型升级提供了重要支撑。

(资料来源：中国互联网络信息中心. 第 45 次中国互联网络发展状况统计报告. http://www.cnnic.cn/hlwfzyj/hlwxzbg/hlwtjbg/202004/P020200428596599037028.pdf.)

在电子商务时代，由于企业销售渠道的拓展及消费者购物方式的转变，送货上门等业务成为一项极为重要的服务业务，促进了物流行业的发展。物流行业被媒体称为"21 世纪最大的行业"。

小链接

网购催大快递

我国快递业有 1/3 的业务量是由网购带动的，仅 2008 年网购包裹量就超过 5 亿件。而淘宝的公开数据显示，2008 年淘宝实际物流配送支持量约为 200 万单/日，到 2009 年 6 月，物流实际业务需求量已上升到 300 万单/日。网购配送已经成为快递业的最大蛋糕。

(资料来源：南都周刊. 网购催大快递. http://www.100ec.cn/detail--5642200.html.)

据中国快递协会统计，至 2010 年 10 月，电子商务每天产生的快件量已突破 500 万件，占我国日发送快件总量的一半左右。电子商务创造了巨大的快递需求，而快递物流又是电子商务不可或缺的环节，两者可谓一荣俱荣、一损俱损。

(资料来源：新浪财经. 快递业成也网购困也网购. http://finance.sina.com.cn/chanjing/cyxw/20110211/08489359634.shtml.)

从以上数据可以看出，网民人数的爆发式增长为电子商务的快速发展奠定了坚实的用户基础，而作为电子商务发展的重要瓶颈——物流行业的快速发展，也为电子商务的快速发展扫除了前进中的障碍。试想：如果不能快速地得到网购的商品，网络购物就无从体现它的方便快捷，也就失去了它的魅力。

1.1.3 电子商务中的"四流"

在深入学习物流的相关知识之前，有必要先回顾一下在电子商务中普遍存在的四流：信息流、资金流、物流和商流。

(1) 信息流：电子商务交易各主体(企业、消费者等)之间信息的传递过程，也是企业内部、企业与消费者、企业与企业之间的信息传输与交流过程。

(2) 资金流：交易资金的转移过程，包括付款、转账和兑换等过程。它始于消费者，终止于商家账户，中间经过银行等金融机构。

(3) 物流：物品从供应地向接收地的实体流动过程。根据实际需要，将运输、储存、装卸、搬运、包装、流通加工、配送、回收、信息处理等基本功能实施有机结合。

(4) 商流：商品所有权的转移过程。

在电子商务的应用中，十分强调信息流、资金流和物流这三流的整合。对于某些可以通过网络传输的数字化产品和服务(如软件、音乐、电影等)，由于无需物流配送，可以做到三流的同步处理。

信息无处不在，信息流作为连接买家与卖家的桥梁与纽带贯穿于电子商务交易的整个过程。物流是生产过程的保障，商流的结果由物流来完成，也就是说卖方必须按照买方的需求将商品实体以适当的方式和途径转移到买方，商品所有权现实意义上的转移才得以实现。信息流、物流、资金流三者之间的关系如图 1-1 所示。

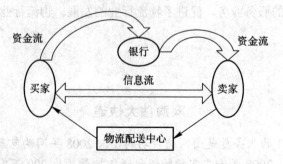

图 1-1　信息流、物流、资金流三者之间的关系

从图 1-1 中可以看出，买家与卖家之间存在着双向的信息流，即买卖双方之间需要交换信息、双向沟通；资金流始于买家，终止于卖家，中间经过银行，即买方通过银行向卖

家支付货款；卖家通过物流配送中心将商品运送给买家。

只有少量的商品是无需通过物流环节就可以完成交易的，如网络金融、虚拟物品交易、娱乐、聊天等，大量的实体商品(如图书、食品、服装等)仍然需要通过物流配送这一重要环节来完成交易过程。因此，物流往往被视为电子商务发展的瓶颈。

电子商务的发展把物流业提升到了前所未有的高度，电子商务为物流企业提供了一个空前发展的机遇，而现代物流的发展又促进了电子商务的进一步发展。因此，只有大力发展现代物流，电子商务才能得到更好更快的发展。

小链接

网友热购滞销产品　农民称物流费用高、量少没法卖

宜川县云岩镇的苹果 2011 年夏天遭受了雹灾，由于品相受到了影响不好卖。副镇长王涛通过微博求助，其微博被转发了 7000 多次，北京、海南等各地网友伸出援手，订购了 40 多吨爱心苹果。此事经报道后，苹果行情见涨，一些果商来到村里愿出高价收购苹果，但村民拒绝了。

副镇长王涛用微博卖了 40 多吨苹果，引来当地其他果农效仿，有的地方也收到几百个反馈信息及订购电话。但是被爱心包围的果农发现，几十斤、几十箱苹果却没法卖给网友，因为"发快递的费用比苹果本身都贵"。相似地，一条榆林土豆销售信息 7 天被转发了 9.9 万次，但因物流的原因，最终积压的土豆仅售出不到十分之一。

王涛也承认："长途运输必须走大宗物流，所以我们只能向订购相对集中的北京和海南发货。"一些网友希望多一些爱心物流。刘家桌村支书希望今后大型厂矿企业能定点到村里收购苹果，既能解决物流问题，还能帮职工买到比市面上便宜的好苹果。

可见，农村物流体系尚未健全，农村流通渠道不畅、市场化程度低、流通方式落后、部分流通产品质量没有保证的问题日益凸显，已成为影响农村经济发展的一个重要因素。

(资料来源：华商网-华商报. 网友热购滞销产品 农民称物流费用高、量少没法卖. http://finance.sina. com.cn/nongye/nyscdt/20111026/115610693942.shtml.)

1.1.4 物流的含义

我国 2006 年颁布实施的《中华人民共和国国家标准物流术语》(GB/T 18354—2006)中对物流做出了如下定义：物流(logistics)是物品从供应地向接收地的实体流动过程。根据实际需要，将运输、储存、装卸、搬运、包装、流通加工、配送、回收、信息处理等基本功能实施有机结合。

定义中的"物品"指的是经济活动中实体流动的物质材料，包括原材料、半成品、产成品、回收品及废弃物等。

从物流的发展历史来看，物流概念的产生本是基于经济原因和军事原因的。但是，我国对物流的解释含义更加广泛，"物品从供应地向接收地的实体流动过程"，不仅仅是指与生产和销售有关的从起源地向消费地的流动，还包括由于其他各种原因引起的物品的流动，即我国的物流概念泛指由于各种原因而发生的物品的流动。

1.1.5　对物流的理解

在人们的生活中，物流发挥作用的场景数不胜数，来看看以下这几个例子。

例1：网络购物——商品从网络卖家移动到买家。

例2：工厂的生产环节——原材料从仓库运送到生产车间。

例3：社会交往所需——身处异地的朋友之间通过邮局寄送礼物表达情谊。

例4：日常生活所需——某人因工作调动将自己的行李托运到异地。

这四个例子都是物流，因为它们都满足一个共同的关键点：物品出现了位置的移动。再来分析以上四种情况物品流动的原因：例1中，物品流动的原因是交易的存在；例2中，物品流动的原因是生产加工的需要；例3和例4中，物品流动的原因是人们社会交往和日常生活的需要。同时，值得注意的是，例1和例3中，随着物品的流动，商品所有权也发生了转移，即物流与商流同时存在；而例2和例4中，都只发生了物品位置的移动而没有伴随商品所有权的转移，即只发生了物流，而没有发生商流。可见，现实生活中存在着只发生物流却没有发生商流的场合。

☞讨论：有没有存在商流却无需物流的场合呢？

答案是肯定的。如今，商流发生多次而物流却一次也没有发生的现象比比皆是。

比如，家电制造商仓库里的液晶电视机，在制造商与批发商、批发商与零售商之间的数次交易中，都可以不发生位移(减少社会资源的浪费)，而只有在消费者从零售商处购买后，液晶电视机才直接从制造商的仓库中直接发货送至消费者的家中。

网络代理商也是一个典型的例子。网络代理商一般是指赚取企业代理佣金的商业单位或个人，他们代企业打理生意，而不买断企业的产品，货物的所有权仍属于厂家。当消费者向网络代理商下单付款后，商品所有权发生了转移，但是物品却不是从网络代理商移动到消费者，而是由厂家将商品直接运送到消费者指定的收货地点。

由此，可以得出如下结论：物流与商流之间没有直接的关联，无需同时存在。两种流动的结果不同，物流的结果是物品发生了位置的移动，商流的结果是商品所有权发生了转移。物流与商流彼此也不以对方的存在为流动的前提，物流可以超出商流的领域而存在，同样商流也可以存在于无需物流的场合。总之，物流是一个比商流内涵更广的领域，是经常发生在人们身边的常见现象。

由于物流发生的唯一标志是物品出现了位移，因此，很多人会把"物流"与"运输"画上等号。诚然，运输是物流不可或缺的重要组成部分，如果没有运输就没有物流，但是运输一定不是物流的全部。原因在于，物品在从供应地向接收地的流动过程中，很少情况下是只需通过一次位移就能够完成的，大部分情况下需要在供应地和接收地之间停留，或者说一个物流过程通常需要多次位移才能完成，这样就必然需要包装、装卸、搬运、储存等重要功能的匹配。设想，如果没有装卸，物品如何装上运输车辆，又如何从运输车辆上卸下呢？如果没有包装，又怎能在运输中对商品进行保护呢？

1.1.6　第一利润源、第二利润源和第三利润源

下面从企业管理者的角度来思考一个问题：有哪些方法可以用来提升企业的利润？

也许人们首先会想到，省下的都是利润。这个思想反映的就是第一利润源。在西方发达国家经济发展的最初过程中，企业把降低人工和材料的成本当做扩大利润的一个最重要的来源，所以把降低人工和材料的成本作为第一利润源。简而言之，第一利润源是指依靠技术进步降低原材料消耗。

当人工和材料成本降低到一定幅度以后，空间就不大了。这时人们发现通过提高劳动生产率和扩大市场销售可以获取更多的利润。简而言之，第二利润源是指依靠技术革新提高劳动生产率。

随着市场竞争日益激烈，人们发现如果能有效降低在企业成本中占据相当高比例的物流费用，就等于提高了企业的利润，这就是第三利润源思想。第三利润源学说是由日本早稻田大学的西泽修教授提出的，是对物流潜力及效益的描述，它揭示了现代物流的本质，使物流在战略和管理层次上与企业生产和销售并列，提高了物流管理在企业中的地位。简而言之，第三利润源是指建立高效率的物流系统，降低物流成本。

1.2　物流创造的价值

物流创造了时间价值、空间价值和加工附加价值。时间价值即改变物品从供方到需方之间的时间差所创造的价值。空间价值，也称为场所价值，是指通过改变物品的空间距离而创造的价值。加工附加价值即通过诸如包装、分割、计量、分拣、刷标志、拴标签、组装等加工活动创造的附加价值。

1.2.1　时间价值——由储存职能创造

物品从供方到需方之间有一段时间差，由改变这一时间差所创造的价值称为时间价值。具体来说，物流主要通过以下几种方式实现其时间价值：缩短时间、弥补时间差和延长时间差。

1．缩短时间创造价值

即使消费者所需的物品在异地，消费者都不用亲自去到某地，只需在本地等待几天，就可以获得所需的物品，这就是缩短时间所创造的价值。时间的缩短可获得诸多好处，比如减少物资损失、加速物资周转、降低物流消耗、节约资金等。

2．弥补时间差创造价值

通过储存，需求者可以获得原本在当季缺乏的物品。例如，粮食、蔬菜、水果的种植都有季节性和周期性。大米在多数地区每年只收获一次，但是对消费者而言，每天都需要食用大米，因此，集中生产出来的大米就必须通过储存，才可以在需要时取出食用。蔬菜、水果经过储存后，也可以跨越季节的限制，现在人们对蔬菜、水果的季节性已经没有明显的感觉了。

3．延长时间创造价值

物品通过储存可以增加其价值。俗话说"酒越陈越香"，在一定程度上说的就是这个意思。再比如，古董、收藏品随着储存时间的延长，年份越久远，其价值也就越高。

1.2.2　空间价值——由运输职能创造

空间价值也称为场所价值，是指通过改变物品的空间距离而创造的价值。供方和需方往往位于不同的场所，因此物品在供方和需方之间存在一段空间距离，物流可以通过改变场所的差别创造价值。物品在各地的丰富程度不同，导致物品在不同场所具有不同的价值。总的来说，物品都是由低价值区流动到高价值区，这样的流动才具有意义，具体有如下三种流向。

1．从集中生产场所流向分散需求场所创造价值

例如，现代生产中的钢铁、水泥、煤炭等原材料往往以几百万吨甚至几千万吨的产量集中于生产地区，集中生产汽车的产地产量有时也可达百万辆以上。这些原材料、汽车都需通过物流分散流向需求地区。由于生产地的生产量比较大，供大于求，因此价值比较低，而需求地需求很旺盛，供不应求，因此价值较高，从而能够实现上述物品从低价值区向高价值区的流动。

2．从分散生产场所流向集中需求场所创造价值

例如，粮食是在一亩地一亩地上分散种植出来的，而对于某个城市而言，其对粮食的需求却是相对集中的。再如，福特汽车公司生产一辆汽车大约需要与 500 个供应商密切合作，这些供应商分布在世界各地，但装配却集中于劳动力成本相对低廉地区的装配厂中。

3．从甲地生产场所流向乙地需求场所创造价值

例如，农村生产的粮食、蔬菜在异地城市进行销售，海南种植的椰子运输到全国各地进行销售。如今，人们每天消费的物品很少是在当地生产的，大部分都是在异地生产的，这些复杂交错的供给与需求的场所差别都是靠物流来弥补的。

在经济全球化的时代背景下，对于国际分工和全球供应链的构建，一个基本思路是在成本较低的地区进行生产，在价值较高的地区进行销售，这样随着物品的流动，其价值就得到了增加。

1.2.3　加工附加价值——由流通加工职能创造

现代物流的一个重要特点就是根据自己的优势从事一定的补充性加工活动，如包装、分割、计量、分拣、刷标志、拴标签、组装等。这些加工活动并非创造商品的主要实体并形成商品，而是带有完善、补充、增加性质的加工活动。这种加工活动必然会增加商品的附加价值，提升商品的档次。

以"个性化定制电脑"著称的 Dell 公司实际上做的就是流通加工的业务活动。用户在 Dell 的网站上挑选自己喜欢的电脑配件，下单并付款，就可以在家中等待 Dell 公司将电脑送货上门。Dell 公司通过企业内联网与零配件供应商共享订单信息，由 Dell 公司的零配件供应商将零配件快速送到 Dell 的组装线上，再由 Dell 进行组装、运行、调试后送到用户家中。通过这样一系列的流通加工活动，由零配件组装而成的电脑整机的价值已经远远超过了所有零配件的价值之和。

1.3 物流的七大功能要素

1.3.1 运输——电子商务物流的动脉

运输(transportation)是指利用专用运输设备将物品从一地点向另一地点运送,其中包括集货、分配、搬运、中转、装入、卸下、分散等一系列操作。

运输是物品长距离的移动,是创造空间价值的主要手段,被称为国民经济的动脉和现代产业的支柱。运输包括供应物流和销售物流中通过车辆、船舶、飞机等工具的运输,以及生产物流中通过管道、传送带等方式的运输。对运输活动进行管理,应考虑选择经济便捷的运输方式,并对运输路线和运输工具进行规划,以实现安全、迅速、准时和经济的要求。

1.3.2 储存——电子商务物流的中心

储存(storing)是指保护、管理、储藏物品。储存保管是创造时间价值的主要手段,用来克服供给与需求不一致的矛盾,在物流系统中起着缓冲、调节和平衡的作用,类似于"储水池"的功能,保证物流活动的连续性与有效性。

1.3.3 装卸搬运——电子商务物流的接点

装卸(loading and unloading)是指物品在指定地点以人力或机械装入运输设备或卸下。装卸是垂直方向上的作业。

搬运(handling carrying)是指在同一场所内,对物品进行水平移动为主的物流作业。

总的来说,装卸搬运是指在同一范围内进行的、以改变物品的存放状态和空间位置为主要内容和目的的活动。在生产领域中,装卸搬运常称为物料搬运,物流的各个主要环节和生产过程的各个阶段都要依赖装卸搬运活动进行有效衔接。装卸搬运是劳动密集型作业,需要消耗大量的人力、物力与财力,在物流成本中占有相当大的比重。

1.3.4 包装——电子商务物流的起点

包装(package/packaging)是指为了在流通过程中保护产品、方便储运、促进销售,按照一定的技术方法而采用的容器、材料及辅助物等的总体名称,也指为了达到上述目的而采用容器、材料及辅助物的过程中施加一定的技术方法等的操作活动。前者指静态的包装,后者指动态的包装。

由于物品在进入物流系统之前一般都需要进行一定程度的捆扎、包装或装入适当的容器,因此,包装被认为生产的终点、物流的起点。

包装按目的、功能可以分为主体包装、销售包装和运输包装。

(1) 主体包装:又称为基本包装、首次包装,是产品的直接包装,从产品制成到使用结束，一直与产品实体紧密结合，如牙膏皮、胶卷暗盒、香烟盒、饮料瓶等。

(2) 销售包装(sales package)：又称为商业包装、二次包装、消费者包装，以销售为主要目的，有促销功能，它与内装物一起到达消费者手中，如牙膏盒、胶卷盒等；著名的杜邦定律指出：有63%的消费者是根据商品的包装来做购买决策的。可见，大部分的消费者都会有"买椟还珠"的心理，因此，包装的促销功能不容忽视。

(3) 运输包装(transport package)：又称为工业包装、工作包装、三次包装，以储运为主要目的，主要功能是在运输、储存中保护商品，防止出现货损货差，包括单件运输包装(箱、桶、罐、瓶、袋、包、篓、筐、捆等)和集合运输包装(集装箱、集装袋、集装包、托盘等)。

1.3.5　流通加工——电子商务物流的价值增值

流通加工(distribution processing)是指物品在从生产地到使用地的过程中，根据需要施加包装、分割、计量、分拣、刷标志、拴标签、组装等简单作业的总称。

流通加工不改变商品的基本形态和功能，只完善商品的使用功能，增加商品的附加价值，提升商品的档次，并满足消费者日益多样化的需求。

流通加工与一般的生产加工相比较，在加工的对象、内容、目的和所处领域四个方面存在显著的差别。

1．加工的对象不同

生产加工的对象是原材料、零配件及半成品。而流通加工的对象是进入流通过程的商品。

2．加工的内容不同

生产加工一般是复杂加工，它改变加工对象的基本形态和功能，是一种创造新的使用价值的活动。而流通加工大多是简单加工，主要流程包括解包分包、裁剪分割、组配集合等。

3．加工的目的不同

生产加工的目的在于创造物资的使用价值。而流通加工的目的在于方便流通、运输、储存、销售、使用，以及实现物资的充分循环利用。

4．所处的领域不同

生产加工处于生产领域，由生产企业完成。而流通加工处于流通领域，由流通企业完成。

👉　**小链接**

Adidas 的组合式鞋店

Adidas 公司在美国有一家超级市场，设立了组合式鞋店，该店摆放着的不是做好了的鞋，而是做鞋用的半成品，款式、花色多样，有6种鞋跟、8种鞋底，均为塑料制造，鞋面的颜色以黑、白为主，搭带的颜色有80种，款式有百余种，顾客可任意挑选自己所喜欢的各个部位，交给职员当场进行组合。只要10分钟，一双崭新的鞋便可做成。这家鞋店昼夜营业，职员技术熟练，鞋子的售价与成批制造的价格差不多，有的还稍微便宜点，因此顾客络绎不绝，销售金额比邻近的鞋店多 10 倍。

(资料来源：张余华. 现代物流管理. 2 版. 北京：清华大学出版社，2010.)

1.3.6 配送——电子商务物流的客户接触点

配送(distribution)即在经济合理区域范围内，根据客户要求，对物品进行拣选、加工、包装、分制、组配等作业，并按时送达指定地点的物流活动。

从以上定义可以看出，配送几乎包括了物流的所有职能，是物流的一个缩影或在某一范围内全部物流活动的体现。配送具有如下特点：配送是面向终端用户的服务；配送是末端运输；配送强调时效性；配送强调满足用户需求；配送强调合理化；配送使企业实现零库存成为可能。关于配送问题的研究包括配送方式的合理选择，不同物品的配送模式，以及与配送中心建设相关的配送中心地址的确定、设施的构造、内部布置和配送作业及管理等问题。

1.3.7 物流信息处理——电子商务物流的关键

物流信息处理(logistics information management)是指对于反映物流各种活动内容的知识、资料、图像、数据、文件等进行收集、整理、储存、加工、传输和服务的活动。

1.4 物流的各种分类方法

1.4.1 以物流规模和影响层面为分类标准

1. 宏观物流

宏观物流主要研究整个经济社会运行中的物流系统，如一个国家的物流。宏观物流主要是对物品从原材料供应到进入生产领域，并经过生产、流通直到产成品运达消费者手中的整个循环过程进行系统研究，即研究整个经济社会运行中的物流系统。这种物流活动的参与者是构成社会总体的政府机构、产业或集团。其研究重点在于政策法规、行业规划对政府、产业或集团的物流活动和物流行为的影响。宏观物流研究的主要特点是综观性和全局性。

2. 中观物流

中观物流主要研究区域性物流，如城市物流、农村物流或者经济区域等的物流。对于中观物流的研究，主要包括城市与城市之间的物流、城市内部的物流，以及城市与农村之间的物流。城市物流是伴随城市经济的形成和发展的物流。城市物流组织及管理是城市经济管理的重要组成部分，特别是对现代化大城市物流的组织管理的研究，对解决城市拥挤、交通堵塞、物流不畅等问题有着重要的意义。

3. 微观物流

微观物流以个别企业为研究对象，重点研究企业的供应物流、生产物流、销售物流、回收物流和废弃物流等。微观物流研究的特点是具体性和局部性。微观物流的研究目的是有效地组织和控制企业内部、各工序之间以及销售过程中的物流。

1.4.2　以物流系统性质为分类标准

1. 社会物流

社会物流(external logistics)是指超越一家一户、以整个社会为范畴，面向广大用户的物流，通常称为大物流，是流通领域发生的物流。社会物流是物流科学的主要研究领域。社会物资流通对于全面提高社会效益和经济效益具有非常重要的作用。

2. 行业物流

行业物流(industry-logistics)是指在一个行业内部发生的物流，通常称为中物流。同行业中的企业是市场竞争的对手，但在物流领域中常常相互协作，共同促进行业物流合理化。

3. 企业物流

企业物流(internal logistics)是指在企业经营范围内由生产或服务活动所形成的物流系统，通常称为小物流。企业物流按照物流活动发生的先后顺序可划分为供应物流、生产物流、销售物流、回收物流及废弃物流。

1.4.3　以物流活动的空间范围为分类标准

1. 国际物流

国际物流(international logistics)是指在国际间发生的物流活动，即在不同国家(地区)之间发生的物流活动。随着国际经济贸易全球化的发展，国际物流活动日趋频繁，国际物流的研究已成为物流研究的一个重要领域。例如，海淘就是通过互联网检索海外商品信息，并通过电子订购单发出购物请求，然后填上私人信用卡号码，由海外购物网站通过国际快递发货，或由转运公司代收货物再转寄回国内。

2. 国内物流

国内物流(domestic logistics)是指在一个主权国家内发生的物流活动。国内物流是国家的动脉，对于提高一个国家内企业物流活动效率、推动经济发展、保障居民生活具有重要作用。国内物流的研究重点为：物流基础设施的规划，如铁路、公路、航空以及大型物资集散基地等；制定有关政策法规；物流技术装备、器具的标准化；物流新技术的开发、引进以及开展物流教育等。例如，京东已向全国 1225 个区县提供自营配送服务，支持货到付款、POS 机刷卡和售后上门服务。

3. 地区物流

地区物流(regional logistics)是指在一定的行政区域或地理位置发生的物流活动。地区物流有不同的划分原则：按行政区域划分，如西南地区、华东地区、东北地区等；按经济圈划分，如苏(州)无(锡)常(州)经济区、黑龙江边境贸易区等；按地理位置划分，如长江三角洲地区、珠江三角洲地区、河套地区等。

1.4.4 以物流服务对象为分类标准

1. 一般物流

一般物流是指服务对象具有普遍性，物流运作具有共同性和一般化特点的物流活动。它的研究着眼点在于物流的一般规律，带有普遍的适用性。

2. 特殊物流

特殊物流是相对于一般物流而言的。特殊物流是指在专门范围、专门领域、特殊行业内，在遵循一般物流规律的基础上，所开展的具有自身特点的物流活动和物流方式。

按产品对象的特殊性，特殊物流可分为水泥物流、石油及油品物流、煤炭物流、腐蚀化学物品物流、危险品物流等。按服务方式及服务水平，特殊物流可分为门到门的一贯物流、快件、商业配送以及电子商务配送等。按装备及技术，特殊物流可分为集装箱物流、托盘物流等。

1.4.5 以在社会再生产过程中发挥的作用为分类标准

1. 供应物流

供应物流(supply logistics)是指物资从生产者、持有者至使用者之间的物流，即生产企业、流通企业或消费者购入原材料、零部件或商品的物流过程。

生产型企业的供应物流是指生产活动所需要的原材料、备品备件等物资的采购、供应活动所产生的物流。流通领域的供应物流是指交易活动中从买方角度出发在交易中所发生的物流。

2. 生产物流

生产物流(production logistics)包括从工厂的原材料购进入库起，直到工厂成品库的成品发送出去为止的物流活动的全过程。生产物流是制造型企业所特有的物流过程，它和生产加工的工艺流程同步。原材料、半成品等按照工艺流程在各个加工点之间不停顿地移动、流转形成了生产物流。随着生产物流的完成，产成品就被制造出来了。

3. 销售物流

销售物流(distribution logistics)是指物资的生产者或持有者至用户或消费者之间的物流活动，即生产企业、流通企业售出产品或商品的物流过程。生产型企业的销售物流是指售出产品。流通领域的销售物流是指在交易活动中从卖方角度出发的交易行为中的物流。通过销售物流，生产型企业得以回收资金，进行再生产的活动；流通企业得以实现商品的交换价值，获取差价收益。

4. 回收物流

在生产及流通活动中有一些物质是可以回收并再利用的，对这类物资的回收和再加工过程形成了回收物流(returned logistics)。例如，作为包装容器的纸箱、塑料框、酒瓶，建筑行业的脚手架，生产企业的边角余料都可以继续使用；旧报纸、旧书籍可以通过回收、分类制成纸浆加以再利用；对于金属废弃物而言，可以利用其良好的再生性，将其回收重新熔炼成有用的原材料再度发挥其价值。

5. 废弃物物流

在企业生产过程中会产生无用的废弃物，如炼钢生产中的钢渣，工业生产所排放的"工业三废"(废水、废气、固体废弃物)，开采矿山时所产生的土石，无机垃圾等，这些已没有再利用的价值，但如果不妥善加以处理而随意堆放，就会污染环境，同时也会占用生产用地并妨碍生产，对这类废弃物的处理过程就产生了废弃物物流(waste material logistics)。废弃物物流虽然没有经济效益，但是具有不容忽视的社会效益。

1.4.6 以物流活动的主体为分类标准

1. 第一方物流

第一方物流(first party logistics)也称为企业自营物流，是指物流配送的任务由生产商或者货物供应商自己来完成。

2. 第二方物流

第二方物流(second party logistics)是指将生产企业的销售物流转嫁给了用户，在货物成交之后，销售商就没有了对货物运输的义务，由用户自己组织供应物流的形式。

3. 第三方物流

第三方物流(third party logistics，3PL/TPL)是指由商品的供方和需方以外的第三方物流企业提供物流服务的业务模式。

4. 第四方物流

第四方物流(fourth party logistics，4PL/FPL)是一个供应链的集成商，它对公司内部和具有互补性的服务供应商所拥有的不同资源、能力和技术进行整合和管理，提供一整套供应链解决方案。

5. 企业物流联盟

企业物流联盟(enterprise logistics alliance)指的是两个或两个以上的经济组织，为实现特定的物流目标而采取的长期联合与合作。

物流联盟的意义在于物流联盟内的成员可以从其他成员那里得到过剩的物流能力，从而有效地降低供应链作业时间和作业成本。如 A 公司与 B 公司结成物流联盟，A 公司就可以共享使用 B 公司多余的仓库容积，B 公司也可以共享使用 A 公司过剩的运输能力。

1.4.7 以物流的发展阶段为分类标准

物流的发展已经有了几十年的历史，人们对物流的研究和应用已经从早期以商品销售为主的"传统物流"的阶段，进入到了将原材料的采购、商品的生产、传统物流和商品销售的全过程予以综合考虑的"综合物流"的阶段。随着生产和社会的发展以及科学技术的进步，新的管理思想、技术和工具在物流的各个环节得以应用，"现代物流"阶段已经来临。

1．传统物流

传统物流的作用领域以商品的销售作为主要对象，具体完成将生产的商品送交消费者的过程中所发生的各种活动，包括公司内部原材料的接收和保管，产成品的接收和保管，工厂或物流中心的运输等。

传统物流追求的目标是以尽可能低的物流成本，为顾客提供尽可能好的物流服务。

2．综合物流

综合物流的作用领域包括企业运营中的原材料采购、商品生产、商品销售、传统物流和多余材料的回收及生产废弃物的处理等各个过程。综合物流大大拓宽了传统物流覆盖的领域，扩展了其功能，将原材料的采购、商品的生产、传统物流和商品的销售等予以综合考虑。其目的是要满足顾客的期望，不仅要统一管理公司内部"物"的流动，而且要和公司外部的供应商、批发商和零售商相互协调，追求"物"的流动的综合效果和一体化，达到提高效益、增加销售和盈利的企业终极目标。简而言之，综合物流就是对从原材料的采购开始到将产品最后送交顾客这一物流的全过程进行综合一体化管理。

3．现代物流

物流发展进入现代物流阶段的标志是物流活动领域中各环节的技术水平得到不断的提高，即高新技术的使用。

现代物流的高新技术表现为将各个环节的物流技术进行综合、复合化而形成的最优系统技术，以运输设备高速化、大型化、专用化为中心的集装箱系统机械的开发，保管和装卸综合为一体的高层自动货架(high bay)系统的开发，以计算机和通信网络为中心的情报处理和物流信息技术，运输与保管技术相结合的生鲜食品冷链运输技术，以及条形码(bar code)、电子数据交换(EDI)、射频识别技术(RFID)、全球卫星定位系统(GPS)、地理信息系统(GIS)、电子订货系统(EOS)和销售时点系统(POS)等技术的出现和运用。

1.4.8 其他常见的物流类型

1．绿色物流

绿色物流(environmental logistics)是指在物流过程中抑制物流对环境造成危害的同时，实现对物流环境的净化，使物流资源得到最充分的使用。

2．应急物流

应急物流(emergency logistics)是指由于突发性因素导致的以追求时间效益最大化和灾害损失最小化为目的的特种物流活动，如救灾物资的输送等。

3．冷链物流

冷链物流(cold chain logistics)也叫低温物流，是指冷藏冷冻食品、药品等从生产、贮藏、运输、销售到消费的各个环节始终处于规定的低温环境，以保证质量、减少损耗的一种专业物流活动。

4．逆向物流

逆向物流(reverse logistics)是指物品从供应链下游向供应链上游的运动所引发的物流活动。逆向物流发生的原因包括顾客的退货行为及供应商的产品召回行为等。

5．精益物流

精益物流(lean logistics)是指消除物流过程中的无效或不增值作业，用尽量少的投入满足客户需求，实现客户的最大价值，并获得高效率、高效益的物流。其目标是：企业在为顾客提供令其满意的服务的同时，应当把浪费降低到最低程度。

1.5 物流的发展阶段与著名的物流企业

1.5.1 物流的历史

物流活动和人类历史一样久远，当社会开始出现商品交换，需要将商品进行移动时，就有了原始的物流。物流一词最早出现于美国，1915年阿奇·萧在《市场流通中的若干问题》一书中就提到"物流"一词，并指出"物流是与创造需求不同的一个问题"。

20世纪初，一些西方国家已经出现生产大量过剩、需求严重不足的经济危机，企业因此提出了销售和物流的问题，此时的物流指的是销售过程中的物流。1935年，美国销售协会阐述了实物分配(physical distribution，PD)的概念，即企业产成品的分销，也就是出厂物流，这个概念的提出主要借鉴了19世纪50年代军队的后勤(logistics)思想。"physical distribution"在日本被译为物流，1979年中国物资经济学会代表团参加在日本举行的第三届国际物流会议后，在《国外物流考察报告》中第一次把"物流"这个名词引入中国，20世纪80年代物流在我国开始启蒙及宣传普及，90年代物流起步，21世纪初物流"热"开始升温。

1.5.2 我国物流的发展阶段

自新中国成立以来，我国的物流发展大体可以分为以下四个阶段。

1．初期发展阶段(1949—1965年)

初期发展阶段即物流起步阶段，主要表现是：在生产和流通部门建立了为数不多的储运公司和功能单一的仓库；运输业处于恢复和初步发展时期；搬运和仓储环节比较落后。

2．停滞阶段(1966年—1977年)

1966年至1977年，物流的发展、物流理论的研究和物流实践基本处于停滞状态。

3．较快发展阶段(1978—1990年)

十一届三中全会以来，随着改革开放步伐的加快，我国开始从计划经济向市场经济过渡，国民经济特别是物流业得到了较快发展，运输业、仓储业、包装业的发展较快，新建了大量的铁路、公路、港口、码头、仓库、机场等。中国物资流通学会于1989年5月在北京成功地承办了第八届国际物流会议，对我国物流的发展起到了促进作用。

4．高速发展阶段(1991年至今)

此阶段经历了四次飞跃：

第一次飞跃——2001年，中国物流与采购联合会成立。

第二次飞跃——2001 年，我国加入 WTO(世界贸易组织)。

第三次飞跃——2006 年，《国家"十一五"规划纲要》第一次把物流列入国家的经济发展规划中，明确提出"大力发展现代物流业"。

第四次飞跃——2009 年，《物流业调整和振兴规划》把物流业纳入我国十大调整与振兴规划产业之一，指出物流业是融合运输、仓储、货运代理和信息等行业的复合型服务产业。

近年来，政府陆续出台了与物流有关的各项政策。与物流有关的国务院文件如图 1-2 及图 1-3 所示，具体如下：

2009 年 3 月 13 日，国务院发布了《物流业调整和振兴规划》。

2009 年 5 月 27 日，国务院办公厅转发了交通运输部等部门《关于推动农村邮政物流发展意见的通知》。

2011 年 8 月 18 日，国务院办公厅发布了《国务院关于印发物流业调整和振兴规划的通知》。

2014 年 10 月 4 日，国务院发布了《物流业发展中长期规划(2014—2020 年)》。

2016 年 6 月 21 日，国务院办公厅发布了《关于转发国家发展改革委营造良好市场环境推动交通物流融合发展实施方案的通知》。

2016 年 9 月 26 日，国务院办公厅发布了《关于转发国家发展改革委物流业降本增效专项行动方案(2016—2018 年)的通知》。

2017 年 4 月 21 日，国务院办公厅发布了《关于加快发展冷链物流保障食品安全促进消费升级的意见》。

2017 年 8 月 17 日，国务院办公厅发布了《关于进一步推进物流降本增效促进实体经济发展的意见》。

2018 年 1 月 23 日，国务院办公厅发布了《关于推进电子商务与快递物流协同发展的意见》。

图 1-2　与物流有关的国务院文件(第 1 页)

图1-3　与物流有关的国务院文件(第2页)

1.5.3　我国著名物流企业

中国物流百强企业网(http:www.iltchina.com)评选出了2018年全国先进物流企业名单，其中包含6家央企，分别是：中国外运股份有限公司、中远海运物流有限公司、中国石油运输有限公司、中国新兴交通物流有限责任公司、中油管道物资装备总公司、中铁集装箱运输有限责任公司。

从地区分布来看，北京有21家、天津有3家、河北省有20家、山西省有1家、内蒙古自治区有1家、辽宁省有8家、吉林省有2家、上海市有65家、江苏省有28家、福建省有17家、江西省有2家、山东省有13家、河南省有7家、湖北省有2家、湖南省有11家、广东省有18家、重庆市有1家、四川省有3家、陕西省有7家、甘肃省有2家、青海省有1家、宁夏回族自治区有1家、新疆维吾尔自治区有3家。

在2018年中国物流百强企业名单中，顺丰速运有限公司位列第3，圆通速递有限公司位列第6，德邦物流股份有限公司位列第7，京东物流位列第8，申通快递有限公司位列第19，中通快递股份有限公司位列第21，上海韵达货运有限公司位列第48。

表1-1　2018年度中国物流百强企业排名(前10名)

排名	企　业　名　称	排名	企　业　名　称
1	中国外运股份有限公司	6	圆通速递有限公司
2	中远海运物流有限公司	7	德邦物流股份有限公司
3	顺丰速运有限公司	8	北京京邦达贸易有限公司(京东物流)
4	中国石油天然气运输公司	9	锦程国际物流集团股份有限公司
5	远成物流股份有限公司	10	冀中能源国际物流集团有限公司

(资料来源：全国先进物流企业网. 2018年中国物流百强企业名单. http://www.56top100.com/bqpb.asp?ID=1956.)

1.5.4 国外著名的物流企业

1. 美国联合包裹

联合包裹速递服务公司(UPS)是世界上最大的快递承运商与包裹递送公司，1907 年成立于美国，总部设在美国佐治亚州亚特兰大市。作为世界上最大的快递承运商与包裹递送公司，UPS 同时也是专业的运输、物流、资本与电子商务服务领导性的提供者。

UPS 是北京 2008 年奥运会的物流和快递赞助商。UPS 每天都在世界上 200 多个国家和地域管理着物流、资金流与信息流。通过结合货物流、信息流和资金流，UPS 不断开发供应链管理、物流和电子商务的新领域，如今 UPS 已发展到拥有 300 亿美元资产的大公司。

2. 美国联邦快递

联邦快递(FedEx Express)成立于 1971 年，总部设于美国田纳西州，是全球规模较大的快递运输公司，提供隔夜快递、地面快递、重型货物运送、文件复印及物流服务。联邦快递设有环球航空及陆运网络，为全球超过 235 个国家及地区提供快捷、可靠的快递服务，通常只需一至两个工作日，就能迅速运送时限紧迫的货件，而且确保准时送达。

2013 年 4 月 1 日起，联邦快递中国有限公司实施 GDS(全球分销系统)中国区全境覆盖计划，在武汉设立了中国区公路转运中心，正式将武汉作为全国公路转运枢纽，承担武汉至西安、郑州、长沙、南昌、上海、重庆、成都、广州 8 条公路干线，16 个往返班次的货物分拨与转运业务。

3. 德国邮政全球网络

德国邮政是德国的国家邮政局，是欧洲地区领先的物流公司，划分为邮政、物流、速递和金融服务 4 个自主运营的部门。速递部门提供覆盖欧洲的快递业务，服务内容包括全球航空、海运、欧洲陆运服务和客户制订的物流解决方案。

敦豪国际(DHL)是德国邮政全球网络旗下的知名品牌。中外运敦豪国际航空快递有限公司(DHL-Sintrans)是中国第一家国际航空快递公司，是由全球快递、物流业的领导者 DHL 与中国对外贸易运输集团总公司各注资 50%于 1986 年成立的，是中国成立最早、经验最丰富的国际航空快递公司。DHL 的服务网络覆盖全球 220 多个国家和地区，为客户提供快捷、可靠的专业化服务。

4. 马士基

马士基(Maersk/A.P. Moller)是世界上最大的集装箱航运公司，成立于 1904 年，总部设在丹麦哥本哈根，在全球 100 多个国家设有数百家办事机构，雇员逾六万名，服务遍及世界各地。除航运业外，石油及天然气之勘探和生产、造船业、航空业、工业生产、超级市场零售业和 IT 等也是马士基的业务范围。马士基海陆作为集团的集装箱海运分支，是全球最大的集装箱承运服务方，服务网络遍及六大洲。

5. 日本运通

日本运通(Nippon Express)公司简称日通公司，成立于 1950 年。日本运通是日本典型的、最具代表性的一家民营物流公司，其物资运送范围极为广泛，可以用"无所不运"来形容。从民用物资到军用物资、从原材料(如石油、矿产)到商品、从现钞到黄金珠宝等贵重物品……只要是法律允许运输的物品，都是日通公司的运输对象。

6. 美国莱德物流公司

美国莱德物流公司(Ryder)成立于 1933 年，是美国最大的供应链物流公司之一，是全球财富 500 强企业。

Ryder 在全球范围内提供尖端的物流、供应链、交通管理和分拨管理等一揽子服务，提供全面的供应链解决方案、领导物流管理服务和电子商务解决方案，满足客户整体供应链需求，服务包括从原材料采购到成品分拨。Ryder 的客户遍及亚洲、北美、拉丁美洲、欧洲。在汽车工业行业，Ryder 是众多汽车生产商(如丰田、本田、日产、通用汽车、戴姆勒克莱斯勒等)及配件生产商(如德尔福、阿威美驰、伟世通等公司)的全球领导物流服务商，并多次获得客户和政府颁发的最佳品质、最佳物流公司、最佳供应商奖。

7. 荷兰邮政集团

荷兰邮政集团(TNT Post Group, TPG)是一家提供邮件、快运和物流服务的全球性公司。1997 年荷兰邮政集团公司 KPN 兼并了澳大利亚 TNT 集团公司后，将其皇家 PTT 邮政与原 TNT 合并组建了 TPG 公司，于 1998 年 6 月挂牌上市，是世界上最大的国际商务邮件服务商，也是唯一在欧洲各主要城市拥有网络的快件服务商。荷兰邮政集团自 1998 年 6 月成立以来，已经发展成为世界上最富活力和创造性的邮政企业。荷兰邮政集团使用"皇家 PTT 邮政"和"TNT"两个品牌(TNT 快运、TNT 物流)，为全球超过 200 个国家和地区提供邮递、速递及物流服务。

TNT 快运成立于 1946 年，是全球领先的商业快递服务商，为客户提供准点的门到门文件、包裹和货运服务。TNT 快运的快递服务主要包括：利用公司遍布全球的航空与陆运网络，提供全球门到门、桌到桌的文件和包裹的快递服务。特别是在欧洲、亚洲和北美洲等地，TNT 快运可以针对不同顾客的需求，提供早上九点派送、限时中午前派送、NEXT DAY 派送、收件人付费快件等服务内容，它的电子查询网络也是全球最先进的。

8. 美国康捷空

美国康捷空(Expeditors)是一家提供全球物流服务的公司，公司注册地为美国。Expeditors 向客户提供一个无缝的国际性网络，以支持商品的运输及策略性安排。公司的服务内容包括空运、海运(拼货服务)及货代业务。Expeditors 在美国的每个办事处以及许多海外办事处都提供报关服务，另外还提供包括配送管理、拼货、货物保险、订单管理以及以客户为中心的物流信息服务。

9. 瑞士泛亚班拿

瑞士泛亚班拿集团(Panalpina Group)是世界上最大的货运和物流集团之一，在 65 个国家和地区拥有 312 个分支机构。Panalpina 成立于 1935 年，总部设在瑞士巴塞尔。其核心业务是综合运输业务，所提供的服务是一体化、适合客户的解决方案。通过一体化货运服务，将自身定位于标准化运输解决方案和传统托运公司之间。除了处理传统货运以外，该集团还专长于为跨国公司提供物流服务，尤其是汽车、电子、电信、石油及能源、化学制品等领域的公司。

10. 英国英运物流集团

2000 年 7 月 26 日，Ocean Group 与 NFC 公司合并后更名为 "Exel"。Exel 即英国英运物流集团。Exel 公司是一家世界级的供应链管理公司，其业务发展经历了很长的时间，从小到大、从偏到全，主要业务起源于物流基础比较发达的欧洲、美洲。Exel 分为五大业务部门：(消费品/零售/医疗)欧洲部、(消费品/零售/医疗)美洲部、开发和自动化部、技术和全球管理部以及亚太部。该公司全球网点达到 1300 个，拥有 50 000 多名员工。目前该公司三家主要运营子公司为 Exel(旧的 NFC)、Msas 全球物流公司和 CoryEnvironmental。Msas 是世界上规模最大的货代之一，在全球范围内提供多式联运、地区配送、库存控制、增值物流、信息技术和供应链解决方案等各项服务。Cory Environmental 是英国规模最大的废品处理公司之一。Exel 在地面运输供应链服务方面占有很强的市场地位，所提供的服务包括仓储和配送、运输管理服务、以客户为中心的服务、JIT(just-in-time)服务和全球售后市场物流服务。

本 章 小 结

本章首先介绍了物流的概念，物流对生活的改变，以及物流是 "第三利润源"；其次，介绍了物流创造的价值，包括时间价值、空间价值和加工附加价值；再次，介绍了物流的功能要素，包括运输、储存、装卸搬运、包装、流通加工、配送、回收和信息处理；之后，分析了物流的各种分类方法；最后，介绍了重要的物流学说、物流的历史、我国物流的发展阶段、国内外著名的物流企业。

讨 论 案 例

1. 物流跨界电商

2008 年，中国邮政与香港 TOM 集团创办了 "邮乐网"(http://www.ule.com/)。2012 年 5 月 31 日，顺丰速运旗下的电商食品商城 "顺丰优选"(http://www.sfbest.com/)正式宣布上线，定位于中高端食品 B2C。顺丰优选是顺丰速运集团倾力打造，以全球优质安全美食为主的网购商城，覆盖生鲜食品、母婴食品、保健品、粮油副食、酒水饮料、冲调茶饮、休闲零食、饼干点心、美食用具以及产地直采蔬果,实现全程冷链配送，提供一站式美食服务。顺丰优选首页如图 1-4 所示。2012 年 7 月 28 日，申通快递旗下电商平台 "爱买网超" 上线，但该平台已于 2012 年 9 月 20 日左右关闭。分析人士认为，电子商务市场竞争激烈，对供应链的管理要求较高，快递公司进军电子商务，虽然具备物流端优势，但在电商经营专业性、销售能力、供应链管理方面缺乏经验。

图 1-4 顺丰优选首页

2. 电商跨界物流

亚马逊中国、1 号店、好乐买、唯品会等国内电商企业均有自己的物流配送团队。

2013 年 8 月 7 日，国内最大的综合网络零售平台京东正式上线了其物流服务的官方网站——京东物流(http://www.jdwl.com/)，向第三方商家及合作伙伴提供全方位的京东物流业务展示及配送咨询服务。目前，京东物流官网首页上除了提供物流政策介绍、配送网点查询、运费计算、合作加盟等信息外，还为第三方卖家及供应商开通了可直接登录京东青龙系统的端口，帮助合作伙伴进一步优化其物流渠道，提升配送效率。京东物流首页如图 1-5 所示。

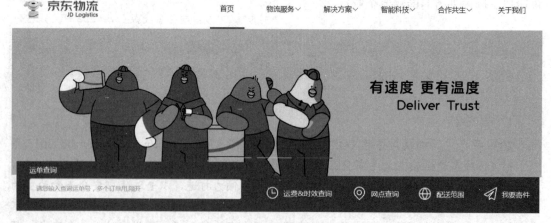

图 1-5 京东物流首页

京东是中国领先的综合网络零售企业。作为国内最早投入物流建设的电商企业，京东花费 7 年时间打造了庞大的自建物流网络。目前，京东已在全国拥有六大物流中心、27 个城市仓储中心、近 1000 个配送站点、300 多个自提点，覆盖全国 1188 个区县，而且不只是一二级主流城市，甚至三四级市县地区也有京东物流的身影。因此，基于规模化、体系化的物流实力基础，京东物流开放一直被看作是对第三方卖家最有力的支持之一。同时，京东陆续推出 211 限时达、大家电 211 限时达、次日达、夜间配、大家电夜间配、定时达、极速达、隔日达、京准达、京尊达等特色配送服务，满足客户的个性化需求，极大地提升了客户体验。

211 限时达：当日上午 11:00 前提交的现货订单(部分城市为上午 10:00 前)，当日送达；当日 23:00 前提交的现货订单，次日 15:00 前送达。

次日达：在一定时间点之前提交的现货订单，将于次日送达。

大家电 211 限时达：当日上午 11:00 前提交的现货订单，当日送达；当日 23:00 前提交的现货订单，次日 20:00 前送达。注：先货订单以提交时间点开始计算，先款订单以支付完成时间点计算。

极速达：极速达配送服务是为客户提供的一项个性化付费增值服务，需通过在线支付方式全额成功付款或货到付款方式成功提交订单，并勾选"极速达"服务后，预计在结算页面展示的时间内将商品送至客户提供的订单收货地址。

隔日达：在当日截止下单时间前提交的现货订单，隔日配送完成。注：先货订单以提交时间点开始计算，先款订单以支付完成时间点计算。

定时达：在定时达区域，可以享受 7 天内三个时间段的预约配送(09:00—15:00，15:00—19:00，19:00—22:00，晚间时段为支持夜间配区域)，大家电商品可以享受 10 天内预约配送。

夜间配：夜间配服务是为客户提供的一项更快速、更便利的增值服务。如客户需要晚间送货上门服务，在下单时选择 19:00—22:00 时段，属夜间配服务范围内的商品，京东会尽可能安排配送员在客户选定当日晚间 19:00—22:00 送货上门。

京准达：京准达是为客户提供的一项可以选择精确收货时间段的增值服务，通过在线支付方式全额付款或货到付款方式成功提交订单后，在客户指定的送达时间段内，将客户选择的属支持京准达服务的商品(赠品除外)送至客户提供的订单收货地址。选择京准达配送服务，将在原订单金额基础上，加收京准达运费，大件商品为 39 元/单，中、小件商品为 6 元/单；若一个订单中同时包含大件商品及中、小件商品，将同时收取大件商品及中、小件商品的京准达运费。若收取京准达运费的商品出现拒收、退货、换新、维修，则该运费不退还。京准达运费和基础运费叠加收取，即若购买的商品未满足京东免运费门槛，且同时选择京准达服务，将收取基础运费＋京准达运费＋续重运费(如订单包含计重收取续重运费的商品)。

京尊达：京尊达服务是京东物流推出的高端物流服务产品。只要在京东网站提交订单时选择京尊达服务，着正装、戴白手套的尊享使者将驾驶新能源车到达指定地点，手捧精美礼盒，传达亲切、暖心服务，创造极具仪式感的交付场景，让收货人感受到尊贵般礼遇。目前该服务开放城市为北京、上海、广州、深圳、成都、武汉、西安、沈阳、杭州。所有级别会员用户订单选择京尊达服务时，单笔订单收取 99 元京尊达服务费。

(资料来源：京东帮助中心. 京东特色配送服务. https://help.jd.com/user/issue/254-138.html.)

根据材料思考以下问题：

1. 物流跨界电商有何劣势？
2. 京东自建物流的目的何在？

3. 京东物流提供了哪些特色配送服务？

配 套 实 训

1. 通过上网搜集资料，了解我国物流业的发展现状，并提交课程小论文《我国物流业的发展现状》，要求资料数据使用近 3 年的，同时要结构全面，可以参考已有的调研报告。

2. 通过上网搜集资料，了解中国外运股份有限公司及 UPS 的发展历程。

课 后 习 题

一、填空题

1. 我国物流的发展大致经历了_____、_____、_____、_____四个阶段。

2. 我国 2006 年颁布实施的《中华人民共和国国家标准物流术语》给物流下的定义是：物流是物品从_____向_____的实体流动过程。根据实际需要，将_____、_____、_____、_____、_____、_____、配送、回收、信息处理等基本功能实施_____。

3. 物流按物流规模和影响层面可以分为_____、_____、_____。

4. 物流按系统性质可以分为_____、_____、_____；按物流活动的空间范围可以分为_____、_____、_____；按物流服务对象可以分为_____、_____；按物流在社会再生产过程中的作用可以分为_____、_____、_____、_____、_____；按物流活动的主体可以分为_____、_____、_____、_____；按物流的发展阶段可以分为_____、_____、_____。

二、单选题

1. 物流一词最早出现于_____。
　　A．日本　　　　　B．美国　　　　　C．德国　　　　　D．荷兰

2. 我国是从_____引进物流概念的。
　　A．日本　　　　　B．美国　　　　　C．德国　　　　　D．荷兰

3. 通过对物流理论的研究，物流概念产生的原因是_____。
　　A．经济原因和管理原因　　　　　B．企业原因和军事原因
　　C．经济原因和军事原因　　　　　D．理论原因和企业原因

4. 下列说法不正确的是_____。
　　A．社会发展初期，商流和物流是统一的，随着社会生产力水平的发展，商流与
　　　　物流逐渐分离

B．在当今高度发达的市场经济环境中，物流发生的同时，商品所有权也随之转让了

C．在一定条件下，商流与物流分离可以减低物流成本，加快货物的交货速度

D．采取赊销购物方式，会引起物流在前、商流在后的物流商流分离形式

5．物流中的"物"的概念是指一切可以进行物理性位置移动的物质资料。这类物质资料可以是_____。

    A．货物和水   B．煤气和钢材

    C．有形的和无形的   D．商品和物品

6．物流学中的"流"所涵盖的领域是_____。

    A．生产领域   B．流通领域

    C．生活领域   D．凡是物发生物理运动的领域

7．生产者将商品实体通过运输转移给消费者所克服的间隔是_____。

    A．所有权间隔   B．场所间隔

    C．时间间隔   D．使用权间隔

8．若供应商采用款到发货的方式与其他企业交易商品，则通常会引起_____。

    A．物流在前，商流在后   B．商流在前，物流在后

    C．商流与物流同时发生   D．商流迂回，物流直达

9．物流业属于_____。

    A．第二产业   B．加工业

    C．第一产业   D．第三产业

10．第三利润源是指_____。

    A．降低原材料成本   B．提高劳动生产率

    C．降低物流费用   D．降低交易费用

11．以物流活动的空间范围为分类标准，物流可以分为三类，其中不包括_____。

    A．国内物流   B．国际物流

    C．城市物流   D．地区物流

12．按_____来分类，可以将物流分为供应物流、生产物流、销售物流、回收物流和废弃物物流五类。

    A．物流系统涉及的领域   B．物流活动覆盖的范围

    C．物流的作用   D．物流活动的主体

13．除了时间价值和空间价值外，物流还创造_____。

    A．包装价值   B．配送价值

    C．加工附加价值   D．运输价值

14．在物流系统的基本功能中，_____实现了物流活动的空间价值。

    A．运输   B．储存   C．流通加工   D．搬运

15．在物流系统的基本功能中，_____实现了物流活动的时间价值。

    A．运输   B．储存   C．配送   D．装卸

16．在物流系统的基本功能中，_____实现了物流活动的加工附加价值。

    A．运输   B．储存   C．流通加工   D．搬运

三、判断题

1. 只有物品物理位置发生变化的活动，如运输、搬运、装卸等活动才属于物流活动。

（　　）

2. 物流所要"流"的对象是一切物品，包括有形物品和无形物品。　　（　　）

3. 物流不仅仅研究物的流通与储存，还研究伴随着物的流通与储存而产生的信息处理。

（　　）

4. 物流是从某个企业原材料的供应、储存、搬运、加工、生产直至产成品的销售整个过程。　　　　　　　　　　　　　　　　　　　　　　　　　　　　（　　）

5. 物流的作用可以认为是消除了商品生产地和消费地之间的所有权间隔、场所间隔和时间间隔。　　　　　　　　　　　　　　　　　　　　　　　　　　（　　）

6. "一手交钱，一手交货"是物流与商流统一的交易形式。　　　　（　　）

7. 不合格物品的返修、退货不属于物流领域。　　　　　　　　　　（　　）

8. 第四方物流是第一、第二、第三方物流之外的物流。　　　　　　（　　）

9. 绿色物流就是解决汽车运输的污染问题。　　　　　　　　　　　（　　）

四、简答题

1. 简述物流的含义及其创造的价值。
2. 简述第一利润源、第二利润源和第三利润源。
3. 简述常见的物流分类。

第 2 章　物流信息技术

学习目标

　　掌握 EDI 电子数据交换技术、条形码技术、RFID 射频识别技术、GPS 全球定位系统、GIS 地理信息系统、EOS 电子自动订货系统，以及 POS 销售时点信息系统的基本概念、实现原理及在物流领域的具体应用；了解物流信息系统的特点、标准及企业物流信息系统的构成。

2.1　无纸化技术——EDI

2.1.1　手工条件下与 EDI 条件下贸易单证传递方式的对比

　　手工条件下贸易单证的传递方式如图 2-1 所示。从图 2-1 可以看出，发送方企业要先从发送方数据库中将单证数据提取出来交由打印机打印成纸面单证，再通过邮局或传真机传输给接收方企业。接收方企业接收到纸面单证之后，又要将其通过手工方式录入成电子式的单证数据(平面文件)，再存入接收方数据库中。由此可见，单证数据的传递经历了"平面文件——纸面单证——平面文件"的转换过程，在"平面文件——纸面单证"和"纸面单证——平面文件"的过程中，都耗费了劳动力和财力。因此，这种贸易单证传递方式的缺点是：买卖双方之间重复输入的数据较多，容易产生差错，准确率低，劳动力消耗多及延时增加。

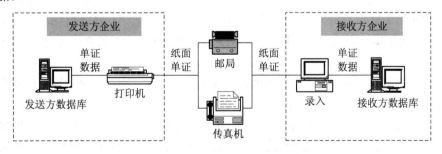

图 2-1　手工条件下贸易单证的传递方式

　　EDI((electronic data interchange)条件下贸易单证的传递方式如图 2-2 所示。在图 2-2 中，单证始终都是平面文件形式的，这样就避免了劳动力和财力的浪费。但是由于单证是通过数字方式传递的，缺乏验证的过程，因此，加强安全性、保证单证的真实可靠非常重要。

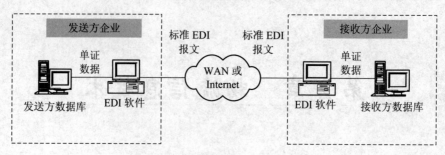

图 2-2　EDI 条件下贸易单证的传递方式

由于在 EDI 条件下，不涉及纸张单证的使用，因此 EDI 也称为无纸化技术。

有数据表明，单证费用一般占货物价值的 7.5% 左右。可见，采用 EDI 不仅能节约纸张成本消耗，也可取得可观的收益。例如，英国每年外贸交易的纸张消费就占全年国际贸易总额的 1/70。

2.1.2　EDI 的产生背景

使用 EDI 能够避免劳动力和财力的浪费，降低成本，减少错漏。那么 EDI 又是基于什么样的背景而产生的呢？

自 20 世纪 80 年代以来，国际贸易业务较之普通的商贸业务的最大不同之处就是，它涉及众多的单位和相关业务。实际上，EDI 的产生正是源于外贸交易的需要。外贸交易涉及不同的国家，要在不同国家的各个部门办理诸多业务，必然需要填写各种单证、票据和文件，这就涉及多个国家的语言和不同的商贸规定、运作方法，因而单证、票据、文件繁多，处理过程较为繁杂。如果不解决单证、文件之间的语言、格式、标准的统一问题，那么外贸交易的进展就会受到极大影响，进而影响到一个国家宏观经济的发展。因此，各国之间急需统一单证的语言、文件格式、商贸规定和运作方法，EDI 由此应运而生。

2.1.3　EDI 的概念

EDI 在我国内地译为"电子数据交换"，在港台地区通常译为"电子资料联通"或"电子文件交换"。由于使用 EDI 可以减少甚至消除贸易过程中的纸面文件，因此 EDI 又被人们形象地称为"无纸化贸易"。它是一种在公司之间传输订单、发票等商业文件的电子化手段，由于其发展和实施方法各有不同，因此并无统一的解释。本书采取国际标准化组织(ISO)对 EDI 的定义。

EDI 是指将贸易(商业)或行政事务处理，按照一个公认的标准，变成结构化的事务处理或信息数据格式，从计算机到计算机的电子传输。

从上述定义可以看出，EDI 包含了三个方面的内容，即计算机应用、通信网络和数据标准化。其中，计算机应用是 EDI 的条件，通信网络是 EDI 应用的基础，标准化是 EDI 的特征。这三个方面相互依存、相互衔接，共同构成 EDI 的基础框架。

2.1.4　EDI 的分类

EDI 按照功能的不同可以分为以下四种类型。

1．贸易数据交换系统

贸易数据交换系统(trade data interchange，TDI)是最知名的 EDI 系统，它用电子数据文件来传输订单、发货单、发票和各类通知。

2．电子金融汇兑系统

电子金融汇兑系统(eletronic fund transfer，EFT)是最常用的 EDI 系统，它的作用是在银行和其他组织之间进行电子费用汇兑。例如，企事业单位在给员工发放工资时，不再是先由出纳将现金从公司的银行账户取出，发给员工，员工再存入自己的银行账户中，而是将员工的工资由公司的银行账户直接转账到员工的银行账户中，在这个过程中没有涉及取现及存现的过程，节约了大量的人力。

3．交互式应答系统

交互式应答系统(interactive query response，IQR)被旅行社或航空公司广泛用作机票预订系统。比如，在航空公司的机票预订系统中，旅客要预订机票，交互式应答系统就会询问旅客要前往的目的地，根据旅客的回答系统会显示出到达这一目的地的所有航班时间、票价或其他相关信息，最后根据旅客的要求确定航班并打印机票，至此机票预订成功。

4．带有图形资料自动传输的 EDI

在带有图形资料自动传输的 EDI 领域中，最常使用的是计算机辅助设计(computer aided design，CAD)图形的自动传输。比如，装修设计公司为客户设计新居的室内装修效果图时，可将其设计好的效果图传输给新居的主人，并请主人提出修改意见。一旦设计被客户认可，系统自动输出订单。

2.1.5　EDI 的特点

从 EDI 的定义可以看出，EDI 具有以下特点：

(1) EDI 是企业或单位之间传递数字化文件的通道。

(2) EDI 传输的文件数据采用共同的标准和固定的格式。

(3) EDI 是通过增值网络或专用网络来传输数据的。

(4) EDI 的数据传输是从计算机到计算机的自动传输，无需人工操作。

其中，(2)中"共同的标准"指的是目前世界通用的 UN/EDIFACT，"固定的格式"指的是 EDI 标准格式文件。

2.1.6　EDI 标准

EDI 标准是各企业、各地区代表共同讨论、制定的电子数据交换的共同标准，可以使各组织之间的不同文件格式通过共同的标准达到彼此了解并交换文件的目的。

要成为 EDI 的标准必须遵循两条基本原则：提供一种通用且独一无二的数据语言；标准可跨越不同类型的计算机平台。

EDI 的标准在实际应用中可以分为语言标准和通信标准两大类。

1．语言标准

国际上曾经存在着两大标准体系，即流行于欧洲和亚洲地区的，由联合国欧洲经济委员会制定的联合国 EDIFACT 标准；流行于北美地区的，由美国国家标准化委员会制定的 ANSI X.12 标准。为了促进欧亚地区和北美地区之间的贸易往来，在联合国欧洲经济委员会和美国国家标准化委员会的共同努力下，终于达成了目前全球 EDI 使用者所共同遵循的国际标准——UN/EDIFACT。

2．通信标准

通信标准的作用是将数据从一台计算机传输到另一台计算机中，简单地说，它是传输信息手段的标准。只有有了通信标准，电子单证的传输才有可能，因为有了 EDI 语言，所传输数据之间的相互理解才有可能。EDI 语言对于其载体所使用的通信标准没有限制，但是目前一般采用国际标准的 MHS 系统(电子邮件系统)。

2.1.7　EDI 的工作过程

EDI 的工作过程如图 2-3 所示。

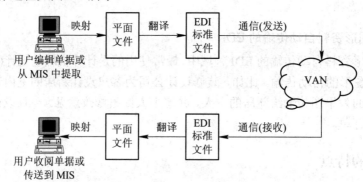

图 2-3　EDI 的工作过程

1．映射(转换)——生成 EDI 平面文件

EDI 平面文件(flat file)是通过应用系统将用户的文件格式(如单证、票据)或数据库中的数据，映射(转换)成为一种标准的中间文件，这一过程称为映射(mapping)。

平面文件是用户通过应用系统直接编辑、修改或操作的单证和票据文件，它可以供用户直接阅读，可直接显示在屏幕上或通过打印输出。

2．翻译——生成 EDI 标准格式文件

翻译是将平面文件通过翻译软件翻译成 EDI 标准格式文件。EDI 标准格式文件是一种只有计算机才能阅读的 ASCII 文件。它是按照 EDI 数据交换标准的要求，将单证文件(平面文件)中的目录项加上特定的分割符、控制符和其他信息，生成的一种包括控制符、代码和单证信息在内的 ASCII 码文件。

3．通信——发送 EDI 标准格式文件

通信由计算机通信软件完成。用户通过通信网络，接入 EDI 信箱系统，将 EDI 电子单证投递到对方的信箱中。EDI 信箱系统自动完成投递和转发，并按照 X.400 或 X.435 通信协议的要求，为电子单证加上信封、信头、信尾、投送地址、安全要求及其他辅助信息。

以上三个步骤是以发送方为例进行的说明,以下的第四步则是接收方的工作过程。

4. 通信——接收处理 EDI 标准格式文件

EDI 文件的接收和处理是发送过程的逆过程。首先需要接收用户通过通信网络接入 EDI 信箱系统,打开自己的信箱,将信件接收到自己的计算机中,经过格式校验、翻译、映射,还原成用户所需的应用文件格式,最后对应用文件进行编辑、处理和回复。

在实际操作过程中,EDI 系统为用户提供的 EDI 应用软件包包括应用系统、映射、翻译、格式校验和通信连接等全部功能。在整个处理过程中,数据的传输是从计算机到计算机的自动传输,无需人工进行操作,所以"打开信箱、将信件接收到自己的计算机中"仅仅是一种形象的表述。

总的来说,发送方的软件调用顺序是:转换软件—翻译软件—通信软件。接收方的软件调用顺序是:通信软件—翻译软件—转换软件。发送方先将用户文件格式(如单证、票据或数据库中的数据)转换成平面文件(此时平面文件为发送方的语言格式),接下来通过翻译软件将平面文件翻译成为 EDI 标准格式文件,最后通过通信软件将 EDI 标准格式文件发送到 VAN;接收方从 VAN 中接收到发送给自己的 EDI 标准格式文件,通过翻译软件翻译成为平面文件(此时平面文件为接收方的语言格式),如有需要,再将平面文件转换为用户文件格式(如单证、票据或数据库中的数据)。

2.1.8 构成 EDI 系统的三要素

构成 EDI 系统的三个要素是数据标准化、EDI 软件及硬件、通信网络。

1. 数据标准化

被处理业务数据格式的标准化是 EDI 的核心。

EDI 标准是整个 EDI 最关键的部分,由于 EDI 是以实现商定的报文格式形式进行数据传输和信息交换的,一次制定统一的 EDI 标准至关重要。EDI 标准主要分为以下几个方面:基础标准、代码标准、报文标准、单证标准、管理标准、应用标准、通信标准、安全保密标准等。

2. EDI 软件及硬件

EDI 的软件系统包括转换软件、翻译软件和通信软件。

(1) 转换软件,也称为映射软件,其功能是将纸质单证转换成平面文件(发送方),或将平面文件转换成纸质单证(接收方)。

(2) 翻译软件,将平面文件翻译成 EDI 标准格式文件(发送方),或将 EDI 标准格式文件翻译成平面文件(接收方)。

(3) 通信软件,将 EDI 标准格式的文件外层加上通信信封(envelope),再发送到 EDI 系统交换中心的邮箱(mailbox)(发送方);或接收用户通过通信网络接入 EDI 信箱系统,打开自己的信箱,将接收到的文件取回(接收方)。

EDI 的硬件系统包括计算机、通信线路、联网设备。

3. 通信网络

增值网(value added net,VAN)是目前普遍采用的通信网络。VAN 不是一种新型的通信网，而是在现有通信网络的基础上，增加 EDI 服务功能的计算机网络。

2.1.9　EDI 电子商务系统的应用

1．拥有大量供货商的企业

大型超市就属于拥有大量供货商的企业。香港百佳超市连锁公司就是零售业中应用 EDI 的典范。百佳超市共有 172 家连锁店，通过以太网联系 30 家大买主，向 500 家供货商订购 10 000 多种商品。如果没有 EDI，百佳超市就无法做到跟 500 家供货商进行良好的沟通和联系，无法及时进行补货、供货。

2．贸易运输业

贸易运输业使用 EDI 可以快速通关报检，合理使用运输资源，降低贸易运输空间、成本，节约时间。

3．拥有大量不容易储存的货物供应的企业

日常食品、新鲜饮料、蔬菜或者药品等都属于不容易储存的货物。经营这些货物的企业需要快速反应，减少库存量与空架率，以加速商品资金周转，降低成本。通过建立物资配送体系，完成产、存、运、销一体化的供应线管理。

4．需要处理大量纸面单据的企业

进出口企业属于需要处理大量纸面单据的企业。由于进出口企业需要到海关、银行和运输机构等办理业务，需要设计大量纸面单据，又要求数据必须准确，因此，使用 EDI 不但可以减少纸面单据，而且可以减少数据出错。

5．需要准时制生产方式(just in time，JIT)的制造企业

汽车制造企业属于需要 JIT 的制造企业。通过 JIT 可以减少库存量及生产线待料时间，降低生产成本。汽车制造企业需要协调众多的零部件供应商，使其在某个具体的时间可以及时交付数量庞大的零部件，以便组装成整车。

6．金融业

金融业使用 EDI 进行电子转账支付，可以减少金融单位与其用户之间资金流动所需的处理时间及现金流动的风险，提高用户资金调度的弹性，在跨行服务方面，更可以使用户享受到不同金融单位所提供的服务，以提高金融业的服务品质。

其中，应用 EDI 获益最大的企业当属零售业、制造业和配送业。在这些行业的供应链上应用 EDI 技术可以大大提高传输发票、订单的效率，而发票与订单处理的效率直接决定着这三类企业的采购和销售这两个核心业务的效率。

2.2　基于红外线的自动识别和数据获取技术——条形码技术

2.2.1　条形码的概念

传统的信息收集和交换是通过手工录入来完成的，不仅效率低下而且十分容易出错。条形码技术作为自动化识别技术，能够快速、准确并可靠地收集信息，使得出现错漏的可

能性大为降低，从而实现入库、销售、仓储的自动化管理。

条形码(bar code)是一组黑白相间的条纹，这种条纹由若干黑色的"条"和白色的"空"组成。其中，黑色的"条"对光线的反射率低，而白色的"空"对光线的反射率高，再加上"条"与"空"的宽度不同，就能使扫描光线产生不同的反射接收效果，在光电转换设备上转换成不同的电脉冲，形成可以传输的电子信息。由于光的运动速度极快，因此能准确无误地对运动中的条形码予以识别。

条形码隐含着数字信息、字母信息、标志信息、符号信息，主要用以表示商品的名称、产地、价格、种类等，是全世界通用的商品代码的表示方法。

2.2.2 条形码技术的发展

20 世纪 40 年代，世界上第一个条形码在美国产生，当时的条形码是一种同心圆环形码，俗称公牛眼条码。20 世纪 70 至 80 年代，条形码技术在国际上得到了广泛的应用。我国于 20 世纪 70 年代末到 80 年代初开始研究条形码技术，并在部分行业完善了条形码管理系统，如邮电、银行、连锁店、图书馆、交通运输及各大企事业单位等。我国于 1988 年 12 月成立了"中国物品编码中心"，并于 1991 年 4 月 19 日正式申请加入了国际编码组织 EAN 协会。近年来，我国的条形码事业发展迅速。

如今，条形码识别技术在各行各业都得到了极为广泛的应用。比如，身份识别、医院挂号及取药、售票、汽车销售管理、边境通行、车辆管理、烟草准运、税务申报、海关进出口检查、网吧收费、人事考勤等领域。人们每天几乎要扫描 50 多亿次条形码。条形码每年可为超市和大型商场的客户、零售商和制造商节约大约 300 亿美元的费用。

毋庸置疑，起源于 20 世纪 40 年代，研究于 60 年代、应用于 70 年代、普及于 80 年代的条形码技术，是实现零售终端 POS 系统、EDI、电子商务及供应链管理的技术基础，对于提高企业管理水平和竞争能力发挥着极其重要的作用。

2.2.3 条形码技术的优点

条形码技术具有可靠准确、数据输入速度快、经济实惠、应用灵活、自由度大、设备小、易于制作等优点。

1．可靠性强

条形码读取的准确率远远超过人工记录。有数据显示，键盘输入平均每 300 个字符就会有一个错误，而条形码输入则平均每 15 000 个字符才会出现一个错误，如果加上校验，出错率是千万分之一。

2．效率高

条形码的读取速度很快，可以达到每秒钟读取 40 个字符的速度。

3．成本低

与其他自动化识别技术相比，条形码技术仅仅需要一小张贴纸和构造相对简单的光学扫描仪，成本十分低廉。

4．易于制作

条形码的编写很简单，制作也仅仅需要印刷，因此被称为"可印刷的计算机语言"，对印刷技术设备和材料均无特殊要求。

5. 易于操作

条形码识别设备的构造简单，操作方便。条形码扫描仪扫入数据的过程相当于输入数字串并按下回车键。在电脑中安装好扫描仪的驱动后，点击启动条形码扫描仪，对着条形码扫描，扫描到一个条形码后，当屏幕的焦点位于一个输入框内时，扫描的结果会直接显示在输入框内。

6. 灵活实用

条形码符号作为一种识别手段可以单独使用，也可以和有关设备组成识别系统实现自动化识别，还可以和其他控制设备联合起来实现整个系统的自动化管理。同时，当自动识别设备无法正常工作时，也可以实现手工键盘录入。例如，当超市的 POS 系统出现故障，条形码扫描仪无法获取商品信息时，收银员可以使用键盘通过手工录入商品条码，同样也可以将商品信息录入到 POS 的数据库中。

7. 自由度大

识别装置与条形码标签相对位置的自由度要比光学字符识别(optical character recognition，OCR)大得多。OCR 是指电子设备(如扫描仪或数码相机)检查纸上打印的字符，通过检测暗、亮的模式确定其形状，然后用字符识别方法将形状翻译成计算机文字的过程，即对文本资料进行扫描，然后对图像文件进行分析处理，获取文字及版面信息的过程。因此，一旦 OCR 识别的文本资料发生倾斜，就会影响识别效果，导致无法识别出正确的信息，可能会出现错误甚至形成乱码；而条形码通常只在一维方向上表达信息，同一条形码上所表示的信息完全相同并且连续，这样即使标签有部分缺损，条形码扫描仪仍然可以从余下的正常部分读取出正确的信息，不受影响。

2.2.4 条形码的类型

条形码可以分为一维条形码和二维条形码。一维条形码按照应用可以分为商品条形码和物流条形码。二维条形码可以分为行列式二维条形码和矩阵式二维条形码。

一维条形码虽然提高了资料收集与资料处理的速度，但由于受资料容量的限制，一维条形码仅能标识商品，而不能描述商品。二维条形码具有高密度、大容量、抗磨损、易识别等特点，其使用大大拓宽了条形码的应用领域。

二维条形码最早发明于日本，它是用某种特定的几何图形按照一定的规律在平面(二维方向)上分布的黑白相间的图形记录数据符号信息的，在代码编制上巧妙地利用构成计算机内部逻辑基础的"0""1"比特流的概念，使用若干个与二进制相对应的几何形体来表示文字、数值信息，通过图像输入设备或光电扫描设备自动识读以实现信息自动处理。

 **小链接**

二维条形码的应用领域

1. 传递信息。如个人名片、产品介绍、质量跟踪等。
2. 作为电商平台的入口。顾客线下扫描商品广告的二维条形码，然后进行在线购物。

3. 移动支付。顾客扫描二维条形码进入支付平台，使用手机进行支付。

4. 作为凭证。如团购的消费凭证，会议的入场凭证等。

(资料来源：百度百科. 二维条形码. http://baike.baidu.com/link?url=yUVPzatB6g_nz1AAmuYEKO lcpIE1vTJLzJ 8PPvngodXwKBolCeyb09e6uSgX9fsO.)

目前现存的条形码码制多种多样，但国际上通用的和公认的物流条形码码制只有三种：ITF-14 条形码(储运单元条形码)、EAN/UCC-128 条形码(货运单元条码)和 EAN/UPC 条形码。其中，ITF-14 条形码和 EAN/UCC-128 条码为物流条形码，而 EAN/UPC 条形码为商品条形码。

三种码制中，应用范围最为广泛的当属 EAN/UPC 商品条形码，EAN 和 UPC 是同物不同名的叫法。EAN 商品条形码是由国际物品编码协会(EAN)规定的，包括 EAN-13 商品条形码和 EAN-8 商品条形码。EAN-13 商品条形码如图 2-4 所示，EAN-8 商品条形码如图 2-5 所示。

图 2-4　EAN-13 商品条形码　　　图 2-5　EAN-8 商品条形码

EAN 商品条形码是国际上通用、企业最常用的商品代码，通常情况下，企业都选用 EAN 商品条形码。只有当产品出口到美国和加拿大地区并且客户特别指定时，才申请使用 UPC 商品条形码。UPC 商品条形码是由统一代码委员会(UCC)规定的，包括 UPC-A 商品条形码和 UPC-E 商品条形码。

选用条形码时，要根据货物和商品包装的不同，采用不同的条形码码制。一般单个大件商品，如空调、电视机、电冰箱、洗衣机等家电的包装箱采用 EAN/UPC 条形码，实现一品(件)一码；对于需要储运的包装箱，采用 ITF-14 条形码或 EAN/UCC-128 条形码，箱内可以是单一商品，也可以是多件小包装商品或不同规格的商品，此时使用的 EAN/UCC-128 条形码用来标识箱内产品的批号、数量、规格、生产日期、有效期限及交货地点等信息。

2.2.5　EAN-13 商品条形码的构成

我国通用的商品条形码标准采用 EAN 条形码结构，其主版由 13 位数字及相应的条形码符号组成，在较小的商品上也采用 8 位数字及相应的条形码符号。

EAN-13 商品条形码的构成是：前置码、制造厂商代码、商品代码和校验码。

(1) 前置码：即国家代码，由 3 位数字组成。国际物品编码协会(EAN)统一确定各国的前置码，我国的前置码为 690～695。值得注意的是，前置码并非代表产品的原产地，只能说明分配和管理有关厂商识别代码的国家(或地区)编码组织。

(2) 制造厂商代码：由 4 位数字组成，由我国物品编码中心统一分配、统一注册，一厂一码。

(3) 商品代码：由 5 位数字组成，表示每个制造厂商的商品，由厂商自行确定，可标识 10 万种商品，厂商必须确保每个商品项目代码的唯一性。

(4) 校验码：由 1 位数字组成，用来校验前面各码是否正确。厂商在对商品项目进行编码时，不必计算校验码的值，该值由制作条形码原版胶片或直接打印条形码符号的设备自动生成。

EAN-13 商品条形码符号结构如图 2-6 所示。由图 2-6 所示的条形码可以了解到如下信息：690 为国家代码(表示中国)，1234 为中国制造厂商代码，56789 表示代码为 1234 的制造厂商生产的商品代码，2 为校验码。

图 2-6　EAN-13 商品条形码符号结构

2.2.6　条形码的应用

条形码技术在现代物流中的典型应用有以下几方面。

1. 销售时点信息系统(POS 系统)

在商品上张贴条形码就可以快速、准确地利用条形码扫描仪自动读取商品信息，并通过计算机进行销售和配送管理。其过程为：对销售商品进行结算时，通过条形码扫描仪读取条形码信息并将信息输入计算机，再输入收款机，收款后开出收据。同时，通过计算机处理，掌握进、销、存等相关信息。

2. 销售跟踪

在产品出厂时张贴条形码，各代理商、分销商通过读取产品上的条形码信息，可以向生产厂家及时反馈产品流通的信息，随时掌握产品的销售状况。

3. 库存系统

在库存物资的管理尤其是在规格包装、集装、托盘货物上应用条形码技术的主要过程如下：入库时自动扫描条形码并将识别得到的物资信息输入计算机，由计算机处理后形成库存的信息，并输出入库区位、货架、货位的指令。出库程序则与 POS 系统的条形码应用一样。

4. 分拣系统

需要快速处理大量货物时，由于在每件物品外包装上都印制或张贴有条形码，利用条形码技术就可以进行自动分拣，并高效实现相关的管理。

5．生产管理

对于进入生产线的物品张贴好条形码后，通过安装于生产线的条形码识别设备采集物流信息，从而随时跟踪生产线上每一道工序的物流状况，通过建立自动控制系统，可以形成高度自动化的电子车间。

6．条形码支付

2011 年 7 月 1 日，支付宝推出全新的手机支付产品——条形码支付(barcode pay)。条形码支付是支付宝为线下实体商户提供的一种快捷、安全的现场支付解决方案。该方案为数以百万计的微小商户提供无需额外设备的低成本收银服务，实现"现场购物、手机支付"。

条形码支付的具体操作流程如下：

(1) 商户计算出待收银总额；

(2) 用户登录支付宝账户，出示账户关联的二维码或者条形码；

(3) 商户用扫描枪扫描用户的二维码或条形码；

(4) 扫描后，用户手机显示是否支付的对话框，请求用户确认；

(5) 用户确认，双方完成交易。

其实，在日常生活中，人们可以使用"手机支付宝"的"付钱"和"收钱"功能来完成付款和收款操作。具体流程如下：

打开支付宝，收款方进行如下操作：

选择"收钱""设置金额"，手机屏幕呈现收款二维码，等待付款方扫描。

或者付款方进行如下操作：

选择"付钱"，手机屏幕呈现条形码及二维码，等待对方扫描。

另外，也可以使用"微信支付"的"收付款"功能来完成付款和收款操作。具体流程如下：

打开微信，付款方进行如下操作：

点击"支付""收付款"，手机屏幕呈现条形码及二维码，等待收款方扫描。

或者收款方进行如下操作：

点击"二维码收款""设置金额"，手机屏幕呈现收款二维码，等待付款方扫描。

很显然，有了条形码技术，大大方便了人们的日常生活及企业的经营管理。

7．扫码付

打开微信，点击"发现""扫一扫"，扫描二维码或条形码，即可进入微信支付页面，输入支付密码即可完成支付。也可以打开支付宝钱包，点击"扫一扫"，就可以识别收款方的账户信息及付款金额，输入支付密码即可完成支付。扫码付无需传统网银支付烦琐的网关跳转过程，简便快捷。扫码支付如图 2-7 所示。

图 2-7　扫码支付

　**小链接**

浦发银行应用二维码技术转账汇款

2013 年 8 月 28 日，浦发银行在业内首家整合推出手机智能收付款功能。客户只需通过浦发手机银行"拍一拍"或"听一听"对方的银行账号，便可轻松向对方转账汇款，提升客户的转账体验。

手机银行智能收付款功能将新兴的图形二维码、音频二维码等技术与传统的银行转账汇款功能相结合。收款人只需要下载浦发手机银行客户端，便可以将自己所希望收款的银行账户转化成一个独一无二的二维码，收款时将该二维码出示给付款人，付款人在浦发手机银行客户端中选择"拍一拍"或"听一听"，通过拍摄二维码图形或收听二维码发出的音频，浦发手机银行即可自动识别二维码背后隐含的收款人账号信息，并引导付款人完成向收款人的转账支付。即使收款人没有浦发银行账户，也可以通过该功能将其他银行账户添加为收款账户，完成收款。

智能收付款功能的创新推出既免去了收款人记忆账号的烦恼，又避免了付款人手工录入账号的烦琐和输错账号的风险。收款人拥有收款账户二维码后，可以将其保存在浦发手机银行客户端或手机本地相册中，付款人只需将手机靠近收款人手机，拍下二维码图形或收听二维码音频，便可实现面对面付款。即使收付款双方分隔两地，付款人也可使用浦发手机银行读取付款人分享的收款二维码，实现向对方转账。

(资料来源：人民网. 浦发银行首推手机银行智能收付. http://scitech.people.com.cn/n/2013/0828/cl057-22714944.html.)

2.2.7　常见的条形码扫描仪

1．光笔条形码扫描仪

光笔条形码扫描仪是类似笔形的手持小型扫描仪。

2．手持式条形码扫描仪

手持式条形码扫描仪是能手持和移动使用的扫描仪，用于扫描静态物品。

3．台式条形码扫描仪

台式条形码扫描仪是固定的扫描装置，使用时只需手持带有条形码的物品在扫描仪上移动即可。

4．激光条形码扫描仪

激光条形码扫描仪是目前在物流领域应用较多的固定式扫描设备。

2.3　基于电磁理论的自动识别和数据获取技术——RFID

2.3.1　RFID 的概念

条形码技术需要对物品上张贴的条形码进行接触式识读，但是人们往往会遇到这样的场景：物品常常集装成单元运输和装卸，体积较大，不便搬动，往往无法进行接触式识别。这时条形码扫描技术就无法发挥作用了，需要射频识别技术来解决这一问题。只要在物品包装上贴附上射频标签，其发射的电磁波被无线扫描器获取后，就可以识别出物品信息并输入到计算机中进行处理。

　　射频识别(radio frequency identification，RFID)也称为电子标签、无线射频识别。射频识别技术是一种无线电通信技术，可通过无线电讯号识别特定目标并读写相关数据，而无需在识别系统与特定目标之间建立机械或光学接触。其主要功能是对运动或静止的标签进行不接触的识别。识别工作无须人工干预，可工作于各种恶劣环境中。短距离射频产品不怕油渍、灰尘污染等恶劣的环境，可以代替条形码使用，如可以用在工厂的流水线上跟踪物体。长距离射频产品多用于交通上，识别距离可达几十米，如自动收费或识别车辆身份等。

2.3.2　RFID 系统的组成及 RFID 技术的工作原理

1. RFID 系统的组成

最基本的 RFID 系统由三部分组成。

1) 标签(tag)

标签由耦合元件及芯片组成，每个标签具有唯一的电子编码，附着在物品上标识目标对象。适用于超市、化妆品店、服装店等场所的射频软标签如图 2-8 所示。

图 2-8　射频软标签

2) 射频卡阅读器(reader)

射频卡阅读器是读取及写入标签信息的设备。

3) 天线(antenna)

天线在标签和阅读器之间传递射频信号。

　　RFID 系统的硬件主要由无线终端、无线网关与服务器构成。终端一般由手持电脑加扫描器构成，具有无线通信功能。无线网关架设在仓库或现场高处，通过局域网线与服务器 RJ45 端口联接。网关与终端之间的有效通信半径为 150 米。若半径大于 150 米，可多架网关使终端在其间漫游。终端与服务器之间通过无线网关交换信号。

2. RFID 技术的工作原理

　　标签进入磁场后，接收阅读器发出的射频信号，凭借感应电流所获得的能量发送出存储在芯片中的产品信息，或者主动发送某一频率的信号；阅读器读取信息并解码后，送至中央信息系统进行有关数据处理。

2.3.3　RFID 的优势

　　RFID 技术的优点是不局限于视线，识别距离比光学系统远，射频识别卡具有读写功能，可携带大量数据，同时难以伪造并很智能。

2.3.4 RFID 技术的应用

RFID 适用的领域有物料跟踪、运载工具和货架识别等要求非接触式数据采集和交换的场合。由于 RFID 标签具有可读写能力，对于需要频繁改变数据内容的场合尤为适用。目前，射频识别技术已被成功应用于高速公路自动收费、门禁保安、RFID 卡收费、仓储管理、图书馆和食品安全溯源等。物流公司将 RFID 用于物流管理中，例如，车、货物的跟踪、考勤系统、检票系统等。基于 RFID 技术的实时交通督导和最佳路线电子地图目前也在研制中。

目前，RFID 技术应用最多的是零售业、交通运输业和生产制造业。

1. 零售业

RFID 技术的运用使得数以万计的商品种类、价格、产地、批次、货架、库存、销售等各环节被管理得井井有条。沃尔玛称其通过采用 RFID 技术，每年可节省约 83.5 亿美元，其中大部分是因为无需人工查看进货的条形码而节省的劳动力成本。

2. 路桥、停车场等收费场所

采用基于 RFID 的车辆自动识别技术，使得路桥、停车场等收费场所避免了车辆排队通关所导致的拥堵现象，减少了时间浪费，从而极大地提高了交通运输效率及交通运输设施的通行能力。

3. 自动化的生产流水线

在自动化的生产流水线上，可以运用短距离 RFID 产品来跟踪物体，保证整个产品生产流程的各个环节均被置于严密的监控和管理之下，一方面提高了产品质量，降低了残次品的比例，另一方面降低了原材料的消耗及生产成本。

4. 粉尘、污染、寒冷、炎热等恶劣环境

RFID 识别产品不怕油渍、灰尘污染等恶劣的环境，可在这样的环境中替代条形码。长距射频识别产品多用于交通上，识别距离可达几十米，如自动收费或识别车辆身份等。特别是在粉尘、污染、寒冷、炎热等恶劣环境中，远距离射频识别技术的使用使得卡车司机不用下车也可自动办理缴纳过路费的手续，极大地方便了司机，同时避免了交通拥堵。

5. 公交车运行管理

在公交车的运行管理中，RFID 自动识别系统能准确地记录车辆在沿线各站点的到发站时刻，为车辆调度及全程运行管理提供实时可靠的信息。

2.4 定位与跟踪技术——GPS

2.4.1 GPS 的概念

GPS(global positioning system，全球定位系统)是指利用导航卫星，在全球范围内进行

实时定位、导航的系统，具有在海、陆、空进行全方位实时三维导航与定位的能力。

2.4.2　GPS 的发展

GPS 系统是利用导航卫星测时和测距的，对于地球上任何一个角落的用户，都能计算出他们所处的方位。当前有两个公开的 GPS 系统可供使用：其一是 NAVSTAR 系统，由美国研制，归属美国国防部管理和操作；其二是俄罗斯联邦所拥有的 GLONASS 系统。由于通常情况下，首先可利用的是 NAVSTAR 系统，故又将这一全球卫星定位导航系统简称为 GPS。

我国于 1995 年成立了 GPS 协会，协会下设四个专业委员会。从 1970 年 4 月把第一颗人造卫星送入轨道以来，我国已成功发射了 30 多颗不同类型的人造卫星，为空间大地测量工作的开展创造了有利条件。

2.4.3　GPS 的构成

GPS 系统由三个独立的部分组成：空间部分——GPS 卫星星座；地面监控部分——地面监控系统；用户设备部分——GPS 信号接收机。

1．GPS 空间部分

GPS 空间部分包括由 24 颗卫星组成的星座，其中包含有 21 颗工作卫星，3 颗备用卫星，它们分布在距离地球 2 万多千米的 6 个等间隔轨道上。卫星运行高度为 20 200 km，运行周期为 12 小时，卫星发射的信号能覆盖地球面积的 38%。卫星运行在轨道的任何位置上，都能保持对地面距离和波束覆盖面积基本不变。同时在波束覆盖区域内，用户接收机接收到的卫星信号强度近似相等，这样就能保证定位的精准度。由于 GPS 卫星的数目较多，且分布均匀，保证了地球上的任何地方在任何时间至少可以同时观测到 4 颗 GPS 卫星，确保实现全球全天候连续的导航定位服务(打雷、闪电等不宜观测的情况除外)，从而可以为用户提供全天 24 小时不间断的免费服务。

2．GPS 地面监控部分

地面监控部分由分布在全球的若干个跟踪站所组成的监控系统构成。根据跟踪站作用的不同，这些跟踪站被分为主控站、监控站和注入站。主控站有 1 个，注入站(地面天线)有 3 个，监控站有 5 个。主控站的作用是根据各监控站对 GPS 的观测数据，计算出卫星的星历和卫星钟的改正参数等。注入站的作用是将主控站计算出的卫星星历和卫星钟改正参数等注入到卫星中。监控站的作用是接收卫星信号，监测卫星的工作状态。

3．GPS 用户设备部分

GPS 用户设备部分通过接收 GPS 卫星发射的信号，获得必要的导航和定位信息，经过数据处理后，完成导航和定位工作。GPS 用户设备部分的中心设备是 GPS 接收机。GPS 接收机是一种特制的无线电接收机，其作用是根据接收到的卫星星历、伪距观测数据，计算出定位数据(三维坐标)和运行速度，进行人机对话，通过用户输入的各种指令来控制屏幕显示。

2.4.4　GPS 的工作原理

GPS 卫星全天候不间断地发送包含自身星历参数和时间等信息的导航电文，接收机通过接收导航电文进行测时、测距,利用空间后方距离交会技术反算出接收机所处的三维位置、三维方向以及运行速度和时间信息,从而实现导航定位的目的。

2.4.5　GPS 的应用

目前,GPS 在物流领域可以应用于汽车自动定位、跟踪调度以及铁路运输的管理等方面。

在汽车自动定位和跟踪调度方面,物流管理部门可以利用 GPS 的计算机信息管理系统,通过 GPS 和计算机网络实时、全程地收集汽车所运载货物的动态信息,从而实现汽车、货物跟踪管理,并及时进行汽车的调度管理。

车载导航系统是全球卫星定位系统的典型应用。我国已有数十家公司在开发和销售车载导航系统。中远、中国外运等大型国际物流服务企业均建立了装载有卫星定位系统的车队。

目前,常用的手机导航 App 有高德地图、百度地图、谷歌地图、腾讯地图、搜狗地图和北斗卫星地图等。

高德地图是苹果中国地图数据独家供应商,专注数字地图内容、导航和位置服务解决方案,拥有全面精准的地点信息、特色语音导航、智能路线规划,具有省流量、耗电低、空间占用小等特点。高德地图手机导航界面如图 2-9 所示。

图 2-9　高德地图手机导航界面

在铁路运输方面，通过 GPS 和计算机网络实时收集全路段列车、机车、车辆、集装箱及所运载货物的动态信息，就可以实现对列车及所运载货物的追踪管理。只需掌握货车的车种、车型、车号等信息，就可以立即从近 10 万千米的铁路网上流动着的几十万辆货车中找到该货车，同时得知这辆货车目前所处方位以及车上所运载货物的相关信息。

2.5　地理空间数据的图形呈现技术——GIS

2.5.1　GIS 的概念

GIS(geographical information system，地理信息系统)是多种学科交叉的产物，它以地理空间数据为基础，采用地理模型分析方法，适时地提供多种空间和动态的地理信息，是一种为地理研究和地理决策服务的计算机技术系统。其基本功能是将表格型数据转换为地理图形显示，然后对显示结果进行浏览、操作和分析。其显示范围可以从洲际地图到非常详细的街区地图，显示对象包括人口、销售情况、运输路线及其他内容。

GIS 应用于物流系统，主要是利用其强大的地理数据功能来完善物流分析技术。完整的 GIS 物流分析软件集成了车辆路线模型、最短路径模型、网络物流模型、分配集合模型和设施定位模型等。

GIS 还可以辅助进行道路、仓库、场站等基础设施的规划和布局，利用地理坐标、直角坐标等方式，求解最佳的仓库位置和网络布局。

2.5.2　GIS 应用系统的构成

GIS 的应用系统由硬件、软件、数据、人员和方法五个主要部分构成。

1．硬件

硬件是指操作 GIS 所需的一切计算机资源。一个典型的 GIS 硬件系统除了计算机外，还包括数字化仪、扫描仪、绘图仪、磁带机等外部设备。根据硬件配置规模的不同，可分为单间型、基本型和网络型。

2．软件

软件是指 GIS 运行所需的各种程序，主要包括计算机系统软件和地理信息系统软件两部分。地理信息系统软件提供存储、分析、显示地理信息的功能和工具。主要的软件部件有：输入和处理地理信息的工具，数据库管理系统工具，支持地理查询、分析和可视化显示的工具及图形用户界面(GUI)。

3．数据

数据是 GIS 的操作对象，是现实世界经过模型抽象的实质性内容。一个 GIS 应用系统必须建立在准确合理的地理数据基础之上。数据来源包括室内数字化和野外采集，以及从其他数据转换而来的数据。数据包括空间数据和属性数据，空间数据的表达可以采用栅格和矢量两种形式。空间数据表现了地理空间实体的位置、大小、形状、方向以及几何拓扑关系。属性数据表现了空间实体的空间属性以外的其他属性特征，属性数据主要是对空间数据的说明，如一个城市点，其属性数据有人口、GDP、绿化率等描述指标。

4．人员

GIS 需要人为地进行系统的组织、管理、维护和数据更新、系统的扩充完善以及应用程序开发，并采用空间分析模型提取多种信息。这些人员既包括从事设计、开发、维护 GIS 的技术专家，也包括使用该系统并解决专业领域任务的领域专家。一个 GIS 的运行团队应该由项目负责人、信息技术专家、应用专业领域技术专家以及若干程序员和操作员组成。

5．方法

方法主要是指空间信息的综合分析方法，即通常所指的应用模型。它是在对专业领域的具体对象与过程进行大量研究的基础上总结出来的规律的表示。

2.5.3 GIS 的应用

GIS 具有强大的地理数据功能，可以用来完善物流分析技术。完整的 GIS 分析软件集成了车辆路线模型、最短路径模型、网络物流模型、分配集合模型和设施定位模型。

1．车辆路线模型

车辆路线模型用于解决一个起点、多个终点的货物运输中如何降低物流作业费用，并保证服务质量的问题，包括决定使用多少辆车，每辆车的运行路线等问题。

2．最短路径模型

最短路径问题通常指的是带权图上的最短路径问题。从网络模型的角度看，最短路径分析就是在指定网络中的两个节点间找出一条阻碍强度最小的路径。根据阻碍强度的不同定义，最短路径可以指一般意义上的最短距离，也可以引申到其他的量度，如时间、费用、油耗等，相应地，最短路径问题就成为最短时间路径问题、最低费用路径问题等。

3．网络物流模型

网络物流模型用于解决物流网点布局问题。例如，寻找最有效的货物分配路径的问题，将货物从 N 个仓库运往到 M 个商店，每个商店都有固定的需求量，需要确定由哪个仓库供货给哪个商店，可以使得运输代价最小，这样的问题可以通过网络物流模型得以解决。

4．分配集合模型

分配集合模型可以根据各个要素的相似点把同一层上的所有或部分要素分为几个组，来解决确定服务范围和销售市场范围等问题。例如，某一公司要设立 N 个分销点，要求这些分销点要覆盖某一地区，而且要使每个分销点的客户数目大致相等，这样的问题可以通过分配集合模型得以解决。

5．设施定位模型

设施定位模型可用于确定一个或多个设施的位置。在物流系统中，仓库和运输路线共同组成了物流网络，仓库处于网络的节点上，节点决定了路线，根据供求需要并结合经济效益原则，在既定区域内设立多少个仓库，每个仓库的位置、规模，以及仓库之间的物流关系等问题，运用设施定位模型都可以得到解决。

小链接

Google Earth

Google Earth(谷歌地球)是一款由 Google 公司开发的虚拟地球仪软件，它把卫星照片、航空照相和 GIS 布置在一个地球的三维模型上。Google Earth 于 2005 年向全球推出，被《PC 世界杂志》评为 2005 年全球 100 种最佳新产品之一。用户只需在自己的电脑上安装一个客户端软件，就可以免费浏览全球各地的高清晰度卫星图片。Google Earth 分为免费版与专业版两种。

Google Earth 免费版的功能如下：

(1) 结合卫星图片、地图以及强大的 Google 搜索技术，将全球地理信息展现在眼前。

(2) 从太空漫游到邻居一瞥。

(3) 目的地输入，直接放大。

(4) 能搜索学校、公园、餐馆、酒店。

(5) 获取驾车指南。

(6) 提供 3D 地形和建筑物，其浏览视角支持倾斜或旋转。

(7) 保存、共享搜索和收藏夹。

(8) 添加自己的注释。

(9) 可以自己驾驶飞机飞行。

(10) 可以看火星和月球。

(11) 可以测量长度、高度。

(12) 稀有动物跟踪系统。

(13) 实时天气监测功能。

(14) 街景视图功能。

(15) 地球城市夜景功能。

2.6 电子订货系统(EOS)

2.6.1 EOS 的概念

EOS(electronic ordering system，电子订货系统)是指不同组织之间利用通信网络和终端设备以在线联结的方式进行订货作业与订货信息交换的体系。电子订货系统是将批发商、零售商处发生的订货数据输入计算机，立刻通过网络将资料传送至总公司、批发商、商品供货商或制造商处。

EOS 按应用范围可以分为三类：企业内的 EOS(如连锁店经营中各个连锁分店与总部之间建立的 EOS)，零售商与批发商之间的 EOS，以及零售商、批发商和生产商之间的 EOS。如今，市场竞争异常激烈，要有效地管理企业的库存，保证供货商能够及时补货不至于缺货，采用 EOS 势在必行。

2.6.2　EOS 的操作流程

EOS 的操作流程如下。

(1) 零售店终端用条形码扫描仪获取准备订购的商品的条形码，并在终端机上输入订货材料；利用网络将订货信息传送到批发商的计算机中。

(2) 批发商开出提货传票，同时根据传票，开出拣货单，实施拣货，然后依据送货传票进行商品的发货操作。

(3) 送货传票上的资料成为零售商的应付账款资料及批发商的应收账款资料。

(4) 零售商对送到的货物进行检查验收后，上架陈列并销售。

2.7　销售时点信息系统(POS)

2.7.1　POS 的概念

POS(point of sale system，销售时点信息系统)包含前台的 POS 和后台的 MIS(管理信息系统)两大基本部分。POS 最早应用于零售业，之后逐渐扩展至金融、旅馆等服务性行业，利用 POS 的范围也从企业内部扩展到整个供应链。早期的 POS 主要用于电子收款，现代的 POS 已不仅仅局限于此。

前台的 POS 是指通过自动读取设备(如收银机)，在销售商品时直接读取商品销售信息(如商品名称、单价、销售数量、销售时间、销售店铺、购买顾客等)，实现前台销售业务的自动化，对商品交易进行实时服务管理，并通过通信网络和计算机系统将商品销售信息传至后台，通过后台 MIS 的计算、分析与汇总，掌握商品销售的各项信息，为企业管理者分析经营成果、制定经营方针提供决策依据。

后台的 MIS 负责整个商场的进、销、调、存系统的管理以及财务管理、库存管理、考勤管理等。它可以根据商品进货信息对厂商进行管理，同时又可根据前台 POS 提供的销售数据，控制进货数量，合理周转资金，还可以分析统计各种销售报表，快速准确地计算成本与毛利，也可对售货员、收款员的业绩进行考核，是发放职工工资、奖金的客观依据。

前台的 POS 与后台的 MIS 是密切相关的，两者缺一不可，只有共同配合，才能发挥作用。

2.7.2　POS 的操作流程——以零售业为例

POS 的操作流程如下。

(1) 店内销售商品都张贴有标识该商品信息的条形码或 OCR 标签。

(2) 在顾客选购完商品结账时，收银员使用条形码扫描仪自动读取商品条形码或 OCR 标签上的信息，通过店铺内的计算机确认商品的单价，计算顾客购买的总金额，同时返回收银机，打印出顾客购买清单和付款总金额。

(3) 各个店铺的销售时点信息通过 VAN(增值网)以在线联结的方式即时传送至总部或物流中心。

(4) 在总部、物流中心和店铺之间利用销售时点信息来进行库存调整、配送管理、商品订货等作业。通过对销售时点信息进行加工、分析来掌握消费者的购买动向，找出畅销商品与滞销商品，并以此为基础，进行商品品种的配置、商品陈列、价格设置等方面的作业。

(5) 在零售商与供应链中的上游企业(批发商、生产商等)结成协作伙伴关系(也称战略联盟)的条件下，零售商利用 VAN 以在线联结的方式把销售时点信息即时传送至上游企业，这样上游企业就可以利用销售现场最及时准确的销售信息制定经营计划，进行决策。例如，生产厂家可以利用销售时点信息系统进行销售预测，掌握消费者的购买动向，找出畅销商品和滞销商品，通过将销售时点信息与订货信息进行对比分析，从而把握零售商的库存水平，以此为基础制定生产计划和零售商连续库存补充计划。

2.8　物流信息系统(LIS)

2.8.1　物流信息系统概述

物流系统包括运输系统、储存保管系统、装卸搬运与流通加工系统、物流信息系统等方面，其中物流信息系统是高层次的活动，是物流系统中最重要的方面之一，涉及运作体制、标准化、电子化及自动化等方面的问题。

LIS(logistics information system，物流信息系统)是指由人员、设备和程序组成的，为物流管理者执行计划、实施、控制等职能提供信息的交互系统，它与物流作业系统一样都是物流系统的子系统。可以把物流信息系统理解为通过收集、加工、处理、储存和传递物流相关信息来达到对物流活动进行有效控制和管理，并为企业提供信息分析和决策支持的人机系统。它是整个物流系统的核心，是现代物流企业的灵魂。对于物流企业来说，拥有物流信息系统至关重要。物流信息系统在物流运作过程中非常关键，并且从始至终发挥着不可替代的中枢作用。

2.8.2　物流信息系统的特点

物流信息系统以物流信息传递的标准实时化、存储的数字化、物流信息处理的计算机化等为基本内容。

物流信息系统具有实时化、网络化、系统化、规模化、专业化、集成化、智能化等特点。

2.8.3　物流信息系统的标准

1. 精确可靠

精确可靠指的是物流信息系统必须能够精确地反映企业的当前状况。例如，企业的实际库存量与物流信息系统报告的库存量要一致，这样企业就无需采用增加库存的方法来减少由于不确定性带来的风险，从而可以大大降低企业的库存成本。"库存是万恶之本"，严密监控库存可以防微杜渐，使企业运营始终保持良好健康的状态。

2．更新及时

更新及时是指物流活动的发生时间应与该活动在物流信息系统内的可见时间之间的延迟尽量缩短。及时性对于存货量的控制与精确性同等重要，同时依据精确及时的信息而做出的物流决策也较为科学。

3．灵活可变

灵活可变是指物流信息系统应该能够满足系统用户和客户的要求，可以提供满足特定顾客需要的数据。

4．能反映意外状况

能反映意外状况是指物流信息系统应该能够反映异常情况，以使得计划人员或经理人员可以把精力集中于降低运营成本、改善客户服务等企业急需解决的问题上。

2.8.4　企业物流信息系统的构成

企业物流信息系统构成如图 2-10 所示。

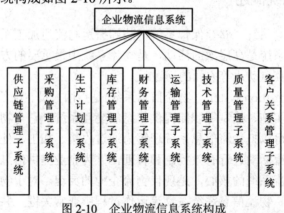

图 2-10　企业物流信息系统构成

企业物流信息系统包括供应链管理子系统、采购管理子系统、生产计划子系统、库存管理子系统、财务管理子系统、运输管理子系统、技术管理子系统、质量管理子系统及客户关系管理子系统。

以下举例说明七个子系统的主要功能。

1．供应链管理子系统

供应链管理子系统提供供应链上节点企业(如供应商与客户)的相关信息，进行相关网络连接，实现供应链企业之间的信息共享。

2．采购管理子系统

采购管理子系统提供如提前期、合同管理、价格查询、供应商选择等原材料、零部件的采购信息。

3. 生产计划子系统

生产计划子系统提供如工艺流程、生产计划、物料需求、任务分配、过程控制等产品生产制造方面的信息。

4. 库存管理子系统

库存管理子系统提供如出入库信息、库存动态、统计报表、物料编码等库存管理方面的信息。

5. 财务管理子系统

财务管理子系统提供如应收账款、应付账款、成本分析、贷款利率、销售收入等财务管理方面的信息。

6. 运输管理子系统

运输管理子系统提供如运输能力、车辆调度、运输实施状况、运输路线规划等运输管理方面的信息。

7. 客户关系管理子系统

客户关系管理子系统通过网络收集客户需求、产品质量信息反馈、技术咨询及售后服务等信息，以提升客户满意度为宗旨。

本 章 小 结

本章首先介绍了 EDI 电子数据交换技术的基本概念、实现原理及其在物流领域的具体应用；其次，介绍了条形码技术、RFID 射频识别技术的基本概念、实现原理及其在物流领域的具体应用；再次，介绍了 GPS 全球定位系统、GIS 地理信息系统的基本概念、实现原理及其在物流领域的具体应用；之后，介绍了 EOS 电子自动订货系统、POS 销售时点信息系统的基本概念、实现原理及其在物流领域的具体应用；最后，介绍了物流信息系统的特点、标准及企业物流信息系统的构成。

讨 论 案 例

京东官方宣布，京东已建成全球首个全流程无人仓，从入库、存储，到包装、分拣，真正实现全流程、全系统的智能化和无人化。

据悉，该无人仓坐落在上海市嘉定区的仓储楼群，属于上海亚洲一号整体规划中的第三期项目，建筑面积为 40 000 平方米，物流中心主体由收货、存储、订单拣选、包装等四个作业系统组成，存储系统由 8 组穿梭车立库系统组成，可同时存储商品 6 万箱。

在京东无人仓的整个流程中，从货到人到码垛、供包、分拣，再到集包转运，应用了多种不同功能和特性的机器人，而这些机器人不仅能够依据系统指令处理订单，还可以完成自动避让、路径优化等工作。

在货物入库，打包等环节，京东无人仓配备了 3 种不同型号的六轴机械臂，应用在入库装箱、拣货、混合码垛、分拣机器人供包 4 个场景下。

另外，在分拣场内，京东引进了 3 种不同型号的智能搬运机器人执行任务，分别使用了 2D 视觉识别、3D 视觉识别以及由视觉技术与红外测距组成的 2.5D 视觉技术，为这些智能机器人安装了"眼睛"，实现了机器与环境的主动交互。

未来，京东无人仓正式运营后，其日处理订单的能力将超过 20 万单。

值得一提的是，京东物流在无人仓的规划中融入了低碳节能的理念，其在系统中应用了包装材料的算法推荐，可以实现全自动体积适应性包装，以缓解人工打包中出现的"小商品大包装"或者"大商品小包装"造成包装过度或者纸箱破损的情况。

此前，京东于 2014 年建成投产的上海亚洲一号，其仓库管理、控制、分拣和配送信息系统等均由京东开发并拥有自主知识产权，整个系统由京东总集成，90% 以上操作已实现自动化，代表了国内智慧物流领域最高水平。

经过三年的实践与应用，上海亚洲一号已经成为京东物流在华东区的中流砥柱，有效缓解了"6·18""双 11"订单量暴涨带来的压力。无论是订单处理能力，还是自动化设备的综合匹配能力，都处于行业领先水平。

京东表示，无人仓是京东在智能化仓储方面的一次大胆创新，其自动化、智能化设备覆盖率达到了 100%，可以应对电商灵活多变的订单的业务形态，这与原有的亚洲一号能够长期持续地消化巨量的订单的风格形成了高效有序的互补。

（资料来源：搜狐网.全球首个全流程无人仓正式在嘉定启用！https://www.sohu.com/a/ 197824269_695949.）

根据材料思考以下问题：

1. 京东的物流运作模式是怎样的？
2. 京东无人仓有何特点？
3. 自动化、智能化的技术对物流行业的发展会产生什么样的影响？

配 套 实 训

1. 在线进行条形码的编制和生成。
2. 利用扫描设备对物流条形码或商品条形码进行识别并录入相应的物流或商品信息。
3. 利用电子地图系统进行运输路线的规划和设计。

课 后 习 题

一、填空题

1. _____技术是迄今为止最经济、最实用的一种自动识别技术。
2. _____码是国际物品编码协会制定的一种商品用条形码，全球通用，我们日常购买的商品包装上所印的条形码一般就是这种条形码。_____码是美国统一代码委员会制定的一种商品用条形码，主要用于美国和加拿大地区。

3．EDI 系统的构成要素包括＿＿＿＿＿＿、＿＿＿＿＿＿、＿＿＿＿＿＿。

4．标准的不统一将直接影响 EDI 的发展，目前，＿＿＿＿＿＿已成为全球通用的 EDI 标准。

5．EDI 在建立密切的贸易伙伴关系方面有潜在的优势，其应用获益最大的是＿＿＿＿＿＿业、＿＿＿＿＿＿业和＿＿＿＿＿＿业。

6．GIS 的基本功能是将表格型数据转换为＿＿＿＿＿＿，然后对显示结果进行浏览、操作和分析。

7．完整的 GIS 物流分析软件集成了＿＿＿＿＿＿模型、＿＿＿＿＿＿模型、＿＿＿＿＿＿模型、＿＿＿＿＿＿模型和＿＿＿＿＿＿模型等。

8．GPS 在物流领域可以应用于＿＿＿＿＿＿、＿＿＿＿＿＿以及＿＿＿＿＿＿等方面。

二、判断题

1．物流信息技术通过切入物流企业的业务流程来实现对物流企业各生产要素(车、仓、驾等)的合理组合与高效利用，降低经营成本，直接产生明显的经营效益。　　　（　　）

2．物流信息技术是指现代信息技术在物流各个作业环节中的应用，是物流现代化的重要标志。　　　（　　）

3．目前，在射频识别技术、条形码识别技术、生物识别技术等多种自动识别技术中，射频识别技术是迄今为止最经济、最实用的一种技术。　　　（　　）

4．电子数据交换(EDI)俗称"无纸化贸易"。　　　（　　）

5．商品条形码与物流条形码无区别。　　　（　　）

6．条形码代替了键盘输入，提高了数据的准确性，成为目前全球商业的关键因素。　　　（　　）

7．在 EAN-13 条形码中，我国的国家代码是 960。　　　（　　）

8．条形码代表商品在仓库中储藏位置的号码。　　　（　　）

9．条形码所代表的某产品不再生产时，其对应的商品代码可重复启用，再分配给其他商品。　　　（　　）

10．由条形码与扫描设备构成的自动识别技术在物流管理中被广泛使用，它能提高生产率，减少差错。　　　（　　）

三、简答题

1．简述 EDI 的含义及其特点。

2．简述 EDI 的工作过程。

3．简述 EDI 软件系统的功能。

4．简述条形码技术的优点。

5．简述条形码技术在现代物流中的典型应用。

6．简述射频识别技术的优势及其在现代物流中的应用。

7．简述 GPS 的工作原理及其在现代物流中的应用。

8．简述 GIS 技术在现代物流中的应用。

四、实训题

1．某公司从 A1、A2 两个产地将物品运往 B1、B2、B3 三个销地，各产地的产量、各销地的销量和各产地运往各销地每件物品的运费如表 2-1 所示，应如何调运可使总运输费用最小？

表 2-1 产量、销量及运费信息

产地	销 地			产量
	B1	B2	B3	
A1	6	4	6	200
A2	6	5	5	300
销量	150	150	200	

2. 如图 2-11 所示，求节点 1 到节点 10 之间的最短路径。

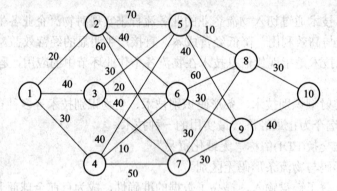

图 2-11 节点 1 到节点 10 的路径

第 3 章 网 络 采 购

学 习 目 标

掌握采购的概念及分类，了解传统采购的不足；掌握网络采购的概念及优势，了解网络采购的市场现状及发展前景；了解网络采购的三种模式的特点及区别；了解天猫供销平台的概念和管理规范，掌握在供销平台上的基础操作；了解阿里巴巴采购的采购方式及流程，了解买卖速配的采购技巧及阿里巴巴特色服务；了解反向拍卖电子采购的概念、优势及实施。

3.1 采 购 概 述

3.1.1 采购的概念

提到采购，人们的直接认识就是向供应商购买原材料或半成品、产成品。究竟购买哪种类型的商品，取决于企业的性质。如果是生产型工厂，自然是购买原材料；如果是零售商，购买的就会是半成品或产成品。不论买入的物品状态如何，对企业而言，这些都属于外部资源，要取得这些外部资源，企业就要以法人的身份支付相应的成本。众所周知，企业的目标在于利润最大化或股东价值最大化。因此，开展采购管理，降低采购成本，是企业实现经营目标的途径之一。

采购既是一个商流过程，也是一个物流过程。采购的基本作用是将资源从资源市场的供应者手中转移到用户手中。在这个过程中，一是要实现资源所有权的转移，二是要实现资源物质实体的转移。前者是一个商流过程，主要通过商品交易、等价交换来实现商品所有权的转移。后者是一个物流过程，主要通过运输、储存、包装、装卸、流通加工等手段来实现商品空间位置和时间位置的完整结合。两者缺一不可，只有这两个方面都完全实现了，采购过程才算完成。因此，采购过程实际上是商流过程与物流过程的统一。

采购是一种经济活动。在整个采购活动过程中，一方面，通过采购获取了资源，保证了企业正常生产的顺利进行，这是采购的效益；另一方面，在采购过程中，也会发生各种费用，这就是采购成本。采购经济效益的最大化就是不断降低采购成本，以最小的成本去获取最大的效益。而要做到这一点，关键的关键，就是要努力追求科学采购。科学采购是实现企业利益最大化的基本利润源泉。

3.1.2 采购的分类

1. 按采购的范围分类

1) 国内采购

国内采购是指企业以本币向国内供应商购买所需物资的一种行为。国内采购主要是指在国内市场采购，但并不是指采购的物资都一定是国内生产的，也可以向国外企业设在国内的代理商采购所需要的物资，只是以本币支付货款，而不需要以外汇结算。国内采购又分为本地市场采购和外地市场采购两种。通常情况下，采购人员应该先考虑在本地市场采购，这样可以减少运输费用，节省成本和时间。在本地市场不能满足需要时，再考虑从外地市场采购。

国内采购的优势是：首先，国内采购不会遇到商业沟通的困难，由于供应商与购买者有共同的文化背景、道德观念以及商业组织，有利于维护良好的商业关系，双方都可以减少资源消耗；其次，国内采购不存在国际贸易运输、定价的问题，省却了在国际贸易中洽商运费、保险、交货付款等问题；再次，国内采购一般用时较短，面临的不确定性和风险性小。

2) 国外采购

国外采购又称国际采购或全球采购，主要是指国内采购企业直接向国外厂商采购所需要物资的一种行为。

国外采购的优势是：首先，企业(尤其是大型跨国公司)对采购产品质量有严格要求，国外采购扩大了供应商的范围，购买商有很大的选择余地，就有可能获得高质量的产品；其次，每个采购企业都希望降低采购成本，而国外的一些有竞争力的供应商可以提供具有更低价格的产品；再次，参与国际采购可以锻炼自己适应经济全球化的能力，有利于企业的长远发展；最后，通过国际采购还可以获取一些在国内无法得到的商品，尤其是高科技产品，如计算机的 CPU 等。因此，虽然国际采购具有流程复杂、风险较高等弱点，但仍不失为一种重要的采购途径。

2. 按采购时间分类

1) 长期合同采购

长期合同采购是指采购商和供应商通过合同稳定双方的交易关系，合同期一般在一年以上。在合同期内，采购方承诺在供应方采购其所需要的产品，供应方承诺保证采购方对所采购产品数量、品种、规格、型号等方面的需要。

长期合同采购的优点是：首先，有利于增强双方的信任和理解，建立稳定的供需关系；其次，有利于降低双方的洽谈费用；最后，由于有十分明确的法律保障，可以通过法律来维护各自的权利。但是这种方式也有其不利之处：首先，其价格调整比较困难，一旦将来市场价格出现下降情况，采购方将会由于不能随之调整采购价格而造成差价损失；其次，合同对采购数量做了规定，不能根据实际情况的变化来做调整；最后，由于有了合同的限制，即使出现了更好的采购渠道，购买商也不能随意调整。长期合同采购主要适合于采购方需求量大并有连续不断需求的情况。

2) 短期合同采购

短期合同采购是指采购商和供应商通过合同实现一次交易，以满足生产经营活动的需要。短期合同采购中，供采双方的关系不稳定，采购产品的数量、价格可以随现实数量相应地调整，对采购方来讲具有较大的灵活性。但由于这种不稳定性，也会出现价格洽谈、交易以及服务等方面的不足。短期合同采购一般适合于非经济消耗物品、价格波动较大的物品及质量不稳定的物品。

3. 按采购主题分类

1) 个人采购

个人采购是几乎每个人都经常进行的采购活动，它是指消费者为满足自身需要而发生的购买消费品的行为。其购买对象主要为生活资料，如家用电器和生活必需品等，购买过程相对比较简单。

2) 企业采购

企业采购是企业为了实现自己的经营目标而进行的采购行为。企业采购一般分为生产企业采购和流通企业采购。生产企业采购是为了生产而进行的采购，采购对象以生产资料为主。流通企业采购是为了销售而进行的采购，采购对象一般为生活资料。

3) 政府采购

政府采购是以政府为采购主体进行的不以营利为目的的采购活动。我国 2002 年 6 月 9 日颁布的《中华人民共和国政府采购法》中对政府采购做了如下定义："政府采购，是指各级国家机关、事业单位和团体组织，使用财政性资金采购依法制定的集中采购目录以内的或者采购限额标准以上的货物、工程和服务的行为。"政府采购不仅是指具体的采购过程，而且是采购政府、采购程序、采购过程以及采购管理的总称，是一种对公共采购管理的制度规定。同时，政府采购作为国家的一种宏观调控的手段，将对国家宏观经济的运行产生影响。

4. 按采购制度分类

1) 集中采购

集中采购制度是把采购工作集中到一个部门管理，最极端的情况是，总公司各部门、分公司以及各个分厂均没有采购权责。

集中采购的适用情况如下：

(1) 企业产销规模不大，采购量均匀，只要一个采购部门就可以完成全部采购工作。

(2) 企业各部门及工厂集中一处，采购工作并没有因地制宜的必要，也就是说不存在地域性采购。或者采购与需求虽然不在一个部门，但信息交流方便，也可以采用集中采购。

2) 分散采购

分散采购是指将采购工作分散至各个需用部门自行办理。此种制度通常对规模大、部门分散在较广区域的公司比较适用。对于这类公司，集中采购容易产生延迟，不容易应付紧急需要，而且使用部门和采购部门之间的联系也不方便，实行分散采购可以较好地克服这些缺点。

3) 混合采购

对于一些大的公司，各分公司可能会对同种零部件产生需求，也可能存在地域性需求，那么单独采用集中采购的方式或单独采用分散采购的方式都是不太可取的，此时可采用混合采购。混合采购集中了集中采购和分散采购的优点，可以视具体情况灵活选用。例如，对于共同性物料和采购金额大的物料，可以集中在总公司办理；对于小额、临时性采购，可以授权分公司和各工厂执行。

5．按采购输出结果分类

1) 有形采购

采购输出的结果是有形的物品或是参与某个系统运行的组成部分。如一台计算机、一台电视机，这些都是看得见摸得着的东西，像对这类商品的采购称为"有形采购"。

2) 无形采购

采购输出的结果如果是无形的，则可称之为无形采购。例如，一项服务、一个软件、一项技术、保险及工程发包等。无形采购主要是咨询服务采购和技术采购，或是采购设备时附带的售后服务及技术支持。

3.1.3 传统采购方式

采购方式决定着采购效率，恰当的采购方式会使采购工作事半功倍。随着工商业的迅速发展，采购方式也日趋多样化。一般来说，采购方式的选用取决于采购机构的规模与采购物资的特性、数量、需求紧急度以及市场供需状况。总结起来，传统的采购方式大致有以下几种。

1．报价采购

报价采购是指采购方就其所需采购的产品向供应商发出询价函或征购函，请其正式报价。通常供应商对采购商寄送报价单，内容包括产品报价、交易条件和有效期等，有时会附带证明自己信用状况的证明材料，必要时还会寄送样品和说明书。报价经采购方完全同意接受之后，买卖双方的契约才算成立。

2．议价采购

议价采购是指采购商与供应商进行一对一的洽谈来议定价格，又称双方议价法。这种方式的好处在于能够针对所有条款内容的细节进行详细洽谈，采购方也可以充分了解供应商的报价结构。这样不但能够保证交货的质量，而且能够较为容易地完成价格的磋商和协定。但也正因为如此，议价采购的过程比较烦琐。一般来说，企业的采购人员很少会有足够的时间来做如此细致的工作。另外，议价采购过程中容易发生采购人员与供应商徇私舞弊的情况。

3．订购

订购分为两个阶段：首先是询价，采购方为获取所需产品的信息而向相关供应商发出询价单寻求产品信息、产品目录、价目表，需要的情况下还会请供应商寄送样品；其次是订购，采购方在收到供应商反馈的产品信息或相关资料后，如果觉得满意则发出正式的订购单，列出所需采购产品的清单和需求条件寄送给供应商，若订购单被供应商接受，则合约产生。

4．询价现购

询价现购也称为零星购买，是指直接向市面问明现货价格，满意则立刻购买。此种采购方式多用于购买数量较小、价值不大而又比较紧急的物品。

5．招标采购

招标就是以公开的方式竞标。首先，采购商对采购内容进行需求分析，对采购方式和条件进行选择，然后制订并发布招标公告，发售标书；其次，通过资格审查的供应商在规定的时间提交标书及投标报价，同时在公证方的监督下进行公开的开标、畅标；再次，经过评标专家组的评审之后确定报价最低者或最优者中标；最后，采购方向中标者发出中标通知书，并对外公布，买卖双方按照招标采购的规定办理书面合约的签署工作。

6．比价采购

比价采购是指采购方选择若干现有的、实力较强且可靠的供应商，并邀请他们在某一约定的时间前来报价，以竞价的方式选择符合规定的最低报价者。比价与招标有相似之处：二者的采购原理相同，且价格都是由竞价方式得出的。但是不同之处在于：招标必须以公告的方式发布，而比价则采取个别通知，比价的这一特点也决定了其适用于对机密物资的采购。

7．定价采购与牌价收购

定价采购是指采购方按照固定的价格进行定期收购，往往适用于采购需要量庞大、供应来源分散各地不能集中收购的物资。通常定价采购以农产品居多，由于农产品受地理环境及生产状况的影响比较大，其价格会随着季节、地区的变化而变化，因此，指定一个长期的固定价格可以保持收购的稳定性。如果不采取定价采购，而是根据价格的变动按照每天挂出的牌子上标明的价格进行采购，就叫作牌价收购。

8．公开市场采购和期货采购

公开市场采购和期货采购都是适用于对价格涨跌幅度比较大且受季节影响的大宗物资的采购。不同的是：公开市场采购是采购方派代表或代理在市场或交易所时刻关注产品价格的涨落，随时机动地进行购买；期货采购则是借助商品交易所以公开拍卖的方式决定在将来某一月份按照规定的品质、数量和价格，保证按期交割的远期买卖。期货更多的是被用为风险防范和投机的工具，只有很少一部分真正用于采购。

3.1.4　传统采购的不足

在市场经济环境下，大部分企业以市场为导向，以利益为中心，而采购就是企业追求利益最大化的重要手段。低成本、高效益几乎是所有企业采购追求的目标。然而，在现实中，企业时常发生采购效率低、产品质量参差不齐、货品到位不及时、库存压力大等问题，使之负担加重。导致以上情况发生的很大一部分原因出自采购管理模式。传统的采购管理对人力和物力的依赖大，要实现高效、优质的采购显得有些先天不足。

1．凭经验采购

传统的采购管理模式在决策上的主观性比较强。在物资采购中经常存在凭经验和事后分析进行物资采购和管理的现象，这严重制约了生产成本的降低和物资管理水平的提高。

2．决策信息量不足

传统的采购管理模式在物资采购中还存在采购决策所依据的信息不足的现象，有时可供采购的厂商达不到货比三家的需要，与阳光采购、廉洁采购距离较远。

3．业务处理手段滞后

物资的需求计划手工上报，计划的汇总、平衡都由手工完成，不但加大了员工工作的业务量，更重要的是不能保证数据的统一性和准确性。物资采购的报价(询价、招标、零采)都由手工操作，不但增加了办公费用，还大大降低了工作效率，同时还增加了物资采购时与供应商联系沟通中的环节，供需双方有时达不到永续交流，在一定程度上加大了物资的采购成本。此外，物资的验收单、出库单都由手工填写，极易出现人为差错，加之员工个体填写数据的不规范，也不便于查询、统计。利用计算机网络不但可以解决大量账本的保存问题，而且也不会因人员调动、退休而致使数据丢失。

4．管理不科学

物资采购合同、代储代销账、估价物资都没有电子文本，极不利于日常工作中的管理和查询。物资进出动态不能及时把握，要掌握物资进出情况，必须由保管员手工做账和查实物，不但增加了保管员和财务工作人员的业务量，也加大了办公费用。部门间的业务传递都是人员到场并用手工操作的资料进行核算和管理的，容易造成数据核算的差错，工作效率也大大降低。

传统采购方式存在的这些缺陷极大地制约着企业采购工作的顺利开展，大量人力和财力的投入容易造成采购成本超出预算，进而转嫁于销售产品的成本中，给企业带来了沉重的负担。因此，寻找一种高效、便捷、节约的新型采购方式成为日益紧迫的需求。

3.2　网络采购概述

3.2.1　网络采购的概念

电子商务的产生使传统的采购模式发生了根本性的变革。网络采购既是电子商务的重要形式，也是采购发展的必然趋势。网络采购是指通过建立电子商务交易平台，发布采购信息，或主动在网上寻找供应商、产品，然后通过网上洽谈、比价、网上竞价实现网上订货，甚至网上支付货款，最后通过网下的物流过程进行货物配送，完成整个交易过程。

网络采购使采购制度与模式发生了变化，使企业的采购成本和库存量得以降低，采购人员和供应商的数量得以减少，资金流转速度得以加快。可以说，企业采购网络化是企业运营信息化不可或缺的重要组成部分。

3.2.2 网络采购的优势

网络采购比一般性的采购在本质上有了更多的概念延伸，它不仅完成了采购行为，而且利用信息和网络技术对采购全程的各个环节进行管理，有效地整合了企业资源，帮助供求双方降低了成本，提高了企业的核心竞争力。在这一全新的商业模式下，随着买方和卖方通过电子网络而联结，商业交易开始变得具有无缝性。相对于传统采购，网络采购作为一种先进的采购方式，其优势主要体现在价格透明、效率高、竞争性强、节约成本等方面。

1. 价格透明

通过网络采购交易平台进行竞价采购，可以使竞争更完全、更充分，从而获得更为合理的低廉价格。据统计，网络采购价格的平均降幅为 20% 左右，可大大节省采购开支。

网络采购可以通过设定不同的报价披露规则发现最优采购价格。或是所有的报价公开，供应商实时看到别人的报价，并据此调整自己的报价；或是所有的报价不公开，但是供应商可以实时了解自己报价的排序，并据此调整自己的报价。披露报价或报价排序可以有效地增强价格竞争的激烈程度和透明度，有助于采购商获得最为合理的优惠价格。同时还可以采取网络竞价的方式，网络竞价是网络采购中最快捷、应用最普遍的一种方式，就是运用反向拍卖原理，邀请数家供应商在规定的时间内轮番报价，最终由最低报价者获得订单，使采购商获得理想的价格。

网络采购的另外一个优势是信息共享，不同企业，包括各个供应商都可以共享信息，通过网络采购不但可以了解当时采购、竞标的详细信息，还可以查询以往交易活动的记录，这些记录包括中标、交货、履约等情况，帮助买方全面了解供应商，帮助卖方更清楚地把握市场需求及企业本身在交易活动中的成败得失，积累经验，使得供求双方之间的信息更加透明。

2. 效率高

网络采购不是对人工采购的简单替代，而是重构采购流程，通过信息化再造，摒弃传统采购模式中影响采购效率和效益的不利因素，建立科学的采购流程和商务模式。采购方通过网络采购交易平台进行竞价采购时，可以自由设定交易时间和交易方式，大大缩短了采购周期。自采购方采购项目竞价正式开始至竞价结束，一般只需要 1～2 周，较传统招标采购可节省 30%～60% 的采购时间。

网络采购已经成为各国进行政府采购的主要方式。网上询价、网上谈判和网上招标等利用电子数据交换系统进行市场交易的网络采购，与人工采购相比，缩短了空间距离，节省了竞标谈判时间，减少了对电话、传真等传统通信工具的依赖，提高了采购效率。在由用户注册、信息发布、电子订单、反向拍卖、电子合同、电子招投标、履约诚信系统以及商品行情库等八大子系统构成的政府采购交易平台上，采购人员只需几分钟就可以完成采购。而供应商只需轻点鼠标，就可了解采购信息，并进行投标。这不仅为采购方，还为供应商节省了大量的时间成本和人力成本。网络采购使采购、竞标变得快速、高效、公平，供求双方之间的信息更加透明，采购程序的操作和监督变得更加规范，大大减少了采购过程中的人为干扰因素，避免了采购与竞标中的不公正性，促进供应商把更多的精力放在产品的技术含量及品质上。同时还可以帮助供应商清楚地了解市场需求及企业本身在交易活动中的成败得失，帮助采购方不断积累采购经验，且便于对各种电子信息进行分析、整理和汇总，促进企业采购的信息化建设。因此，借助信息技术开展网络采购，可以提高采购效率，降低采购成本。

3. 竞争性强

传统的采购方式很难控制，隐蔽性较强，各个环节在实际操作中也还不太规范。通过网络采购，可以充分利用其公开透明和竞标的特点，促使供应商不再为贿赂而挖空心思，而把精力放在如何进行公平交易上，从而有利于规范采购行为，增强采购的竞争性。通过网络采购的实现，一方面可以丰富采购的形式，另一方面可以借此建立一整套网络采购的规章制度，规范采购行为。同时，利用网络开放性的特点，使采购项目形成了最有效的竞争，有效保证采购质量。

4. 节约成本

降低采购成本应考虑参与采购的各种因素，其中包括降低直接成本(如货品的总价等)，降低间接成本(如采购需要的书面文档材料)，缩短采购周期，降低后续成本等。网络采购作为创新的采购方式，对于降低采购成本具有决定性意义。据美国全国采购管理协会(www.napm.org)称，使用电子采购系统可以为采购企业节省大量成本。采用传统方式生成一份订单所需要的平均费用为 150 美元，使用网络采购解决方案则可以将这一费用减少到30 美元。企业通过竞价采购商品的价格平均降幅为 10%左右，最高时可达 40%以上。通用电气公司估计通过网络采购每年节约 100 亿美元。世界著名的家电行业跨国企业海尔集团在实施采购后，采购成本大幅降低，仓储面积减少了一半，库存资金降低了约 7 亿元，库存资金周转周期从 30 天降低到了 12 天以下。

一般来说，相对完备的网络采购解决方案通常包括产品目录管理、供应商管理、组织结构管理、采购过程管理(包括招标、竞价等采购方式)、采购数据分析、ERP 数据交互、信息发布、移动短信、邮件服务等多个功能模块。同时，系统灵活的再建功能、开放的平台设计、方便通用的网关配置，可以保证该系统的外延性和可扩展性。从兼顾效率和成本来说，通过网络进行采购是必然趋势。美国生产与库存控制学会(APICS)的统计显示，网络采购对采购管理的影响如表 3-1 所示。

表 3-1　网络采购对采购管理的影响

采购管理相关指标	指标变化量(与原有水平相比)
库存水平	下降 30%～50%
库存投资	减少 55%～60%
库存周转率	提高 50%
延期交货率	减少 80%
准时交货率	平均提高 55%
误期率	平均降低 35%
采购提前期	缩短 50%
停工待料率	减少 60%
制造成本	降低 12%
管理人员	减少 10%
生产能力	提高 10%～15%

网络采购的基础是以计算机和国际互联网为中心的高效信息管理系统。采购信息系统一般由采购项目管理信息子系统、采购信息发布子系统、采购订单管理子系统和采购审计监督子系统组成。没有一套高效的信息管理系统，降低采购成本如同纸上谈兵。

网络采购不仅使采购企业大大获益，而且让供应商获益。通过网络采购，供应商可以更及时地掌握市场需求，降低销售成本，增进与采购商之间的关系，获得更多的贸易机会。国内外无数企业实施电子采购的成功经验证明，网络采购在降低成本、提高商业效率方面，比在线零售、企业资源计划(ERP)更具潜力。网络采购的投资收益远远高于过去10年内已经在企业中占主导地位的任何商业革命，包括企业流程再造、策略性采购等。

总之，网络采购与现有人工方式相比，更有利于规范采购行为，降低采购成本。采用网络采购，可以充分利用现代信息技术，改变以人工操作为主的采购形式，实现采购的电子化，提高工作效率，实现无纸化交易，有利于建设节约型社会。

3.3 网络采购模式分析

网络采购模式可以分为三种：自营采购网站模式、采购联盟网站模式和中介采购网站模式。

3.3.1 自营采购网站模式

目前，全球500家最大的公司中已月85％实现了采购网络化。作为大买主，这些企业主要采用建立以其自身为主的电子交易场所的模式，即建立自营采购网站，联结的需求仅为自身企业，而供应方为任意多个供应商。自营采购网站模式如图3-1所示。

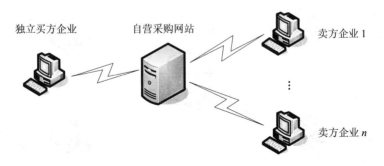

图3-1 自营采购网站模式

此类网站大多数是由买方管理并具有一定的私有性质的封闭系统，与最初的EDI系统相类似，但其开放性更为突出，不仅可以与有长期联系的固定供应商进行网上交易，还可以发掘新的供应商资源。自营采购网站的功能并不停留在信息上网及网络营销阶段，而是把企业与供应商接触的最前端——整个采购业务流程都搬到互联网上，包括询价、确认供应商、招标标准、价格谈判、签署合同以及支付等。

此类采购模式最大的好处是企业与供应商建立了直接的一对一的联系。企业通过网络能将信息传送到需要的供应商手中，能与选定的供应商交流敏感的商品价格和存货信息等涉及商业秘密的信息。较为稳定的合作关系使双方更注重长远的互利，甚至共同控制存货，决定利润分成等，这就发展成为供应链管理的电子化。同时，该采购模式也实现了完善的供应商发掘和管理功能，能够帮助企业在全球范围内寻找潜在的供应商，扩大采购选择范围。

此类采购模式的另一个优势是买方市场势力增强，出现了"买方制定规则的时代"。市场势力是指影响成交价格的能力。当买方较少而供应商较多时，买方讨价还价的能力就强，市场势力就大。电子商务兴起后，企业的选择扩展到全球范围。供应商只有做得更好——更高的质量、更强的合作意向、更优的服务与更合理的价格，才能被买方挑选。

自营采购网站模式还加剧了供应商间的竞争，甚至供应商参与竞争的方式也要符合买方的要求。很多大型企业利用其市场势力制定了新的交易规则，要求所有供应商与其业务来往必须通过网络进行，一般不接受传统方式的交易。同时，采用其网站系统后，供应商必须按照规定的步骤或方式进行交易，否则将面临失去合同的危险。从长远看，通过网络采购对供应商提高效率、扩大客户范围、减少等待时间、增加收入渠道与客户满意度也是非常有利的，它不仅是供应商利益的转移，而且也创造了新的价值。

3.3.2 采购联盟网站模式

具有相似需求的企业往往出于战略联盟的考虑，共同运营采购网站以共享供应商资源，集中需求以取得对供应商的市场势力，这就是采购联盟网站模式。此种模式往往建立在特定行业的集团之间以及大公司之间，通用汽车、福特汽车、戴姆勒-克莱斯勒、雷诺汽车和日产汽车共同组建了采购联盟网站，每年处理 7500 亿美元的交易额。中国的首钢、宝钢、武钢等大型钢铁集团也联合起来组建了采购联盟——中国钢铁联盟网。采购联盟网站模式如图 3-2 所示。

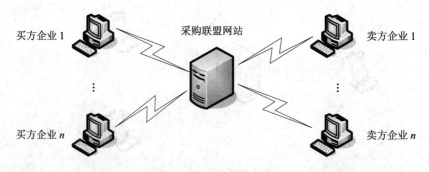

图 3-2　采购联盟网站模式

采购联盟网站模式的特点之一是具有集中功能。特别是对于单一企业来说，由于采购数量少，发布的采购信息往往不能够引起供应商足够的注意和重视，若自建采购网站，可能吸引不了足够数量的供应商参与，效果就不明显。根据国际数据公司的调查，在新建的1000 个左右的电子商务交易网站中，只有大约 100 个真正进行交易。这其中的重要原因就是，中小企业的网站集中不到足够的供应商资源。而采购联盟网站却可以集中需求、集中信息发布，利用集中机制，使总需求达到一定的数量，便于供应商查询信息，吸引供应商参与。同时，买方企业之间是战略联盟的合作关系，共同的供应商议价，增加了买方的市场势力，价格谈判具有更大的优势，能取得批量优惠。在网站的成本投入方面，也由于多家共同出资，每个企业分摊的成本就较少，可以在一定程度上分散风险。

采购联盟网站模式的另一个重要特点是进一步增强了买方的市场势力。相同的需求使买方企业走到一起，特别是有大型企业集团参与其中时，就能垄断需求市场。由于需求的进一步加大，这种势力比自营采购网站模式要强大得多。

采购联盟网站模式获利的前提条件是积聚到足够数量的买方需求。在网站上增加一个买方企业链接的边际成本几乎为零，而带来的好处是更多的需求和更强的市场势力。

采购联盟网站模式的核心是买方企业之间的战略联盟关系，集中所带来的好处也有可能被企业之间的"竞争"所抵消。虽然所有的成员公司都能更有效地与供应商交易而从中获益，然而，任何公司都不能比竞争对手拥有更多优势。除此之外，公司还要警惕由种种方式带来的敏感信息的外露，警惕竞争对手从中了解公司的经营战略等。因此，采购联盟网站的各个参与者必须有合作与共赢的意识，解决好信息保密与披露的平衡，既要取得集中的利益，又要妥善处理与联盟伙伴和供应商的关系。

3.3.3 中介采购网站模式

在中介采购网站模式中，网站由独立于买卖双方的中介方运行管理。该模式有多种形式，如产品目录式、拍卖式、交易所式或社区式。买方企业加入到中介网站中，充分利用其集中的供应商资源和信息渠道，在网站上寻找供应商或达成合同后，以按销售额提成的方式给中介网站一定的佣金。

对于一些分工不细的通用办公类商品，市场上存在很多的买主和卖主。例如，每个企业都需要诸如计算机、一般日常办公用品等，而提供此类商品的公司也为数不少，有些通用的零配件也属于此类。企业采购这些商品就可以依托中介采购网站。中介采购网站模式如图 3-3 所示。

图 3-3 中介采购网站模式

中介采购网站模式成功的关键因素如下：

(1) 超过临界数量的买方和卖方的信息。中介采购网站不仅要以较多的需求量吸引提供此类商品的供应商在网站发布产品信息，连通供货渠道，而且需要以全面及时的产品内容和服务特色吸引众多买方的参与。买方在众多中介采购网站中进行选择时，注重的是网站的供应商数量、服务质量和信息内容。所以中介网站往往有信誉效应，同类网站一般只有少数能够成功。

(2) 迅速获得信息并及时发布，提供最新信息。一般采用供应商管理网上信息的方式，他们既要及时上传信息，并且可能还要缴纳一定的费用以取得信息发布资格，但是供应商在利益的驱动下愿意迅速更新其产品信息，以得到更多买者的青睐。买方企业愿意参与中介采购网站是为了更方便有效地获取专类的市场信息，享有众多供应商提供的多种可供选择的产品。

中介采购网站不同于采购联盟网站的特点是，它不是以买方企业的利益为主，而是在买卖双方之间站在一个比较公正的立场上，为卖方提供信息发布的渠道，为买方提供便捷获取信息的工具，在双方之间"撮合"交易的成功。因此，中介采购网站比采购联盟网站更容易得到卖方的支持，预期有更多的卖方进入。但是对于买方来说，所得到的服务可能比不上采购联盟网站模式。例如，买方在与供应商之间关系的保持方面、按照买方需要选择订货方式方面，以及为买方获取更多利益方面，采购联盟网站模式的优势更为明显，但能吸引足够数量的供应商是中介采购网站模式的长处所在。

3.3.4 电子商务采购模式的比较

三种采购模式各具优势，并有不同的使用范围，三者之间的比较如表 3-2 所示。企业采购要向网络转型，最大限度地利用电子商务带来的便捷和利益，就需要选择适合自身的采购模式。

表 3-2 三种采购模式的比较

项　目	采购模式		
	自营采购网站	采购联盟网站	中介采购网站
适用对象	大型垄断或垄断竞争型企业	特定行业垄断竞争型企业或中小型企业建立战略联盟	独立的中介方建立，各类买主和卖主参与，交易商品种类繁多，适宜中小型企业加入
优势	有利于供应商建立一对一的长期合作关系，利于寻找潜在供应商，买方市场势力增强，加剧供应商之间的竞争	集中需求，增强买方的市场势力	处于买卖双方之间"中立"的立场上，并不以买方利益为主；能够吸引足够数量的供应商
劣势	不能兼顾供应商的利益	竞争性企业间难以获得自己的优势，合作中机密信息容易泄露	买方优势相对不明显，买卖双方可能只是暂时的供需关系，不稳定

采购模式的选择与企业的市场势力、竞争对手的采购策略、企业规模、采购品种与方式、供应商的特征、中介网站的发展状况等各种因素密切相关，企业在选择时要综合考虑各种因素。当大型企业是垄断或垄断竞争型的买主时，其市场势力很强，这时企业可采取自营或联盟的策略来建立采购网站，因为其市场地位决定了能够拥有足够的供应商资源，所以采用这两种模式可以进一步增强市场势力，获取更多的经济效益。特别是当市场中几

家供货大企业之间的产品差异较小，且经营采取竞争策略时，往往不能达成战略联盟，因此，随着建立采购网站的成本持续下降，自营采购网站模式更盛行。

对于众多的中心企业来说，加入采购联盟网站或者中介采购网站更为合理。通常采购产品专用的原材料或零部件时，采购联盟模式能够满足企业对产品的特定需要，更为常用。而采购通用的办公类产品时，加入已有的中介采购网站更为方便。

如果现有的中介采购网站已经吸引了很多的买主与卖主，买方企业很可能选择直接导入。而当有类似需求的买方企业已经组建了采购联盟时，一般会加入到采购联盟网站中。因此，企业采购模式的选择会受到先行企业采购模式的影响。

处于不同市场环境中的企业，在综合权衡各种因素选定采购模式之后，接下来的工作就是要建立与供应商的联系渠道，再造企业的采购业务流程，充分发挥网络与电子商务环境中新采购模式的优势。

3.4 天猫供销平台

3.4.1 天猫供销平台简介

2009 年 7 月，天猫供销平台的前身——淘宝分销平台正式成立，淘宝分销平台的根本目的就是希望实现厂家、卖家和消费者的三方共赢。

淘宝分销平台推出之前，对于大多数的淘宝卖家，货源问题始终是他们发展的一个瓶颈，这样就形成了一个相互矛盾的问题：厂家的货源不够开放，进货渠道不规范，商品的成本不同，进而导致价格不同，小卖家四处寻找好的货源，而大的卖家以价格为手段，打压竞争对手，造成的结果就是小卖家高进价，还要低价才能卖出，而小卖家要生存，只有依靠假货或者以次充好来保证盈利，这也就造成了淘宝假货众多。

淘宝分销平台出现之后，进货渠道更明朗化、公开化，给淘宝分销平台分销商的折扣、奖励以及处罚等规则都逐渐明确，在商品的价格上更是严格控制。分销商掌握了大量的客户群，能够给客户以指导。淘宝的分销平台对于平衡物价、减少和杜绝假货起到了促进作用。

淘宝分销平台由两部分组成，即代销和批发。代销的商品价格可以由自己和供货商协定，一般供货商给出的价格都是远远低于市场价格的，这样就给代销商创造了充分的盈利空间。当然，代销过程中品牌问题可以由商家与供货商协商一致。一般情况下，供货商会将商品的品牌授予代销商，这样在买家问及商品品牌信息时，代销商可以根据情况对买家的提问进行回答。批发与人们现实交易中批发的概念基本相同，主要区别在于分销平台的批发都是在网络交易的过程中实现的，现代快速的物流为批发节省了大量的运输成本，而对于各地不同的需求而言，这样的网络批发可以实现商品或服务的全国共享甚至世界共享，对于商家来说是很好的选择。该平台让许多没货源又想在淘宝上开店的人们能轻松地找到代销货源开网店，他们只需要将订单发给供应商即可，不仅有高额的提成又可以免去收货发货的麻烦。

2012 年 12 月 17 日，天猫供销平台正式上线，取代了原本的淘宝分销平台，这一重大转变是天猫在战略上的转型。天猫供销平台定位于一个开放的电子商务供应链协作平台，是淘宝帮助品牌商、分销商打通基于大淘宝(天猫+淘宝网)的 B2B2C 商品、渠道关系、交易、结算及仓储物流的渠道和供应链管理平台。其实，在 2012 年 4 月，淘宝分销平台归属天猫后，平台战略就升级为"品牌供货、全网分销"，显然从那时起，"供销"两字就走上了计划。如今，随着"供销平台"的全新改版，平台从一个"供货、进货"的交易市场提升为一个打通天猫、淘宝两大平台，为品牌商、供应商和分销商打造集信息流、资金流、物流于一体的供应链协同平台。此次大动作主要是整合供应链串货现象，直接引入品牌商，充分强调分销商的品牌授权资质。未来淘宝将只认"授权"，一改以往"认店铺、认正品"的政策，新政策的出台将在很大程度上避免淘宝平台上串货现象的发生。

3.4.2　供销平台基础操作

1．作为分销商加入供销平台

作为分销商加入供销平台需要具备以下三个条件：

(1) 有正常经营的淘宝或者天猫店铺。

(2) 店铺无严重违规扣分。

(3) 出售过假冒商品违规扣分的商家不允许入驻供销平台成为分销商。

加入供销平台的方式有以下两种：

第一种方式：进入"千牛卖家中心"—"货源中心"，点击"分销管理"。

第二种方式：进入供销平台首页(gongxiao.tmall.com/)后，点击"分销商入驻"，填写入驻相关资料后，即入驻分销商成功，然后就可以在供销平台查看相关供应商，寻求合作了。

2．分销商进货步骤

卖家(分销商)进货共有 5 个步骤，即挑选货品/商家、申请招募、等待审核、发布商品、上架销售，如图 3-4 所示。

图 3-4　卖家进货 5 步骤

3．搜索可以合作的产品

在搜索产品的列表页面，勾选"我能代理的产品"后，点击"搜索"，呈现出来的产品列表就是供应商设置的招募条件与自己的店铺状况相匹配的产品列表，可以选择后申请。在天猫供销平台顶部选择"供销产品"，输入关键词，点击"搜索"，即可得到搜索结果，如图 3-5 所示。

图 3-5　搜索供销产品

在图 3-6 所示的搜索结果中，勾选"一件代发""我能合作"等选项，即可看到自己可以代理的支持"一件代发"合作模式的产品，点击右侧的"申请合作"按钮，即可打开申请加盟页面。浏览供应商的基本信息及招募条件，同意《淘宝分销平台分销商入驻协议》，即可提交加盟申请。

图 3-6 搜索能合作的产品

4．寻找供应商

进入分销平台，在页面顶部的搜索框选择"供应商"，点击"搜索"，可以呈现出供应商目录页面。勾选"一键代发"，则可以看到支持"一键代发"合作模式的供应商。然后点击"申请"，即可向供应商发送合作要约。寻找供应商如图 3-7 所示。

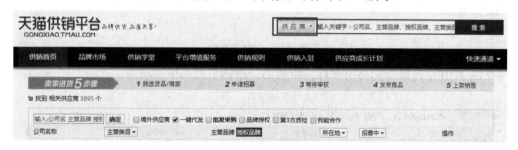

图 3-7 寻找供应商

5．供销后台

如图 3-8 所示，点击"快速通道"，选择"供销后台"。从图 3-9 所示页面顶部的"分销仪表盘"中，可以看到"供销关系提醒"，有 2 条"报名申请中"信息。

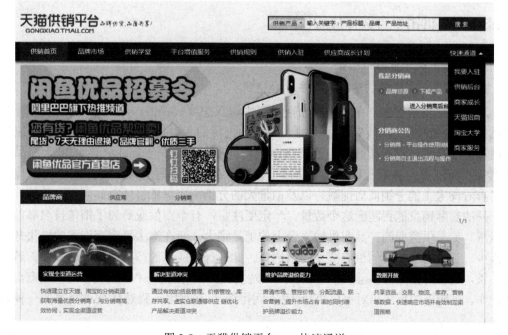

图 3-8 天猫供销平台——快速通道

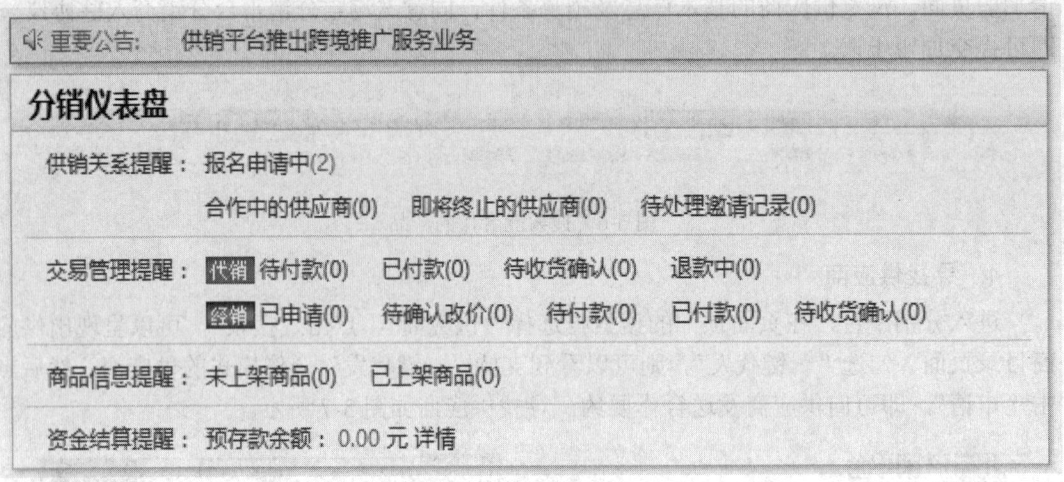

图 3-9　分销仪表盘

从图 3-10 中可以看到公司名称、招募书、申请日期和申请状态。

图 3-10　发出的申请

点击"公司名称",可查看供应商的详细资料;点击"招募书",可查看供应商发布的招募书;点击"撤销",可以取消合作申请;已申请的信息会被供应商标注为"已申请"。在 7 天内,分销商对同一供应商只能发出一次招募申请。

3.4.3　利用供销平台选择优质供应商

1. 利用供销平台进行考察

1) 考察供应商产品销量以及有多少分销商

进入天猫供销平台,在供销产品搜索框中输入想要代销的产品,即可得到搜索结果。优质供应商的产品是比较有竞争力的,销量和进货的人数通常也不会少。因此,应先按照销量降序排列,查看排名靠前的产品销量和进货人数。平台会显示最近 30 天产品的分销销量,而进货人数是一直累积的。接下来对产品销量进行验证。在淘宝平台上搜索品牌名查看淘宝上的分销商店铺数,以及销量大的分销商店铺销售情况如何,大致统计出相关产品的实际销量能否匹配这个数量。一定要注意,有个别供应商为了销量排名靠前会去刷销量。如果供应商的产品在供销平台上的销量很大,而在淘宝平台查询到的结果却是销量极少,那么对于这样的供应商要谨慎选择。此外,供应商的产品数量不能太多,若产品线太长,则备货压力会非常大,库存保障很难实现。相对而言,"小而美"的供应商会更适合合作,供应链的反应相对也更快捷(注:"小而美"是淘宝天猫对优质小卖家的一种习惯叫法)。

2) 是否有足够的利润空间

当然利润空间也是必须足够的。这点需要参考自己店铺日常的运营费用，看供应商所提供的利润空间是否足以支付自己的运营费用，且要有盈余。如果可以，就加以关注并详细了解该供应商的招募书。

3) 关于招募书

看供应商的招募书写得是否详实。若无招募书，或者招募书写得非常简单，则这样的供应商基本上对分销不会太重视，或者根本就没时间去管理分销，对于此类供应商，要谨慎选择。一般来说，招募书应写得具体详细。

4) 供应商是否开启相关服务标记

品牌授权、消费者保障、7 天无理由退换货、正品保障、质检等标记开通得越多，相对越有保障。

5) 供应商的服务质量

供应商的服务质量在供销平台上都应有展示，这也是一个重要的参考依据。

6) 是否具有完善的分销商管理制度

供应商的活动支持力度、奖罚、配合提供装修素材等日常管理制度是否在招募书中有所体现。然而，对于此类制度，更多的是在日后合作中才能了解到。

2．利用淘宝平台进行考察

分销商最关注的是产品的品质、发货速度及价格管控。如果想比较真实地了解这些情况，可在淘宝平台上查看。

(1) 在淘宝上进行搜索，查看某品牌的产品销量，顺便找几家卖得好的，查看顾客对产品的评价。

(2) 以顾客身份询问快递补货以及售后方面的问题。相对而言，分销商的回答会更加真实。

(3) 分销商之间，以及分销商和品牌官方店铺的价格竞争非常激烈。挑选品牌供应商热卖的款式，在淘宝平台搜索品牌＋货号，看其价格是否一致。

(4) 通过数据魔方查看某品牌的日常销量、品牌排名、客单价(平均每个顾客的订单价格)等相关信息。

经过以上方式观察筛选后，剩下的供应商就算是比较优质的供应商了，接下来就可以和他们进一步联系了。

3.5 阿里巴巴采购

3.5.1 阿里巴巴上的采购方式

阿里巴巴集团是中国领先的 B2B 电子商务公司，为来自中国和全球的买家、卖家搭建高效、可信赖的贸易平台。国际贸易网站(www.alibaba.com)主要针对全球进出口贸易，中文网站(www.alibaba.com.cn)针对国内贸易买家和卖家，与软银的合资企业——日文阿里巴巴平台(alibaba.co.jp)则致力于为日本的进出口贸易提供服务。这三个平台为来自超过 240 个国家和地区的 3600 万阿里巴巴注册会员提供了交流平台。无论是供应商、采购商，还是正在寻找合作伙伴的商业用户，都能够在阿里巴巴网站上找到准确的行业和产品分类位置，轻松地发布其商业信息。每一条商业信息都经过网站信息编辑人员细致的检查整理，如符合信息发布要求，工作日 9:00—17:00 内发布的商业信息最晚 2 个小时即可发布上网，高峰期和双休日顺延。

作为阿里巴巴的采购商，用户可以通过产品的关键字、来源国家、发布日期、买卖类型和行业分类等多种方式，检索与查询所需要的商业机会信息。阿里巴巴网站每天的信息更新近 60 万条，每天的页面访问量超过 6000 万，每天还有超过 35 万个信息反馈和生意机会，所有这些信息反馈和生意机会是买家看到卖家的信息而产生的联系信息，也就是蕴藏着超过 35 万个采购需要。

阿里巴巴网站作为商业信息的提供者，既提供最新的宏观的行业信息，也提供大量的微观信息，如产品库、公司库以及供应、求购、代理、合作、投资融资、招聘等，以帮助客户找到有用的商业资讯，做出正确的决策。作为商业交易平台，阿里巴巴网站帮助采购商找供应商、合作伙伴以及进行在线采购。采购商可以通过网站提供的各种各样的工具高效率地完成业务，降低采购成本，提高采购效率。

对于采购商来说，阿里巴巴网站有两种主要的采购方式：找商机(即寻找供应信息)和发信息(即发布采购信息)。

3.5.2　阿里巴巴上的采购流程

采购商的采购包括搜索供应信息、网上洽谈、订货、铺货、海外代发、发布求购信息等流程。

1. 搜索供应信息

阿里巴巴网站在为供应商提供强大服务功能的同时，也为采购商提供了方便快捷的采购服务。对于采购商来说，寻找供应信息是网络采购的重要途径。阿里巴巴拥有全球最大的商机搜索引擎，可以快速、准确地找到需要的信息，及时把握商机。

阿里巴巴网站提供了人性化的界面，在很多页面的上部导航处都可以方便地找到阿里巴巴的搜索功能。进入阿里巴巴网站可以看到，其搜索条上默认的状态就是供应信息，因此，采购商能够很方便地找到相应的产品信息。同时，网站上还有众多的卖家供用户挑选，包括化工、机械、电子、服装、商务服务等 40 个大行业，无论小额批发、特色产品，还是专利、代理、合作项目，应有尽有。用户可以根据实际采购需要选择搜索出来的产品，了解产品信息以及卖家详细的情况。

搜索供应信息的具体操作步骤如下：

(1) 打开阿里巴巴首页(www.1688.com)，切换选择所需要的信息类型，可以选择"货源""工业品牌""供应商""求购""生意经"等，点击并在搜索栏处输入需要搜索的产品关键字(如"工艺品"等)。

(2) 点击搜索栏右侧的搜索按钮，即可浏览网站上所有包含工艺品关键字的产品供应信息。

(3) 在搜索供应信息过程中，搜索结果页面将会出现成百上千的供应信息。如果搜索结果内容太杂，可根据产品所属的行业类目来精确锁定目标，找到所需要的供应商。如搜索"工艺品"供应信息，在搜索结果基础上，进一步通过分类，可更快速、准确地找到需要的内容。

采购商除了可以通过类目寻找合适的供应商，还可以通过缩小搜索范围寻找符合条件的供应商。在搜索结果页面中，通过类别、主要销售地区、主要下游平台、价格、分类等方面来缩小供应商的查找范围。

2．网上洽谈

卖家可以通过阿里旺旺或千牛客户端与厂家进行沟通洽谈。阿里旺旺和千牛客户端都是阿里集团官方出品，千牛 PC 版是卖家版旺旺的升级版。阿里旺旺是定位于买卖家交易过程中的沟通工具，旨在为顾客与商家提供安全可靠的交流平台。千牛电脑客户端专为卖家解决店铺管理、销售经营的需求，除了具有旺旺卖家版的沟通功能以外，还具有处理订单、管理商品、查询实时数据等功能。千牛手机客户端可以实现手机管店，方便卖家实时掌握店铺动态，随时与客户洽谈、处理订单。

网上洽谈是买卖双方在线沟通的主要方式，买卖双方可以对整个网上交易流程中双方所享有的权利、所承担的义务，以及对所购买商品的种类、数量、价格、交货期、交易方式和运输方式、违约和索赔等细节进行谈判。依托阿里巴巴提供的网上洽谈方式，采购商可以在找到需要的任何产品信息后，马上和卖方建立联系，及时取得卖方反馈的信息，事半功倍。成功的洽谈可以提高网上生意成交率，帮助实现买卖双方的双收双赢。

点击每个搜索结果右下角的旺旺图标，可以直接和卖家取得联系。若点击商品图片，则可出现询价页面，在询价单中填入自己所采购商品的信息，点击发送询价单，供应商可收到此询价单。

将鼠标移动到商品图片上，可以看到相似货源、同款货源、进货参谋的价格区间，验厂报告，近 30 天回头率，货品与描述相符程度、响应、发货速度三项指标等与行业均值的对比情况。

点击商品图片，可以打开商品的详情页面。在左侧小框，可以与企业直接在线洽谈。可以选择"立即订购""加入进货单""一键进货""海外代发"四种方式之一与厂家合作。

3．订货

选择尺寸、颜色，输入订购数量，点击"立即订购"，就可以打开订单页面。选择尺寸、颜色，输入数量，点击"加入进货单"，即可将货品添加到进货单，如图 3-11 所示。同时，可搜索供应信息和供应商信息，做到"货比三家"。

图 3-11　加入进货单

4. 铺货

点击"一键铺货"，出现铺货提示：一键铺货后，该商品将自动推送至您授权的所有跨境铺货服务商，您可到多渠道铺货页面查看铺货商品。铺货提示如图 3-12 所示。

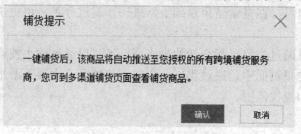

图 3-12 铺货提示

5. 海外代发

点击"海外代发"，出现提示，需完成加入跨境 VIP 和入驻菜鸟并订购菜鸟国际物流服务这两个步骤，商品可以轻松实现海外代发。海外代发如图 3-13 所示。

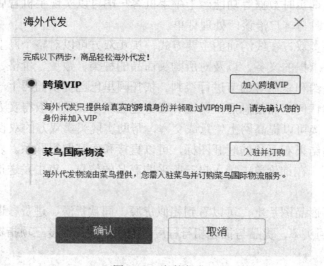

图 3-13 海外代发

6. 发布求购信息

用户在网上发布自己的求购信息是进行网络采购的基本途径，它可以让更多的卖家找到对应的采购商，让用户得到更多的商品信息以供选择，同时提高信息的曝光率，增加成交机会。

以上寻找供应信息的方式是采购商的主动出击，通过信息的浏览、搜索等方式找到适合的供应商。如果采购商通过对供应信息的搜索找不到满意的供应商，还可以通过发布求购信息的方式，让供应商主动联系自己。

点击阿里巴巴首页顶部"我的阿里"，有三个子菜单"买家中心""卖家中心""服务"。在"买家中心"，可以查看已买到的货品、已获得的优惠券，发布询价单，查看店铺动态。在"卖家中心"，可以查看已卖出的货品、发布供应产品、管理供应产品及管理旺铺。"服务"中有开店装修、应用工具、运营服务和综合服务四个选项。

3.6　反向拍卖电子采购

3.6.1　反向拍卖电子采购的概念

反向拍卖(reverse auctions)也称为逆向拍卖，是一种以互联网平台为基础的采购模式，多家供应商为赢得采购方的订货合同，在限定时间内，通过互联网平台向采购方不断地实时提供价格逐步降低的多轮竞争性投标报价，采购方按照其报价以及事先确定的规则进行排名，并根据结果向供应商授予合同，该模式因与买方通过逐步提高报价以获得购买权的传统拍卖模式相反而得名。反向拍卖电子采购示意图如图 3-14 所示。

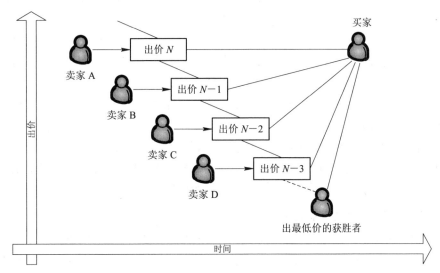

图 3-14　反拍卖电子采购示意图

互联网商务平台是这种新型采购模式发展(包括第三方采购平台的成熟和发展)的技术基础。正是因为互联网商务平台能够安全稳定地支持和提供诸如实时报价、自动评标等一系列功能，才为这种新型采购模式的发展创造了条件。

3.6.2　反向拍卖电子采购的优势

为了最大限度地降低采购成本、提高产品竞争力及增加企业经济效益，在线反向拍卖采购模式将招标采购的公开性、比价采购的参照性和议价采购的灵活性结合在一起，这种创新的流程设计不但能弥补传统采购方式的缺陷，而且具有传统采购方式无法比拟的优势。与传统采购相比较，在线反向拍卖的优势突出体现在以下几个方面。

1．能有效降低采购成本

传统采购过程是典型的信息非对称博弈过程。在谈判的过程中，采购方为了获得一个好的价格往往会对供应商隐瞒一些私有信息，以防对自己不利，而供应商出于维护自己利益的目的，在和其他供应商的竞争中也会隐瞒自己的一些信息，这样，采购、供应双方都不进行有效的信息沟通，采购方无法有效地分析供应商的成本区间，价格也因此难以降至对采购方有利的程度。

在线反向拍卖采用网络在线的竞价方式，克服了地域上的障碍，吸引了更多的供应商参与竞价。在竞价过程中，供应商"背靠背"地相对隔离在同一竞价平台上，通过网络终端的显示器只能看到其他竞争对手的价格信息，有效地规避了价格同盟的可能。在规定时间内，供应商可以多次出价，因此有更多的机会来调整自己的报价，这种在规定时间内交互式的竞价方式能够极大地挑起供应商之间激烈的竞争，驱使供应商不断压低自己的报价，从而最大限度地帮助采购商降低采购成本和交易成本，以实现企业利润的最大化。

2．能显著提高采购效率

传统的采购方式需要对市场状况做大量的调查，与相关供应商接触并索要报价、企业介绍及资质证明，最后与选中的供应商进行谈判以获得预期的折扣。企业为保持其正常运作每天都在产生着大量的采购需求。大量的电话传真、经常性的商务旅行、频繁的人员接触、大量的单据处理、复杂而烦琐的工作过程等严重制约着采购效率，同时不可避免地产生大量的运营费用，从而严重影响着企业的市场竞争力。

在线反向拍卖充分借助信息技术和网络技术，在很大程度上简化了传统采购过程中复杂的谈判工作环节和烦琐而反复的信息收集、认证工作。互联网上信息的快速传递，使得买卖双方的沟通和谈判变得方便快捷，不需要再耗费大量的人力、物力和时间。以往要耗费数周的采购过程，现在可能只需要若干小时，采购流程的缩短极大地提高了企业的采购效率，在注重效率的今天，无疑为企业提升了行业内的竞争力。

3．能增加采购透明度，规范采购流程

采购一直是企业管理中的灰色区域，不管是在国企、外企还是私企，总是难以避免地会发生采购人员营私舞弊的行为，即使采用公开招标的方式也难免蕴藏许多暗箱操作。尽管企业采取各种措施来提高防范和加强管理，却无法从根本上杜绝不良现象，由此产生的额外成本和潜在损失严重影响着企业的正常运作，阻碍了企业竞争力的提高。

在线反向拍卖提供了一种崭新的思路和途径来解决这一难题。通过网络购买货物的各种标准、竞价规则以及供应商提供的价格都被公开显示，整个过程也受到各方的关注与监督，公开化、即时化、程序化，以及规范的流程使在线反向拍卖创造出一种公平、公正、公开的市场竞争氛围，大大减少了企业个别采购人员营私舞弊的机会，使供应商的实力成为最终获胜的决定因素，也使得整个采购流程更便于监控和管理。

4．能获得市场信息，发现降价空间

了解产品的市场信息是每个企业都必须要做的事情，只有充分了解市场才能制定最佳的战略。采购商都试图了解供应商的产品是否有足够的降价空间，以便在采购的谈判过程中实现自己的成本节约。但是传统的市场调查所采用的一对一的方式不但工作量繁重而且重复性强、效率低，调查结果水分大，利用价值不高。为此，采购商经常额外负担很多成本，却还是不能真正了解市场行情，长此以往势必影响到企业的市场发展。

利用在线反向拍卖方式来获取市场信息则更为容易。提供拍卖服务的软件服务商都有

丰富的市场经验，能够为采购商提供相应的咨询服务，采购商还能从软件服务商的供应商数据库中获取有关数据，利用网络技术，可方便地对大量信息进行批量处理，从中筛选有用信息，从而进一步了解市场状况。同时，在线反向拍卖通过创造一种实时的竞价环境让供应商互相竞价，采购商因此能够记录整个竞价过程中的报价数据和报价走势，并据此分析供应商的成本构造、利润率等潜在信息，作为日后采购的参考。

5. 能给潜在的有实力的供应商提供新的商业机会

由于开发一个新的供应商需要大量的时间和精力，因此大部分企业在进行重复性的采购时往往倾向于已有供应商数据库中的成员，这种传统的供应商选拔方法必然不会接触到新兴的供应商。由于知名度不高，拥有价格优势的一些中小企业往往不被采购企业所关注，因此难以进入目标市场。

通过在线反向拍卖的方式，采购需求可以快速地传播出去，供应商的信息也可以快速反馈到数据库中，采购企业的供应商数据库得到动态扩充，通过审阅电子档案，新兴供应商有更多机会被邀请参与到最终拍卖环节中。采购商可以在进一步的在线反向拍卖中挖掘出潜在的有实力的供应商，在降低自己的成本的同时获得新的合作伙伴，而缺少市场开拓力量的中小企业也可以在拍卖报价的过程中了解到竞争对手的实力、自身价格的高低，以及自身需要改进和提高的地方，甚至可以借助价格优势迅速进入目标市场，赢得订单，为日后的发展打下良好的基础。

6. 能加强供应链上的供应商合作关系

在市场经济高度发达的今天，一个企业的竞争优势已经不只由自身的竞争力强弱来决定，而是取决于与自己的上游企业和下游企业联合起来的竞争力。任何企业都倾向于与供应商建立并形成长期稳定的战略伙伴合作关系，因为只有与上下游企业保持稳定的合作关系，中心企业才能专心致力于自己的核心业务。而能够通过在线反向拍卖胜出的供应商都具有较强的实力和竞争力，与这些优中选优的供应商建立合作关系，采购方能够得以形成一体化的竞争优势，而供应商也能够因此增加销售量，扩大顾客范围，并减少与此相关的市场营销和开发费用。另外，在线反向拍卖往往能够促成买卖双方少则一年多则几年的合同，这也为上下游企业供应链的稳定奠定了牢固的基础。

总之，事物都有其两面性，在线反向拍卖也是一把双刃剑，在给企业带来大幅成本节约的同时，也会对采供双方造成一定程度的影响。风险通常是与回报成正比的，采购商和供应商都必须充分考虑到应用在线反向拍卖的风险并进行相应的风险防范措施，才能使在线反向拍卖在企业和政府采购中的应用获得令人满意的结果。

本 章 小 结

本章首先介绍了采购的概念和分类以及传统的采购方式，分析了传统采购的不足；其次，介绍了网络采购的概念和优势，它比一般性的采购在本质上有了更多的概念延伸，它不仅仅完成了采购行为，而且利用信息和网络技术对采购全程的各个环节进行管理，有效地整合了企业的资源，帮助供求双方降低了成本，提高了企业的核心竞争力，此外，还探讨了网络采购的市场现状及发展前景；再次，分析了网络采购的三种模式，并对这三种模式进行了比较；之后，对天猫供销平台及其管理规范进行了介绍，阐述了在供销平台上的基础操作，探讨了如何利用供销平台选择优质供应商；紧接着，介绍了利用阿里巴巴进行采购的方式及流程，以及阿里巴巴买卖速配的采购技巧和一些特色服务；最后，介绍了反向拍卖电子采购的概念及其优势，探讨了其实施前提、实施过程及实施风险。

配 套 实 训

1. 使用阿里巴巴平台进行商品货源选择及采购。在阿里巴巴上选择适合不同电商平台销售的商品，对比同样的商品在阿里巴巴和其他电商零售平台的价格。尝试通过阿里巴巴购买商品。

2. 收集产品信息。根据产品在电商平台销售时需要的信息进行产品采购信息的收集整理，包括产品名称、主要属性参数、进货价格、产品重量、采购数量等。利用收集到的信息制作产品信息表或将信息录入 ERP 系统。

课 后 习 题

一、填空题

1. 采购既是一个商流过程，也是一个_____。采购的基本作用，就是将资源从_____的手中转移到_____的过程。

2. 一般来说，采购方式的选用取决于采购机构的规模、采购物资的特性、数量、需求的紧急度以及市场的_____。

3. 网络采购既是电子商务的重要形式，也是采购发展的_____。

4. 相对传统采购来看，网络采购作为一种先进的采购方式，其优势主要体现在_____、_____、_____等方面。

5. _____模式中，网站由独立于买卖双方的中介方运行管理。

6. 天猫供销平台定位于一个_____的协作平台。

7. 阿里巴巴上有两种主要的采购方式：_____和_____。

二、简答题

1. 简述传统采购的不足。

2. 简述网络采购三种模式的特点及区别。

3. 简述如何利用天猫供销平台选择优质供应商。

4. 简述反向拍卖电子采购的实施前提。

5. 简述反向拍卖电子采购的实施风险。

第4章 库存管理

学 习 目 标

掌握库存的概念、分类及作用；了解传统库存管理的三种方法，了解传统传统库存管理的缺陷，理解牛鞭效应；了解供应商管理库存的内涵、产生及运作模式，了解供应商管理库存的实施；了解联合管理库存的基本思想、产生及运作模式，了解供应商管理库存的实施，理解供应商管理库存和联合管理库存的优点和不足。

4.1 库存概述

4.1.1 库存的概念

库存(inventory)是指处于储存状态的商品，即某段时间内持有的存货或是作为今后按预定的目的使用而处于闲置或非生产状态的物料。在生产制造企业，库存包括原材料、产成品、备件、低值易耗品及在制品；在商业流通企业，库存一般包括用于销售的商品以及用于管理的低值易耗品。库存是仓储的基本功能，它除了进行商品的储存和保管外，还具有整合需求与供给，保持物流系统中各项活动顺利进行的功能。企业为了能够及时满足内部生产及客户的进货需求，就必须要经常保持一定数量的原材料库存和商品库存。配送中心为了满足客户的配送要求，也必须预先储存一定数量的商品。若存货不足，不能及时满足供货需求，则会造成企业生产供应中断或向客户供货的不及时，以及由此带来的供应链断裂、丧失市场占有率和失去客户等损失。而任何库存都需要一定数量的维持保管费用，同时还存在由于商品积压和损坏而带来的库存风险。因此，在库存管理中既要保持合理的库存数量，防止缺货和库存不足而给企业带来损失，又要避免库存水平过高，发生不必要的库存费用，而给企业带来仓储成本的上升。

4.1.2 库存的分类

按照不同的分类标准，库存可分为以下几种。

1. 按生产过程分类

(1) 原材料库存：企业已经购买，但尚未投入生产过程的存货。

(2) 在制品库存：经过部分加工，但尚未完成的半成品存货。

(3) 产成品库存：已经制造完成并正等待装运发出的存货。

2．按库存所处状态分类

(1) 在库库存：存储在企业仓库中的库存，是存货的主要形式。

(2) 在途库存：生产地和储存地之间的库存，这些物资或正在运载工具上，处于运输状态，或者在中途临时储存地，暂时处于待运状态。如果运输距离长，运输速度慢，在途库存的数量甚至可能超过在库库存。

3．按存货目的分类

(1) 经常库存：也叫周转库存，是为了满足两次进货期间市场的平均需求或生产经营的需要而储存的货物。经常库存的存货量受市场平均需求、生产批量、运输中的经济批量、资金和仓储空间、订货周期、货物特征等多种因素的影响。

(2) 安全库存：为防止需求波动或订货周期的不确定而储存的货物。安全库存与市场需求特性、订货周期的稳定性密切相关。市场需求波动越小或需求预测准确，订货周期确定，所需的安全库存就越少。如果企业能对市场作出完全准确的预测，订货周期固定，就可以不必保有这部分库存。

(3) 促销库存：在企业促销活动期间，一般会出现销售量一定幅度的增长，为满足这类预期需求而建立的库存，称为促销库存。

(4) 投机性库存：以投机为目的而储存的物资。对于一些原材料，如铜、黄金等，企业购买并储存常常不是为了经营，而是为了作价格投机。

(5) 季节性库存：为满足具有季节性特征的需要而建立的库存，如水果等农产品、空调、冬季取暖用煤、夏季防汛产品。

4.1.3 库存的作用

库存是闲置的资源，不能立即为企业产生效益，但库存又是必须的，库存具有以下重要的作用。

1．满足预期顾客的需求

一定的成品库存可以使顾客很快采购到他们所需要的物品。这样可以缩短顾客的订货提前期，也有利于供应厂商争取预期顾客。

2．平滑生产的均衡性

外部的需求总是波动的，而企业的生产要求具有均衡性。要满足需方的波动的需求，又要使供方的生产均衡，就必须维持一定量的库存。

3．分摊订货费用

订货需要费用，需要一件订购一件，将订货费用摊在一件物品上是不经济的。一次采购一批虽然会造成库存，但可以将订货费用分摊到各件物品上，是经济的。在生产过程中，采用批量生产加工，可以分摊生产准备费用和结束整理费用。

4．防止缺货

维持一定量的库存可以防止缺货的发生。商店没有一定量的货物库存，顾客就买不到东西；酒店没有一定的床位库存，游客就不能入住。在生产过程中维持一定量的在制品，可以防止生产因缺货而中断。

5. 避免价格上涨

企业对有涨价可能性的物资会加大库存量，也会通过加大订货量以获取数量折扣。

库存具有重要的作用，但也有其不利的一面。库存要占用资金，物资的库存要修建仓库；要维持库存物品不损耗、不老化，都需要大量支出。不仅如此，大量的库存还可能掩盖某些管理中的问题。

4.2 传统库存管理

传统库存管理是指对物料的进、出、存的业务管理，是各节点企业独立管理自有库存，从企业自身利益最大化的角度降低库存、减少缺货、降低需求不确定的风险。保有一定量的自有库存能在一定程度上减少对外部交易商的依赖，但会出现库存成本上升、牛鞭效应、上下游企业利益对抗、合作与沟通困难等问题。传统库存管理使用的方法主要包括 ABC 分类管理法、经济订货批量(EOQ)管理法和订货点法等。

4.2.1 ABC 分类管理法

1. ABC 分类方法背景简述

1879 年，意大利人帕累托提出：社会财富的 80%掌握在 20%的人手中，而余下的 80%的人只占有 20%的财富。渐渐地，这种"重要的少数和一般的多数"的理论被广泛应用在社会学和经济学中，并被称为帕累托原则，即 80/20 原则。帕累托示意图如图 4-1 所示。

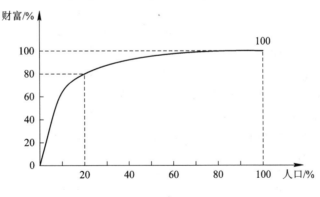

图 4-1 帕累托示意图

"重要的少数和一般的多数"是普遍存在的，可以说是比比皆是。在一个系统中，少数事物具有决定性的影响。相反，其余的绝大部分事物却不太有影响。很明显，如果将有限的力量主要用于解决具有决定性影响的少数事物上和将有限力量平均分摊在全部事物上进行比较，当然是前者可以取得较好的成效，而后者的成效较差。ABC 分类便是在这一思想的指导下，通过分析，将"关键的少数"找出来，并确定与之适应的管理方法，这便形成了要进行重点管理的 A 类事物。以下从库存管理的角度对 ABC 分类方法进行介绍。

2．ABC 分类方法

1）ABC 分类方法阐述

一般来说，企业的库存物资种类繁多，每个品种的价格不同，且库存数量也不等，有的物资的品种不多但价值很大，而有的物资的品种很多但价值不高。由于企业的资源有限，因此，对所有库存品种均给予相同程度的重视和管理是不可能的，也是不切实际的。为了使有限的时间、资金、人力、物力等企业资源能得到更有效的利用，应对库存物资进行分类，将管理的重点放在重要的库存物资上。对物资进行分类管理和控制，即依据库存物资重要程度的不同，分别进行不同的管理。

采用 ABC 分类方法，首先将各品种按需求从大到小依次排序，然后按顺序将各品种数累计相加，分别计算出品种数的累计占总品种的比例(%)；再将销售额依次按顺序累计，分别计算出各销售额占总销售额的比例(%)。这样，从销售额多的品种开始，分为 A、B、C 三个区域，并对 A、B、C 三类不同的商品应采用不同的管理方法。一般来说，A 类物资种类数占全部库存物资种类总数的 10%左右，而其需求量却占全部物资总需求量的 70%左右；B 类物资种类数占 20%左右，其需求量大致也为总需求量的 20%左右；C 类物资种类数占 70%左右，而需求量只占 10%左右。库存物质 A、B、C 分级比重如图 4-2 所示。

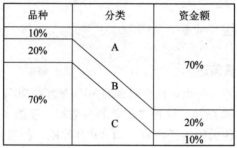

图 4-2　库存物资 A、B、C 分级比重

累计品种数量百分比曲线可以清楚地显示 A、B、C 三类物资在品种与消耗金额上的分配关系。ABC 分类曲线如图 4-3 所示。从图 4-3 可以看到，A 类物资的品种数量很少，但占用了大部分年消耗金额。A 类物资品种数量增加时，年消耗金额的累积值增长甚速，曲线的形状很陡。B 类物资的品种数量百分比与年消耗金额百分比基本相等，因此曲线呈45°趋势。C 类物资品种数量很多，但所占消耗金额的百分比极小，曲线十分平缓。最后有 20%～30%的品种几乎不消耗，曲线基本呈水平状。实际中应根据物品的不同类别从而采取不同的管理措施。

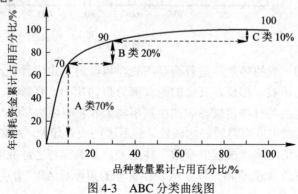

图 4-3　ABC 分类曲线图

2) ABC 分类管理的步骤

ABC 分类管理的具体实施步骤如图 4-4 所示。

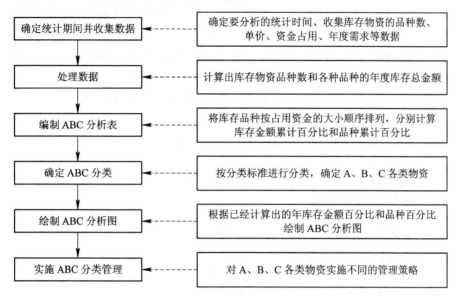

图 4-4　A、B、C 分类管理的实施步骤

3．ABC 分类管理的原则

1) A 类货物的管理

A 类货物品种少，但占用库存资金多，是所谓的"重要的少数"，要重点管理。对 A 类货物的管理应采取下列策略：

(1) 每件商品皆作编号。

(2) 尽可能正确地预测需求量。

(3) 少量采购，尽可能在不影响需求的情况下减少库存量。

(4) 请求供货单位配合，力求出货量平稳化，以降低需求变动，减少安全库存量。

(5) 与供应商协调，尽可能缩短订货提前期。

(6) 采用定期订货方式，对其存货必须作定期检查。

(7) 必须严格执行盘点，每天或每周盘点一次，以提高库存精度。

(8) 对交货期加强控制，在制品及发货也必须从严控制。

(9) 货品放置于易于出库的位置。

(10) 实施货物包装外形标准化，增加出入库的库位。

(11) A 类货品的采购需经高层主管审核。

2) B 类货物的管理

对 B 类货物的管理应采取下列策略：

(1) 正常的控制，采用比 A 类货物相对简单的管理办法。

(2) B 类货物中销售额比较高的品种要采用定期订货方式或定期定量混合方式。

(3) 每 2～3 周盘点 1 次。

(4) 中量采购。

(5) 采购需经中级主管审核。

3) C 类货物的管理

C 类货物品种多，但占用库存资金少，属于"不重要的大多数"，可采取简单的管理策略。

(1) 将一些货物不列入日常管理的范围，如对螺丝、螺母之类的数量大、价值低的货物不作为日常盘点的货物，并可规定最少出库的批量，以减少处理次数。

(2) 为防止库存缺货，安全库存要多些，或减少订货次数以降低费用。

(3) 减少对这类物资的盘点次数。

(4) 可以很快订货的货物可以不设置库存。

(5) 采购仅需经基层主管审核。

4.2.2　经济订货批量管理法

当库存量下降到预定的最低库存数量(订货点)时，按规定数量(经济批量)进行订货补充的库存管理方式就是经济订货批量管理法。经济订货批量(economic order quantity，EOQ)是在库存管理中决定应该定多少货的最一般的方法。

使用经济订货批量管理法有以下几个前提：

(1) 需求已知而且不变。

(2) 发出订货和接受订货的时间已知，而且不变。

(3) 一批订货可瞬时到达。

(4) 数量不打折扣。

(5) 订货成本是固定不变的，与订货量无关；保管成本与库存水平成正比。

(6) 没有脱货现象，可以及时补充。

库存的订购与使用循环发生，如图 4-5 所示。其中，一个循环始于收到 Q 单位的订货量，随着时间的推移以固定速率渐渐耗用。当库存量下降到订货点(也称为再订货点)时，持有量只够满足提前期(也称交货周期 LT)的需求，此时需要马上按预先确定的订货量(Q)发出货物订单，经过提前期，收到订货，库存水平上升。采用经济批量订货方式必须预先确定订货点和订货量。由于假定使用速度与提前期不变，因此订货可在库存持有量接近零时及时地收到。

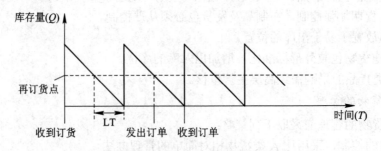

图 4-5　库存循环(库存水平随时间的变动)

总的库存费用主要由库存储存费用和订货费用两部分组成。二者之间有二律背反的关系，也就是说，如果每一次订货量增大，则订货次数减少，订货费用相应减少，但库存商品增多，库存储存费用上升；每一次订货量减小，则订货次数增多，订货费用相应增多，但库存商品减少，库存储存费用下降。因此，经济批量就是指订货费用和库存费用之和最小的一次订货量。经济订货批量反映了持有成本与订货成本之间的平衡。

在一个分析周期(如一年)中，每次订货量为 Q，库存持有量平稳地从 Q 单位降至 0 单位，因此平均库存数就是订货量的 1/2，即$(Q+0)/2$，也就是 $Q/2$。用 H 代表每单位的年平均持有成本，那么总持有成本如下：

$$年持有成本 = H \times \frac{Q}{2} = H\frac{Q}{2} \tag{4.1}$$

持有成本是一个关于 Q 的线性函数，持有成本的增减与订货量 Q 的变化成正比。

订货成本不像持有成本，对订货量反应比较迟钝，无论订货量是多少，特定活动都要照样进行，如确定需求量、准备发货单、来往的交通费用等。因此，每次的订货成本基本上总是固定的。如果一年中总需求为 D，单次订货量为 Q，单次订货成本为 S，则可以得到：

$$年订货成本 = S \times \frac{D}{Q} = S\frac{D}{Q} \tag{4.2}$$

由于总的订货次数 D/Q 随着 Q 的上升而下降，因此年订货成本与订货量 Q 的变化成反比。

年总成本由库存的持有成本和订货成本两部分组成，即：

$$年总成本 = 年持有成本 + 年订货成本 = H\frac{Q}{2} + S\frac{D}{Q} \tag{4.3}$$

图 4-6 为持有成本、订货成本和总成本曲线。由图 4-6 可知，总成本曲线呈 U 形，最优订货量的位置在曲线的最低点，即在订货成本与持有成本相等的订货量上达到最小值。

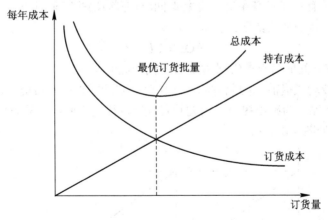

图 4-6　持有成本、订货成本和总成本

运用微积分可以推导得到最优订货批量 Q^* 的表达公式：

$$Q^* = \sqrt{\frac{2DS}{H}} \tag{4.4}$$

在不允许缺货、瞬间到货模型中的经济订货批量可由公式(4.4)确定。只要给定年总需求、每批订货成本和每单位年持有成本，就可以得到经济订货批量。在库存达到最低库存量(安全库存量)的时点时，补充货物，使其达到最大库存量，如此周而复始地进行库存管理。定量订货法的优点是由于每次物料被领取之后都要详细检查和盘点库存(查看是否降低到订货点)，能及时了解和掌握库存的动态。但由于经常检查和盘点库存，花费了大量的时间和人力，增加了库存保管维持成本。这种订货法适合于 ABC 分类管理中的 A 类和 B 类及需求较稳定的物资。

4.2.3　订货点法

经济订货批量回答了订多少货的问题，我们还需要研究何时再订货的问题。后者是要根据库存数量确定再订货点(ROP)的一个函数模型，一旦库存数量降至某一事先确定的数量，就会发生再订货。订货点法如图 4-7 所示。

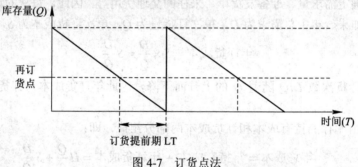

图 4-7　订货点法

订货点的确定主要取决于需求率和订货提前期(等待订货到来的间隔时间 LT)这两个要素。在需求固定均匀和提前期时间间隔不变的情况下，不需要设定安全库存。由图 4-7 可以看出，在库存持有量能够满足等待订货期间(即提前期)的需求时下订单，而不必考虑持有额外的库存，订货点公式如下：

$$ROP = LT \times d \tag{4.5}$$

其中，d 代表单位时间的需求量(需求率)，LT 代表提前期。

当需求发生波动或提前期间隔时间有变化时，实际需求就有可能有所增加，订货点的确定方法就较为复杂。为减小提前期内的缺货风险，往往需要持有额外可能的库存(即安全库存)。安全库存如图 4-8 所示。

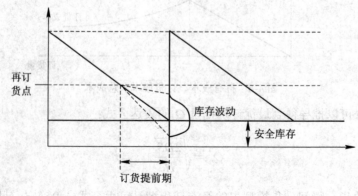

图 4-8　安全库存

此时，订货点是安全库存量加上提前期的需要量，公式如下：

$$ROP = LT \times d + 安全库存 \tag{4.6}$$

安全库存(safety stock,又称保险库存)是指当不确定因素(如大量突发性订货、交货期突然延期、临时用量增加、交货误期等特殊原因)导致更高的预期需求或导致完成周期更长时的缓冲存货,安全库存用于满足提前期需求。

增加安全库存能够减小提前期内的缺货风险。但是由于持有安全库存增加了库存持有成本,就需要认真权衡持有安全库存的成本与遭遇缺货风险的损失。努力降低缺货风险,客户服务水平将会相应上升。分析如何得到较高的服务水平,其实质是确定安全库存的大小。这就需要量化服务水平和安全库存之间的关系。

订货周期内的服务水平可以定义为:提前期内,库存持有量满足需求的可能性。可能性越大,则服务水平越高,保证供应(不缺货)的程度越高,其缺货风险相应地也越低。因此,95%的服务水平表示提前期内库存持有量满足需求的可能性为95%,这里并不是指满足95%的需求。缺货风险是服务水平的补充概念,95%的客户服务水平表示缺货风险为5%。两者之间的关系如下:

$$服务水平 = 100\% - 缺货风险 \tag{4.7}$$

安全库存的持有量往往取决于以下因素:

(1) 平均需求率与平均提前期。

(2) 需求与提前期变化量。

(3) 想要达到的服务水平。

在保证特定的服务水平的前提下,需求率或提前期变动越大,则达到该服务水平所需的安全库存量也越大。同样,当需求率或提前期的变动一定时,提高服务水平需要安全库存。

4.2.4 传统库存管理的缺陷

传统的库存管理思想以生产不间断为核心,库存管理是为生产服务的。库存管理系统所做的只是发出订单和催货,或用经济批量法确定每次订货的最佳批量,或用订货点法确定何时进行订货。经济批量法是用经济批量公式计算出使订货费用和库存费用总和最低的订货批量。订货点法是一种按过去的经验预测未来的物料需求的方法,这种方法的实质在于遵循"库存补充"原则,保证在任何时候仓库里都有一定数量的存货,以便生产需要时随时取用。这些方法貌似科学,采用这些方法建立的库存模型曾被称为"科学的库存模型",然而,在实际应用中并非如此。这些方法建立在一些经不起实践考验的假设前提之上,热衷于寻求解决库存优化问题的数学模型,而没有认识到库存管理实质上是对大量信息进行处理的问题。传统库存管理的假设如下:

1. 对各种物料的需求是相互独立的

传统库存管理的方法不考虑物料项目之间的联系,各项物料的订货点是分别加以确定的。但是在实际的生产中,各项物料的数量必须进行合理的配置,才能制造装配成产品。由于传统库存订货方法面向单个零件,对各项物料独立地进行订货,因而在生产装配时不可避免地就会出现物料数量不匹配的状况。

2. 物料需求是连续的

传统库存管理模型假定对物料的需求是相对稳定的,因此每次物料的需求量都小于订货总数。在传统的生产方式下，企业按计划生产，生产数量一般不会有大的波动，因而对物料的需求是均匀的。而在现代制造业中，企业面向市场，对物料的需求是不均匀、不稳定的，对库存的需求是间断发生的。实际上，采用传统订货法的库存管理系统下达的订货时间常常偏早，从而造成物料积压，既导致资金大量无效的占用，又引起库存费用的增加。另一方面，由于生产需求的不均衡又会造成库存短缺，从而给企业造成严重损失。

3. 库存消耗以后能够及时补充库存

在传统库存管理中，库存一旦低于订货点或消耗时，就立即发出订货，以保证一定的存货。这种不依需求而定的做法非但没有必要，也很不合理，在需求间断的条件下，必然造成大量的库存积压。

目前，由于企业面临的经营环境的变化，建立于传统模型中的许多假设条件的真实性越来越差。因此，仍然采用传统的库存管理不仅不能帮助企业提供可靠的数据，相反会误导企业的库存管理。

4.2.5 牛鞭效应——传统库存管理面临的难题

在市场经济高速发展的今天，供应链早已构成了企业运营的基础。著名管理学大师德鲁克曾说：21 世纪不再是企业与企业的竞争，而是供应链与供应链之间的竞争。这寓意着企业之间进行竞争的时候，关键在于谁的战略联盟高度协同。关于供应链的内容将在第 6 章中详细阐述。本小节只针对供应链中存在的"牛鞭效应"现象进行介绍。

在供应链的运作过程中，有些商品的顾客需求较稳定，变动不大，但是上游供应商往往比下游供应商维持更高的库存水平。这种现象是由宝洁公司在调查其产品"尿不湿"的订货情况时发现的。该产品的零售数量较稳定，波动不大，而分销商向宝洁公司订货时，其订单的波动程度比零售数量的波动要大得多，宝洁公司向其供应商订货时，订单的变化量更大了。这种越往供应链上游走，需求波动程度越大的现象，称为"牛鞭效应"。

一般情况下，零售商按照自己对顾客需求的预测向批发商订货，由于存在订货提前期，零售商在考虑平均需求的基础上，增加了一个安全库存，这样使得零售商订单的变动性比顾客需求的变动性要大。批发商接到零售商订单再向制造商订货，如果批发商不能获知顾客需求的实际数据，就只能利用零售商已发出的订单进行预测，这样批发商在零售商平均订货量的基础上，又增加了一个风险库存，由于零售商订单的变动明显大于顾客需求变动，为了满足与零售商同样的服务水平，批发商被迫持有比零售商更多的安全库存。依此类推，到制造商及其供应商处波动幅度就越来越大。虽然最终产品的顾客需求较稳定，但是零售商、批发商、制造商、供应商的订购量变动性却越来越大，造成过大的库存，增加了供应链的库存成本，使供应与需求很难匹配，没有实现供应链管理中的降低库存。

"牛鞭效应"是供应链下库存管理的特点，传统的库存管理方法不能很好地解决这一问题，只有采用创新的供应链库存管理的办法才能解决。可以通过以下三个措施来减少牛鞭效应：

1. 实现信息共享

由于牛鞭效应主要是供应链各阶段按订单而不是按顾客需求进行预测造成的，而供应链的唯一需求是满足最终客户的需求，如果零售商与其他供应链成员共享 POS 数据，就能使各成员对实际顾客需求的变化做出响应。因此，在供应链上实行销售时点数据信息共享，使供应链每个阶段都能按照顾客需求进行更加准确的预测，从而减少需求预测变动性，减少牛鞭效应。同时，实行共同预测和共同计划，保证供应链各阶段的协调；从供应链整体出发，设计零售商的库存补充控制策略，由于零售商与最终顾客的购买有关，关键在于补充零售商的库存，此时常用 VMI 策略和连续补充策略。

2. 改善操作作业

改善操作作业，缩短提前期和减少订购批量来减少牛鞭效应。通过实行牛模和其他先进的通信技术缩短订单处理和信息传输的信息提前期，通过直接转运缩短运输提前期，通过柔性制造缩短制造提前期，通过实行事先送货预告缩短订货提前期。提前期缩短了，需求的变动性相对减少了。要减少订购批量就要减少与固定订购费用有关的运输、订购、验收的费用，利用电子订货系统(CAD)和 EDI 减少订购费用，订购批量减少可以降低供应链上相邻两阶段积累起来的变动量，从而减少牛鞭效应。

3. 稳定价格

制定相应的价格策略，鼓励零售商进行小批量订购并减少提前购买行为以减少牛鞭效应。例如，把基于批量的折扣策略改为基于总量的折扣策略，即在一特定时期内(如一年内)，按总的采购量来制定折扣政策，可以使得每次的批量减少；实行天天平价政策和限制促销时采购量等方法，使价格稳定，减少预先购买行动，从而减少牛鞭效应。

4.3　供应商管理库存

近年来，国外出现了一种新的供应链库存管理方法——供应商管理库存(vendor managed inventory，VMI)。VMI 策略打破了传统的各自为政的库存管理模式，体现了供应链的集成化管理思想，适应市场变化的要求，是一种新的有代表性的库存管理思想。供应商管理库存是供应商等上游企业基于下游客户的生产经营、库存信息，对下游客户的库存进行管理与控制的库存管理思路。

4.3.1　供应商管理库存的内涵

传统地讲，库存由库存拥有者管理。因为无法确切地知道用户需求与供应的匹配状态，所以需要库存，库存设置与管理是由同一个组织完成的。这种库存管理模式并不总是最优的。例如，一个供应商用库存来应付不可预测的或某一用户不稳定的需求，用户也设立库存来应付其不稳定的内部需求或供应链的不确定性。虽然供应链中每一个组织独立地保护各自的利益不受意外干扰是可以理解的，却是不可取的，因为这样做的结果影响了供应链的优化运行。供应链的各个不同组织根据各自的需要独立运作，导致库存重复建立，因而无法达到供应链全局的最低成本，整个供应链系统的库存会随着供应链长度的增加而发生需求扭曲。

供应商管理库存突破传统条块分割的库存管理模式，在分销方与供应方之间签订达成的共识协议的条件下，由供应商负责对库存进行管理，并实时监督、反馈实施情况，不断地完善协议，以期在供应方和分销方之间整体达到最低库存成本。

VMI 的基本内涵是客户将库存决策的代理权交由供应商管理，由供应商代理行使库存的相关管理以及何时订货等决策的权利。VMI 一方面实现了由终端销售信息拉动的上下游信息共享，使得供应商在下游用户的协助下更有效地做计划，另一方面是寄售方式的运作，在一个合作协议下由供应商管理甚至拥有库存直到用户将其售出。

VMI 的核心思想在于处于下游的制造企业放弃原材料库存的控制权，而由供应商掌握供应链上的原材料库存动向，即由供应商依据采购方提供的每日原材料实际需求和库存情况来集中管理库存，连续补货，从而实现对顾客需求变化的快速反应，它是靠实际需求驱动供应商制造和补货的。VMI 库存管理流程如图 4-9 所示。

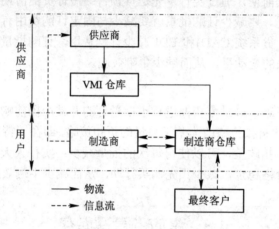

图 4-9 VMI 库存管理流程

与传统的库存控制方法相比，VMI 模式具有以下几个特点：

(1) 合作性。VMI 模式的成功实施，客观上需要供应链上各企业在相互信任的基础上密切合作。其中，信任是基础，合作是保证。

(2) 互利性。VMI 追求双赢的实现，即 VMI 主要考虑的是如何降低双方的库存成本，而不是考虑如何就双方的成本负担进行分配的问题。

(3) 互动性。VMI 要求企业在合作时采取积极响应的态度，以实现反应快速化，努力减少因信息不畅而引起的库存费用过高的状况发生。

(4) 协议性。VMI 的实施要求企业在观念上达到目标一致，并明确各自的责任和义务。具体的合作事项都通过框架协议明确规定，以提高操作的可行性。

(5) 连续改进原则。VMI 的实施是一个长期的过程，在整个过程中需要企业以及供应商持续不断的改进才能保证 VMI 运营的顺利。

VMI 不仅加快了整个供应链面对市场需求的响应时间，较早得知市场的需求信息，而且可以最大化地降低整个供应链的物流运作成本。对制造商来说，VMI 将制造商与客户之间的补货时间推迟到生产线所需要的最迟时刻。在西方国家，VMI 从 20 世纪末到如今已经发展为相对成熟有效的库存模式。VMI 帮助供应商等上游企业通过信息手段掌握他们下游企业的生产和库存信息，并对下游客户的库存调节做出快速反应，降低供需双方的库存成本。目前许多国际大型企业和国内知名制造企业都在使用 VMI，并得益于由它带来的丰厚利益——增加库存周转率，降低库存成本，整体实现供应链的优化。国际上，一些大型的零售商如沃尔玛以及 K-mart 等都是应用 VMI 的先行者；21 世纪初，香港吉之岛搭建起了与跨国公司宝洁的 VMI 系统，此系统的建成给双方带来的直接收益的增长高达 45％，库存周转时间也大幅减少，平均从 4 周降低为 2 周，相应缺货率亦从 7％降为 1％。事实已经证明，VMI 是未来的一个趋势，将给供应链带来重大的变革。

4.3.2　供应商管理库存的产生与发展

在传统的供应链管理中，供应链上各成员的库存各自为政，由于供应链各个环节的企业诸如供应商、制造商、分销商等，都是各自管理自己的库存，都有自己的库存控制目标和相应的策略，而且相互之间缺乏信息沟通，彼此独占库存信息，因此供需信息的扭曲和滞后难以避免。一系列严重的结果出现在供应链上的企业之中，包括产品的库存量增长、服务水平下降、库存总成本高涨以及柔性程度降低等，这必然影响到供应链的系统的竞争力，最终导致每一个供应链成员蒙受损失。只要每个供应商都能够把自己和客户的库存维持在合理的水平，那么整个供应链上的资源就不会再被浪费，效率也会大大提高。因此，一种全新的供应链库存管理方式——供应商管理库存(VMI)应运而生。

1. VMI 的起源

VMI 的历史可以追溯到快速响应(quick response，QR)战略发展的早期阶段，是针对零售商和供应商的有效合作提出来的。

1981 年，美国纺织品行业竞争日益加剧，为了缩短提前期并减少库存成本，研究者们提出了 QR 战略，供应商从零售商那里获得实时销售数据，以此为依据及时调节生产、控制库存，零售商则根据自己的销售和库存情况订货，从而提高了供应商需求预测的准确性，使生产计划得到改善。

1985 年，沃尔玛(Wal-mart)与宝洁(Procter&Gamble)公司双方就 Pampers 婴儿纸尿裤的库存管理进行合作。由于宝洁公司作为帮宝适的制造商和供应商，与作为零售商的沃尔玛相比，更了解、也更有经验管理帮宝适，沃尔玛提出由宝洁公司建议沃尔玛的进货时间和数量，经同意后执行。经过一段时间的合作，又免去了建议手续，由宝洁公司在认为需要时直接送货。沃尔玛将库存交给供应商管理，取得了双赢的结果：宝洁提供了额外服务，但它成了沃尔玛的首选供应商，在沃尔玛零售点拥有了数量更多、位置更好的货柜，而且沃尔玛与其共享销售信息，使宝洁削弱了由顾客需求不确定性带来的影响，可以更好地管理帮宝适的制造和销售业务，还可以更好地计划送货，降低相关成本。沃尔玛则大幅提高了库存管理效率，降低了各零售点帮宝适的库存水平，又减少了缺货现象。沃尔玛和宝洁公司通过实施 VMI 策略，明显改善了前者的销售和后者的交货情况，库存周转率和顾客满意度均得到大幅度提高。随后，Kmart、Dell、HP 等公司也采用了 VMI 系统来降低库存成本，VMI 在欧美国家迅速发展并走向成熟。

2. VMI 产生与发展的必然性

库存管理是企业运作管理理论和实践中较为成熟的领域之一，但是传统的库存管理以个体企业为对象，而这些理论与方法已经难以适应如今供应链管理环境的要求。个体企业环境下的库存管理主要存在以下问题：

1) 难以适应供应链的系统化集成

以往整条供应链上各个节点企业都独立持有自己的库存，不利于供应链的整体最优化，影响了供应链的绩效。因此应该寻求一种新的库存管理系统，以系统的、集成的管理思想进行库存管理，以使供应链系统能够获得同步化的运作。

2) 难以实现信息共享

传统企业之间的交易关系导致企业之间相互隔绝，信息共享程度很低。供应链节点企业之间的信息无法共享将导致决策的视野狭窄，无法适应客户需求的不确定性，从而降低对客户需求的响应速度。

3) 无法反映供应链的不确定性

大多数企业对所有的库存产品采用单一的库存控制策略，而不是根据库存产品的自身特性进行分类，从而很难反映供应与需求中的不确定性。

4) 缺乏合作与协调性

供应链本身是一个复杂的系统，其中的流程跨越多个成员企业，并且需要各成员的协同。在个体企业中，各自有不同的目标和绩效评价尺度，拥有不同的仓库，也不愿意与其他部门共享资源。组织障碍有可能使得库存控制变得更为困难。

5) 难以提高客户服务水平

供应链管理的目标有两个，一个是降低供应链整体成本，另一个就是提高客户服务水平，后者在当今日趋激烈的市场竞争中越来越重要。但在目前企业库存运作模式下，其客户服务水平很难令客户真正满意。

现代库存管理的目标必须服从于整个供应链管理的目标，即将供应链上的整体库存降至最低水平，削减库存管理成本，从而提高供应链绩效。而传统库存的优化工作均着眼于本企业资源的最优应用，无法适应企业之间由竞争走向合作和经济一体化的发展趋势。VMI 作为一种新型的库存管理方法，打破了传统库存管理模式的局限，使供应链中各环节上的活动同步起来，体现了供应链集成化的思想，响应了供应链管理环境下对库存管理的新要求。

4.3.3 供应商管理库存的运作模式

1. VMI 的分散模式

如果供应商在一个区域之内有很多家客户，为了满足所有客户的需求，供应商需要在此区域建立一个仓库，同时为所有客户提供 VMI 服务，直接将原材料配送到制造商生产线，这种 VMI 模式就是传统的分散型模式。作为最先出现的模式，这种模式成本比较低，也更接近原有的管理模式，但是这种模式通常会存在以下几个方面的问题：

(1) 管理分散严重，难于控制。这个问题对于供应商和制造商都存在。一个供应商要为多个用户企业管理库存和配送，这种模式会给供应商带来沉重的物流管理负担。一个制造企业需要多个供应商为其供货并管理库存，这种模式下如果某个环节管理不善可能对其生产造成巨大的影响。

(2) 供应商与用户之间的信息共享问题。供应商与用户之间快速而畅通的信息流动才能产生和创造价值。但是库存信息、销售信息等在许多企业都是保密的，不愿对外公开，他们担心这些信息会流落到竞争对手的手中或者失控。诚然，VMI 为企业带来了低成本、高效的供货速度、灵敏的市场反应能力等各方面的优势，但是如果双方企业的信息无法及时地传递共享，那么所有这些优势将成为空谈。VMI 的实施必须建立在强有力的"共享"平台之上。许多企业放弃实施 VMI 是因为供应链成员的信任问题，因此，诚信体系的建立与完善将是信息共享、实现双赢的重要基础。

(3) 用户与供应商之间的责任和利益不统一。在 VMI 模式下，供应商承担了用户的库存管理及需求预测分析的责任，而短期看来，未承担库存管理责任的用户却获得了更多的利润，造成了责任与利益的不统一，从而影响了供应商实施 VMI 的积极性。因此，购买方应从长远利益来考虑，采取一些激励措施来激发供应商的积极性，如通过合约将一定比例的利润支付给供应商。

(4) 易产生供应商的供应垄断。由于实施 VMI 时，供求双方往往会签订长期合约，并以相当的量作为合作基础。这时的供应商会在一段时间内是垄断供应的供应商，由于缺乏竞争对手，垄断供应商可能会降低服务水平和产品质量。出于这种顾虑，许多买家不愿意和供应商实施 VMI 模式。

2．VMI 的集中模式

相对于分散模式，集中模式是从一家核心企业对应几十家甚至上百家的供应商的角度进行 VMI 构建的。许多供应商通过核心企业的 VMI 系统为其供应原材料、零配件或者商品。

1) 核心企业为制造商

制造商的生产规模比较大，生产一般比较稳定，即每天对零配件或原材料需求量的变化不是很大；要求供应商每次供货的数量比较小，一般满足 1 天的零配件，有的甚至是几个小时；供货频率要求较高，有时甚至要求一天两到三次的供货频率；为了保持连续的生产，一般不允许发生缺货现象，即服务水平要求达到 99% 以上。按照分散模式，每一个供应商都要在企业的附近建立仓库，这显然是不经济的。因此，可以在企业的附近建立一个节点仓库。加入节点仓库后具有以下效果：

(1) 起到缓冲作用。由于一个客户要对应多个供应商，假如客户对供货频率要求较高，那么可能出现多个供应商同时将货物送达的情况，若事先没有安排势必出现混乱的卸货场面，严重地影响生产秩序，给企业的正常工作带来不便。有了节点仓库，可以采用专业的配送方式，避免以上现象，起到缓冲作用。

(2) 增加了深层次的服务。在没有节点仓库时，供应商彼此都是独立的，送达的货物都是彼此分开的。当有了节点仓库后，可在发货之前先按照生产企业的要求把零配件按照成品的比例配置好，再在规定的时间内发送给制造商，这样就提高了制造商的生产效率。

2) 核心企业为零售商

零售商把销售等相关信息通过 EDI 传输给供应商后(通常是一个补货周期的数据，如 3 天，甚至 1 天)，供应商根据接收到的信息进行对需求的预测，然后将预测的信息输入物料需求计划系统(MRP)，并根据现有的企业内的库存量和零售商仓库的库存量、生产补货订单，安排生产计划并进行生产。生产出的成品经过仓储、分拣、包装，最后运送给零售商。

在面对比较大的零售商时，只有当供应商的货物真正被销售以后才向供应商付款，否则不产生"应付账款"。因此，这种模式一般不需要建造节点仓库这个中枢环节。因为对零售商来说，两个供应商所供应的产品是相互独立的，在同一段时间内它们不是同时需要的，不像生产商需要零部件或原材料那样对生成一个产品来说是必须同时获得的。

3. 第三方物流模式

在实际实施过程中，有时需要第三方物流服务提供商的参与。原因如下：

(1) 在供应商—制造商模式中，不论对制造商还是供应商来说，其核心竞争力主要体现在生产制造上，而不是物流配送上。显然，让供应商或者制造商去管理节点仓库都是不经济的。

(2) 在供应商—零售商模式中，由于零售商的零售品范围比较广，供应商和零售商的地理位置相距较远，直接从供应商处向零售商补货的提前期较长，不利于进行准确的需求预测和应付突发状况。解决这一问题的折中方案就是供应商在零售商附近租用或建造仓库，由这个仓库负责直接向零售商供货。

基于上述原因，如果能够让供应商、制造商/零售商之外的一家专业化程度较高的企业来管理节点仓库和配送业务是最合适不过的了，而这时最理想的对象就是第三方物流企业。供应链管理思想强调的是在供应链上的各个企业应该充分发挥自己的核心竞争力，这样将节点仓库和配送业务外包给第三方物流企业的做法正好适应这种库存运作模式的要求，充分发挥其特点与优势。

当第三方物流企业加入后，在这种 VMI 模式中，供应商、第三方物流企业和制造商/零售商组成了一个虚拟团队，第三方物流企业作为供应商和制造商/零售商的中介，负责接受供应商的指令协调运输存货补货、对产品进行检验等，也负责接受制造商/零售商的指令将货物按时按量进行配送。这种有第三方物流企业参与的 VMI 模式实质上是一种集中模式，与分散模式相比它具有以下几方面的优势：

(1) 有效地降低物流费用。第三方物流企业的介入，使制造商/零售商和供应商分散的物流需求得到了整合，由双方共同分担配送成本。对于库存费用，可以由三方签订相应的合同，由供应商支付所有的库存费用，而制造商/零售商将得到的收益的一部分按照合同返给供应商。这样的管理模式使得双方的物流费用都有所降低。

(2) 提高库存控制效果。把在分散模式中由供应商管理的制造商/零售商库存改为由第三方物流企业统一负责，作为专业的物流服务提供商，他们的库存管理会更加专业化、规范化，能够有效地减少货物破损、发货错误、货物积压等。另外，供应商在配送中心的库存变得完全透明，第三方物流企业可以根据共享制造商/零售商的销售数据更加准确地预测出各种零部件的安全库存量，加强订货点控制，使库存控制效果得到明显提高。

(3) 提高货品检验的公平性。VMI 货物的检验任务主要由第三方物流公司承担或者由其监督执行，这种检验模式更有利于检验的公平性、公正性。制造商/零售商按照合同对第三方物流公司进行相应的要求和考核，考核指标包括库存控制、配送、检验等几个方面。

所以第三方物流公司必然会严格把关，对那些交货不及时、产品不合格的供应商记录在案。这种管理模式的应用不仅可以提高供应商的产品质量和服务水平，而且可以降低供应垄断风险。

(4) 协调各方的信息交流。第三方物流企业通过专业的物流系统、Internet、EDI 等方式承揽业务，提供跟踪服务与业务咨询，提高了对货物信息实时跟踪和信息传输的速度，增强了流程运行的流畅性。

(5) 整合资源，提高效率。制造商/零售商可与供应商协商将其产品统一委托给第三方物流企业，由第三方物流企业为制造商/零售商统筹安排，按需要进行库存及配送，并根据需求控制安全库存量。

4.4 联合库存管理

为了克服供应商管理库存的局限性，联合库存管理(jointly managed inventory，JMI)模式随之出现。联合库存管理模式以弱化"牛鞭效应"的影响、降低供应链整体库存水平、提高供应链效率和响应速度为目标，强调供应链中各企业在库存管理上的相互协调与合作，由节点上的企业共同制订库存策略、共担风险、共享收益。

4.4.1 联合库存管理的基本思想

在联合库存管理下，供应商企业取消自己的产成品库存，而将库存直接设置到核心企业的原材料仓库中，分销商不建立自己的库存，并由核心企业从成品库存直接送到用户手中。

联合库存管理是近年来在国外出现的一种新的有代表性的库存管理思想，是解决供应链系统中各节点企业的相互独立库存运作模式导致的需求放大现象，是提高供应链的同步化程度的一种有效方法。它强调双方同时参与，供需双方在共享库存信息的基础上，以生产为中心，共同制定统一的采购计划，使供应链过程中的每一个库存管理者(供应商、制造商、分销商)都从相互之间的协调性考虑，使供应链相邻的两个节点之间的库存管理者对需求的预期保持一致，从而消除了需求变异放大现象。任何相邻节点需求的确定都是供需双方协调的结果，库存管理不再是各自为政的独立运作过程，而是供需连接的纽带和协调中心。从这点看，JMI 实际上是供应链节点纵横两方面的协作。

JMI 把供应链系统管理进一步集成为上游和下游两个协调管理中心，库存连接的供需双方以供应链整体的观念出发，同时参与，共同制定库存计划，实现供应链的同步化运作，从而部分消除了由于供应链环节之间的不确定性和需求信息扭曲现象导致的供应链的库存波动。JMI 在供应链中实施合理的风险、成本与效益平衡机制，建立合理的库存管理风险的预防和分担机制、合理的库存成本和运输成本分担机制和与风险成本相对应的利益分配机制，在进行有效激励的同时，避免供需双方的短视行为及供应链局部最优现象的出现。通过协调管理中心，供需双方共享需求信息，因而起到了提高供应链的运作的稳定性的作用。

传统供应链库存管理模型如图 4-10 所示。在整个供应链中，从供应商、制造商到分销商，各个节点企业都有自己的库存。

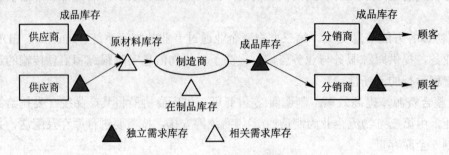

图 4-10 传统供应链库存管理模型

联合库存管理模型如图 4-11 所示。联合库存管理和传统的库存管理模式相比，有如下几个方面的优点：

(1) 通过供需双方间联合持有库存，减少了供应链库存的层次。

(2) 为实现供应链的同步化运作提供了条件和保证。

(3) 减少了供应链的"牛鞭效应"，降低了库存的不确定性，提高了供应链的稳定性，降低了供应链的库存成本。

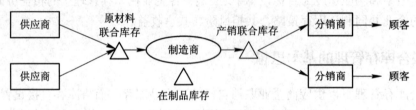

图 4-11 联合库存管理模型

4.4.2 联合库存管理的产生

全球制造的发展、竞争的激烈、供应链企业战略伙伴关系的发展以及供应链集成思想的发展都是促进 JMI 模式产生和发展的因素，而信息技术和物流技术的进步使 JMI 的产生和应用具备了必要的前提条件。单就供应链库存管理的要求来说，JMI 的产生主要源于库存集中化的发展趋势。

库存管理面临着持续不断地降低库存成本和提高服务水平的压力。持有库存的配送点数量越多，需要满足的特殊服务水平也越多，因为每个配送点都持有安全库存来防止补货过程中需求和前置期的变化，如果从全球范围看一个产品的需求，同时将许多配送点看作是相互独立的，那么需求变化(如可以用标准偏差来度量)的相关性也就很少了。

减少库存层次，使库存集中化能提高供应链的竞争力，其优势体现在以下几个方面：

(1) 弱化牛鞭效应的影响。库存层次越多，"牛鞭效应"的影响越大，需求信息的传递就越迟缓，各库存点依据不准确的信息做需求预测，需求的放大效应逐级扩大，因此减少库存层次有利于弱化牛鞭效应的影响。

(2) 降低供应链成本。库存的集中化能减少建设仓库的成本，形成规模经济，提升库存管理运作的效率。同时，库存的集中化也能优化运输路线。

(3) 提高供应链的响应速度。通过库存的集中化管理,能提高订单处理等物流业务的速度,同时也能更好地满足客户的不确定性需求。

供应链面临着激烈的竞争,以及全球制造和经济一体化的发展趋势,减少库存层次使库存集中化是必然的发展趋势。

4.4.3 联合库存管理的运作模式

1. 供应商—制造商(核心企业)的 JMI 模式

在供应商和制造商两级供应链中(制造商为核心企业),上游企业作为供应商为下游企业提供零部件等物料,而制造商作为核心企业或用户向上游企业采购自己所需要的物料。

在 JMI 模式下,供应商企业取消自己的产成品库存,而将库存直接设置到核心企业的原材料仓库中,或者直接送到核心企业的生产线上。基于供应商—制造商(核心企业)两级供应链的 JMI 有两种模式,如图 4-12 所示。

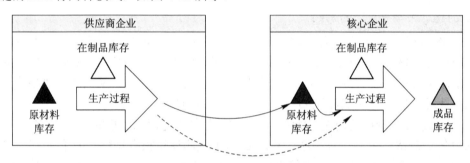

图 4-12 以核心企业为协调管理中心的原材料联合库存运作模式

第一种模式是各个供应商的零部件都直接存入核心企业的原材料库中,即变各个供应商的分散库存为核心企业的集中库存(如图 4-12 中实线箭头所示)。集中库存要求供应商的运作方式是:按核心企业的订单生产,采用多频次小批量的配送方式直接送到核心企业的仓库中补充库存。在这种模式下,库存管理的重点在于核心企业根据生产的需要,保持合理的库存量,既能满足需要,又要使库存总成本最小。

第二种模式是无库存模式。供应商和核心企业都不设立库存,核心企业实行无库存的生产方式(如图 4-12 中虚线箭头所示)。此时供应商直接向核心企业的生产线上进行连续小批量多频次的货物补充,并与之实行同步生产、同步供应,从而实现"在需要的时候把所需要品种和数量的物资送到需要的地点"的准时制操作模式。

由于这种准时制供货模式几乎取消了库存,因此效率最高、成本最低,但对供应商和核心企业的运作标准化、配合程度、协作精神要求也高,操作过程中的要求也严格,而且供应商和核心企业间的空间距离不能太远。

2. 制造商(核心企业)—分销商的 JMI 模式

以制造企业为核心的制造商与分销商的联合库存控制模式如图 4-13 所示。核心企业生产出产品之后,直接将货物存入地区仓库,然后根据分销商的订单,小批量多频次地将产品运送给分销商或直接运送给顾客。

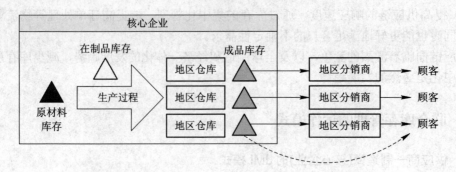

图 4-13   以核心企业为协调管理中心的产销 JMI 运作模式

4.4.4 联合库存管理的实施

1. JMI 的实施价值

1) 弱化"牛鞭效应"的影响

"牛鞭效应"不能消除，但能通过信息共享等手段来弱化其负面影响。JMI 强调供应链企业的信息一体化、协同需求预测，增强了各企业获取信息的真实性和透明性，并根据获取的信息进行协同需求预测与计划，同时协调企业之间的行为，从而弱化"牛鞭效应"的影响。针对引起"牛鞭效应"的原因，JMI 能有效地控制以下问题：

(1) 需求预测不准确的问题。JMI 的协调中心是供应链信息汇集的中心，零售商、各分销商的销售信息都汇集到信息中心，JMI 的需求预测模块根据销售信息和库存信息进行预测，信息的准确性强于传统库存管理模式下的供应链，而且汇集预测的准确性高于分散预测。

(2) 信息传递的时间延迟问题。JMI 策略下，零售商、分销商的销售信息能直接传递到协调中心，省去了各级信息处理的时间，这就有效地避免了信息延迟。

(3) 订货批量问题。实施 JMI 之后，信息在供应链具有很高的透明度，这就避免了由于订货批量引起的虚假需求现象。

(4) 短期博弈引发的夸张需求问题。实施 JMI 后，库存由供需双方联合管理，市场需求预测由协调中心来做，同时库存信息和需求信息由协调中心来监控，这样就避免了分销商为了获取更多的市场配额而夸大需求的现象。如果有突发的市场需求，协调中心根据各分销商的需求情况进行调配，并根据利益分配机制进行利润共享。

(5) 价格波动引起的购买与实际需求变异问题。实行 JMI 策略后，供应链各成员企业增强了相互之间的合作性，他们作为一个整体来共同面对客户，JMI 协调系统能够根据市场需求制定最优价格策略，以控制由于价格波动引发的大量的预先购买。

(6) 环境变异带来的高库存问题。在 JMI 系统中，协调中心具有应对突发事件的功能，采用调配各分销商间的需求等方式以应对突发需求，这样就避免了各节点企业为了应对环境变异持有高库存的现象。

2) 降低供应链成本

库存成本一般由订单处理成本、储存成本和缺货成本三部分组成。

(1) 订单处理成本。对供需双方的一次交易来说，订货过程包括提出订货申请单、分析卖主、填写订货单、订货信息传递、订单处理、货物准备、货物运输、来料验收等过程。对需方来说，订单处理成本表现为订货成本，即供应商发出订单的成本，包括提出订货申请单、分析供应商、填写订货单、来料验收、跟踪订货以及为完成交易所必需的文职业务等各项费用。对供方来说，订单处理成本即为处理一次订货所需的各项费用。订货处理成本通常和订购次数有关，而与订货量无关。

(2) 储存成本。储存成本也称库存持有成本，是企业因持有库存发生的一切费用，通常包括资金占用成本(即库存占用资金的边际成本)、税金、保险、储藏成本(如各种物料搬运设备、库存空间、工作人员费用等)、过时成本(因款式或顾客消费喜好的改变而引起的产品价值贬值部分)、损耗成本等。

(3) 缺货成本。缺货成本是由于外部或内部中断供应所引起的经济损失，包括由于商品供不应求所造成的经济损失、原材料供应不足而导致的生产损失以及由于降低顾客满意度而带来的市场份额损失等。缺货成本通常难以直接衡量，它的计算是一项十分困难的工作。

在传统的库存控制模式中，供应链中各成员企业都设立库存，并对各自的库存付出大量成本进行专门的管理。通过 JMI 对信息的集成以及双方对库存管理的投入，不仅会降低供应链的不确定性、缩短订货的提前期，从而大大降低联合库存的安全库存量，还可以降低库存的持有成本。此外，通过协调中心或第三方物流对运输路径和运输方式的整合优化，可以大大降低运输成本。

3) 提高供应链柔性

供应链的柔性可以定义为整个供应链以尽可能低的成本和尽可能高的服务水平，快速响应市场和顾客需求变化的能力。JMI 的实施可以提高供应链的柔性，体现在其降低供应链成本、提高顾客服务水平和缩短系统提前期上。其中，供应链成本的降低在上文已经介绍了，以下主要针对提高服务水平和缩短提前期进行分析。

(1) JMI 能提高顾客服务水平。一般来说，服务水平与缺货风险的关系如下：服务水平 = 1 − 缺货风险。可以看出，随着缺货风险的减小，服务水平相应提高。实施 JMI 之后，首先协调中心根据汇集到的信息进行汇集预测，这就提高了需求预测的精度。其次，协调中心根据预测结果调整库存策略，这在一定程度上降低了缺货的可能性。此外，协调中心实时掌握各分销商的销售信息，一旦发生突发性需求和缺货，协调中心会协调分销商的需求，可以把分配给其他分销商的货物临时分配给需求迫切性较强的企业，再根据利益分配机制，在各方之间平衡。协调中心应对突发事件的模块也会降低供应链的缺货风险。

(2) JMI 能缩短系统提前期。供应链系统的提前期包括订货提前期和信息提前期。JMI 的实施是建立在高效的信息技术基础之上的，协调中心不仅担负着管理联合库存的功能，还担负着信息中转站和信息处理中心的功能。协调中心的存在能提高信息处理和信息传递的速度。因此，JMI 的实施能缩短系统的信息提前期。

在 JMI 系统下，供需双方联合持有库存，与传统库存管理模式下供需双方分别持有库存相比，JMI 减少了对库存的操作步骤。在传统的库存管理模式下，供应商生产出的产品存入仓库，接着又被运送到需方的仓库。而实施 JMI 之后，供应商生产出的产品直接存入联合库存，需方从联合库存中提取所需物资，这就大大缩短了对库存的操作和管理时间，从而缩短了提前期。同时，协调中心或第三方物流会对供应链的物流进行优化，缩短物资的在途时间，也可以缩短提前期。

2．JMI 的实施前提

JMI 是企业间关系发展到一定阶段的产物，JMI 并非是适合任何企业和供应链的管理模式，JMI 的有效实施需要具备一些前提条件。

1) 战略伙伴关系的建立

JMI 是以供应链企业间的战略伙伴关系为前提的。如果供应链各节点企业间缺乏信任，就难以建立长期的战略伙伴关系，JMI 的实施便缺乏最基本的前提。因此，企业在考虑是否实施 JMI 模式之前，需要先衡量一下是否具有与上下游企业建立战略伙伴关系的基础和条件，可以从上游供应商和下游分销商中选择信誉较好、以往合作较为密切的企业，与之建立战略伙伴关系，并在此基础上试行 JMI 模式。

战略伙伴关系是建立在企业相互信任的基础上的，供应链战略伙伴关系是一个过程，而不是实体。在建立供应链战略伙伴关系的过程中，不仅要改变企业的战略视角，而且要改变企业的运作视角。良好的供应链战略伙伴关系首先必须得到最高管理层的支持和协商，并且企业之间要保持良好的沟通，建立相互信任的关系。

在战略伙伴关系建立的实质阶段，需要进行期望和需求分析，相互之间需要紧密合作，加强信息共享，相互进行技术交流和提供支持。在需求分析阶段，需要了解相互的企业结构和文化，并适当地改变企业的结构和文化，同时在企业之间建立统一的运作模式或体制，消除业务流程和结构上存在的障碍。

2) 必要的信息技术、物流技术、人力资源支持

(1) 信息技术。信息的及时获取和有效传输对于 JMI 的成功实施至关重要，高度的信息共享系统是实施 JMI 的基础。在实施 JMI 之前，首先要确保有先进的信息技术来建设和维持信息系统。

(2) 物流技术。JMI 的实施需要先进的物流技术为支持，以确保原材料联合库存或产销联合库存迅速而经济地运至需方，同时保证产品条码的可读性和唯一性，并能解决产品分类、编码的标准化问题以及存储运输过程中的识别问题。在 JMI 的实施过程中，供应链上的企业不仅要提高各自的物流管理水平，还需要将其与协同企业的物流运作很好地结合起来。对于一些规模相对较小的企业，他们没有能力也没有必要在物流管理，特别是硬件上做太大的投入，此时，第三方物流便发挥出不可或缺的作用。

(3) 人力资源。为了保证 JMI 的成功实施，各节点企业应该抽出多个部门的人员组成协调小组，协调小组承担着 JMI 系统运行和改进系统运行状况等任务。在 JMI 实施的初期，协调小组要进行实施 JMI 的成本分析和经济效益衡量，拟订合作的协议框架，利用自己的沟通能力和专业知识，发现供应链中存在的问题，增进双方的协调，减少运作过程中的浪费，为提高 JMI 运行的效率提供长期支持。

完成如此繁重复杂工作的协调小组，需要小组成员具备过硬的业务水平、沟通能力、协调能力、解决突发事件的能力等，实施 JMI 之前就要广泛地在企业中发现人才，提高其积极性，如果企业无合适人才，就要外聘专家。

3) 企业领导层的全力支持

企业的高层领导者是企业战略的制定者,其对 JMI 的认同和支持程度直接影响到 JMI 的可行性及实施效果。JMI 的实施对企业和供应链都是一次战略性的调整,不可避免地会引起组织机构的变革与业务流程的重组,会牵涉到各方的利益。因此,JMI 的实施者应该被赋予较大的权利和优先权,如果没有企业领导层的全力支持,JMI 很难实施。然而,目前国内很多企业还没有意识到供应链整合的重要性,或者对供应链的理解只停留在对这一概念的了解而没有实施的动力或能力,这是我国企业特别是国有大中型企业实施 JMI 的主要障碍之一。

3. JMI 的实现形式

从实现机制层面上分析,JMI 在实际应用中,需要考虑三个方面的问题:

(1) 库存地点。

(2) 货物的所有权和管理权各归于哪方。

(3) 责任与风险如何分担。

基于以上三个问题,JMI 主要有四种实现形式:货存供方的 JMI 形式、货存需方的 JMI 形式、货存第三方的 JMI 形式、客户铺底的 JMI 形式。它们具有不同的适用范围。企业在实施 JMI 策略时,应当根据具体情况选择合理的实现形式,既可以单独采用某一种实现形式,也可以针对不同情况多种形式联合使用。不管选择何种形式,在供应链伙伴关系基础上建立有效的风险分担、利益共享合作机制是核心。

1) 货存供方的 JMI 形式

货存供方的 JMI 形式是需求方通过向供应方支付定金、预付货款或者提供保证金等形式,获得预定的某个时间的一定数量的货物所有权。但该批货物在当前并没有实际交付需求方,而是存放于供应方,由供应方负责管理。根据双方约定,需求方按照约定的提前期提出交付请求时,由供应商按照需求方的需求计划进行补给,并承担货物交付前和交付过程中所发生的质量、数量、交付期等风险。因此,这种实现形式在本质上是一种以所有权转移为基础的供应链委托代理,体现了所有权与管理权的相对分离。

在以下情况下,采用货存供方的 JMI 策略对双方具有明显的好处:

(1) 供需双方合作关系比较密切。

(2) 供应方的供应能力较强,产品质量稳定,市场环境平稳。

(3) 需求方在一定时期的总需求量比较明确,并且适合进行连续补给。

但在下列情况下,该实现形式并不具有优势,需求方应当建立合理的安全库存以应对需求:

(1) 距离远,每次批量较小,并且时间窗口狭窄,物流运作成本高。

(2) 需求计划不确定,并且时间窗口狭窄,供应方不能做到生产与供应的同步协调运作,不能及时保证对需求方进行联系补给。

(3) 供应方资源紧张和生产能力有限,或者市场环境不稳定,不能保证按计划准时供应。

2) 货存需方的 JMI 形式

货存需方的 JMI 形式是根据契约,供应方将货物存放于需求方,由双方或供应方负责货物的日常管理，按照需求方需求计划进行连续补给，在约定时间进行结算。供应方承担质量责任，需求方承担支付责任；库存中的自然毁损风险由双方约定承担，人为毁损风险由责任一方承担。这种形式有利于供应方采用定量订货方式，简化订货流程；供应方可以进行补库式生产，有效地规避生产过程中的"牛鞭效应"。但供应方会承担需求不足时的库存过量风险和需求方信用不足时的资金损失风险。对于需求方而言，便于实现按单定制化生产，及时满足顾客需求；需求方可以获得质量、成本、交付期的保证，避免质量责任风险和库存过量风险，但会承担因为供应方不确定性风险所导致的供应短缺。因此，如果需求方是供应方的主要客户，需求量比较稳定，且信用良好，那么通过建立货存需方机制对双方而言是一种良好的选择。

3) 货存第三方的 JMI 形式

货存第三方的 JMI 形式是供应方和需求方通过选择双方都认可的第三方作为纽带和协调者，管理双方供需关系的一种机制。从双方的角度上看，它实质上是一种业务外包形式。

在供应链管理活动中，两种情况会严重影响到供需双方的有效合作。一种情况是，处于供应链上游的供应商担心将货物交付给下游的需求方之后不能按时收款，甚至收不到款；处于下游的需求方担心在付款后不能按时收货，导致短缺，或者收到的货物在质量、数量、包装等方面不能满足要求。另一种情况是，由于需求方在供应链活动中往往居于主导地位，如果他们采用倒推方式计算供应货物数量，往往会人为增加供应方的损失。在这两种情况下，双方迫切需要一种机制来解决合作信任问题，货存第三方的 JMI 形式就是这种机制的良好表现形式。

4) 客户铺底的 JMI 形式

客户铺底的 JMI 形式是供应方通过对客户进行评价，选择市场能力强且信用良好的客户建立战略合作关系，将一定规模的货物以"铺底"的形式交付给客户进行管理和流通。在合作期间内，供应方免费将铺底货物提供给客户，客户则负责管理铺底货物，承担人为损失风险。

在销售管理活动中，企业并不能准确地知道其客户是谁，他们在哪里，他们什么时候需要多少产品。但是一旦客户需求确定了，那么留给供应方的时间窗口就非常狭窄。在这种不确定性的环境下，供应方为了满足客户需求，只能采取两种方式：一是在需求点设立库存，快速满足其不确定性需求；二是快速配送，满足其不确定性需求。无论采用何种方式，供应方都会遇到两个不能回避的问题：成本高、风险大。在这种情况下，供应方迫切需要一种机制来保证既能够满足客户需求，又能够使成本合理，使风险得到有效控制。客户铺底的 JMI 形式就是实现这种机制的一种良好选择。

本 章 小 结

本章首先介绍了库存的概念、分类及作用；其次，介绍了传统库存管理方法，分析了传统库存管理的缺陷；再次，介绍了供应链库存管理，并详细介绍了 VMI 的内涵、产生与发展及运作模式，以及 VMI 的实施；最后，介绍了联合库存管理，以及 JMI 的基本思想、产生、运作模式及实施。

配 套 实 训

1．制作商品条码标签，用制作好的标签模拟商品。

2．模拟商品采购入库流程：在 ERP 软件中录入入库商品信息，为入库商品分配货架号并完成上架存放。

课 后 习 题

一、填空题

1．库存是指处于_____的商品，即某段时间内持有的存货或是作为今后按预定的目的使用而处于闲置或非生产状态的物料。

2．一种"重要的少数和一般的多数"的理论，被广泛应用在社会学和经济学中，并被称为_____。

3．将库存物品按品种和占用资金的多少分为特别重要的库存(A 类)、一般重要的库存(B 类)和不重要的库存(C 类)，然后针对不同等级分别进行管理与控制，其核心是"_____，_____"。

4．越往供应链上游走，需求波动程度越大的现象，称为_____。

5．VMI 的基本内涵是客户将_____的代理权交由_____管理，由供应商代理行使库存的相关管理以及何时订货等决策的权利。

6．VMI 的历史可以追溯到_____的早期阶段，是针对零售商和供应商的有效合作提出来的_____。

7．在联合库存管理下，_____取消自己的产成品库存，而将库存直接设置到_____的原材料仓库中，_____不建立自己的库存，并由核心企业从成品库存直接送到用户手中。

8．单就供应链库存管理的要求来说，JMI 的产生主要源于_____的发展趋势。

二、简答题

1．简述库存的概念及作用。

2．简述传统库存管理的缺陷。

3．简述减少"牛鞭效应"的措施。

4．简述 VMI 的实施价值。

5．简述 JMI 的运作模式。

第 5 章　物　流　模　式

学 习 目 标

熟悉不同的物流模式；理解企业自营物流与第三方物流各自的优点、缺点及适用范围；了解第三方物流的产生背景、运作方式、种类，以及第三方物流服务关系的演变过程；理解第三方物流与传统对外委托的区别；掌握第三方物流的基本特征、服务内容，以及给电子商务企业带来的优势和潜在风险；重点掌握 C2C、B2C、B2B 三类电子商务物流的实现模式；掌握与第三方物流公司合作的四种形式；掌握查询物流包裹执行情况的四种方法；了解卖家发货前的注意事项；了解第三方物流公司与客户的关系。

5.1　不同的物流模式

5.1.1　第一方物流

第一方物流(first party logistics)也称为企业自营物流，是指物流配送的任务由生产商或者货物供应商自己来完成。其好处是生产商的利润在企业内部流动，不会依赖其他物流商，从整体上保证了公司的效益。一般而言，采取自营物流模式的企业大多是规模较大的集团公司，因为其拥有雄厚的资金和技术实力，可以建立庞大的物流配送中心与配送队伍。特别是连锁企业的配送，包括对内部各连锁门店的配送和对企业外部顾客的配送，基本上都是通过组建自己的配送系统来完成的。

5.1.2　第二方物流

第二方物流(second party logistics)是指将生产企业的销售物流转嫁给用户，在货物成交之后，销售商就没有了对货物运输的义务，由用户自己组织供应物流的形式。简而言之，就是用户自己负责将货物提回。

5.1.3　第三方物流

当企业自身对于物流管理不具备核心竞争优势时，特别是不具备自建物流配送体系的能力时，就会希望采取"对外委托"的方式，即将一部分或全部物流活动委托给外部专业物流企业来完成。由于供方被称为第一方，需方被称为第二方，因此将供方和需方以外的其他专门从事外包物流业务的物流企业称为第三方物流公司。第三方物流公司不参与商品供、需双方之间的商品买卖交易，而只承担从生产到销售过程中的物流业务，包括商品的包装、储存、运输、配送等一系列服务活动。

第三方物流(third party logistics，3PL/TPL)是指由商品的供方和需方以外的第三方物流公司提供物流服务的业务模式。对于大部分中小企业而言，由于人力、物力、财力所限，不可能具有如同大公司那样建立自己物流配送系统的能力，就算具有自建物流配送系统的实力，也与"轻资产战略"的战略思路不相匹配。同时，自建物流配送系统也未必做得专业，因此，如今越来越多的企业将物流业务"外包"给第三方物流公司去做，而将主要精力集中于主营业务上，以求获得供应链整体竞争实力的提升。

5.1.4　第四方物流

1．第四方物流的概念

第四方物流(fourth party logistics，4PL/FPL)最早是由安盛咨询公司提出来的。安盛咨询公司将其定义为："第四方物流是一个供应链的集成商，它对本公司内部和具有互补性的服务供应商(如第三方物流)所拥有的不同资源、能力和技术进行整合和管理，提供一整套供应链解决方案。"

2．第四方物流的产生背景——基于第三方物流的局限性

1) 第三方物流无法整合社会所有物流资源

第三方物流能节约物流成本，提高物流效率，但是在整合社会所有的物流资源以解决物流瓶颈、达到最大效率方面仍然力不从心。

2) 第三方物流公司各自为政，整体上难以达到最优

虽然从局部来看，第三方物流是高效率的，但从地区、国家的整体角度来说，第三方物流难以达到最优效应。

3) 第三方物流难以满足客户的综合要求

第三方物流通常缺乏客户所需的综合技能、集成技术、战略和全球扩展能力，难以满足其他的要求。为改变这样的困境，某些第三方物流提供商正采取步骤，通过与出色的服务提供商构筑联盟，来提高他们的技能。往往第三方物流提供商会与领先的咨询公司、技术提供商结盟。

而第四方物流的本质就是集成，依靠对第三方物流供应商、咨询公司和技术公司的组织和协调，对资源进行有效的整合，为客户提供独特并广泛的供应链解决方案，解决第三方物流的上述局限性，以保证供应链每个环节协同配合，真正帮助电子商务企业实现持续低成本的运作。

3．第四方物流的基本特点

1) 提供综合性的供应链解决方案

第四方物流通过对公司内部和具有互补性的服务提供商所拥有的不同资源、能力和技

术进行整合和管理，提供了一个综合性的供应链解决方案，可以有效地适应客户多样化和复杂的需求，集中所有资源为客户解决问题。

2) 供应链再建

第四方物流通过对本公司内部和具有互补性的服务供应商所拥有的不同资源、能力和技术进行整合和管理，重新评估选择供应链上的合作伙伴，进行供应链再建。供应链再建改变了供应链管理的传统模式，将商贸战略与供应链战略连成一线，创造性地重新设计了参与者之间的供应链，使其达到一体化标准。

3) 业务流程再造

第四方物流开展多功能、多流程的供应链业务，其范围远远超出传统外包运输管理和仓储运作的物流服务。企业可以把整条供应链全权交给第四方物流运作，第四方物流可为供应链功能或流程的全部提供完整的服务。

5.1.5　企业物流联盟

1. 企业物流联盟的概念

企业物流联盟(enterprise logistics alliance)指的是两个或两个以上的经济组织，为实现特定的物流目标而采取的长期联合与合作。物流联盟的意义在于物流联盟内的成员可以从其他成员那里分享其过剩的物流能力，使自己处于有战略意义的市场地位并获得卓越的管理能力等。例如，如果一家物流公司在运输设备、仓储、存货等方面具有较大的优势，但在订单处理、物流技术以及物流管理能力等方面比较欠缺，该物流公司就可以寻找在这些方面具有优势的伙伴来共同经营物流业务。建立一个物流战略联盟会使双方都受益。如 A 公司与 B 公司结成物流联盟，A 公司就可以共享使用 B 公司多余的仓库容积，B 公司也可以共享使用 A 公司过剩的运输能力。

2. 物流联盟的优势

1) 可以为物流合作伙伴节约相关交易费用

由于物流合作伙伴之间经常沟通与合作，可使得在寻找交易对象上所花的费用大为降低；提供个性化的物流服务建立起来的相互信任与承诺，可以减少各种履约的风险；物流契约一般签约时间比较长，可以通过协商来减少在服务过程中产生的冲突。

2) 可以通过寻找合适的合作伙伴，有效维持物流联盟的稳定性

出于自身利益的考虑，建立物流联盟的双方选择有效的长期合作是最优策略，双方可以充分依靠建立联盟机制协调形成的内部环境，减少交易的不确定性和交易频率，降低交易费用，实现双赢。

3) 有利于合作伙伴取长补短，共同发展

在物流联盟中，随着物流组织的发展，双方在供应链中的联系会进一步加深，双方开展持续、诚信的合作，可以相互取长补短，求得共同发展。而稳定、长期的合作会激励双方努力创造更大的共同利润，从而获得稳定的利润率。

3．物流联盟的组建方式

1）纵向一体化物流联盟

纵向一体化物流联盟是指上游企业和下游企业发挥各自的核心能力，发展良好的合作关系，从原材料采购到产品销售的全过程实施一体化紧密合作。

2）横向一体化物流联盟

横向一致化物流联盟是指由处于平行位置的几个物流企业结成联盟。横向一体化物流联盟可以弥补现有物流市场条块分割的现状。

3）混合模式

混合模式结合了以上两种方式的特点。该方式是以一家物流企业为核心，联合一家或几家处于平行位置的物流企业和处于上下游位置的中小物流企业组建形成的。这些物流企业通过签订联盟契约，共同采购、共同配送，构筑物流市场，形成相互信任、共担风险、共享收益的集约化物流伙伴关系。

5.1.6　企业自营物流与第三方物流的比较选择

企业自营物流适用的企业为：大型集团公司或连锁企业，物流对企业成功起到关键作用的企业，处理物流能力强的企业，对物流控制能力强、产品线单一的企业。其优点是：有利于企业供应、生产和销售的一体化作业，系统化程度相对较高。其缺点是：增加了投资负担，抵御市场风险能力弱；在配送规模小的情况下很难实现规模效应，成本较高；专业化程度较低。

第三方物流适用的企业为：自身处理物流业务能力较低的企业，物流对企业成功起到关键作用的企业。其优点是：企业可以集中精力于主营业务，减少固定资产投资，提供灵活多样的顾客服务。其缺点是：不能直接控制物流质量，不能保证供货的准确和及时，难以维护与客户的长期关系。

目前，京东物流是全球唯一拥有中小件、大件、冷链、B2B、跨境和众包(达达)六大物流网络的企业，凭借这六张大网在全球范围内的覆盖以及大数据、云计算、智能设备的应用，京东物流打造了一个从产品销量分析预测，到入库、出库，再到运输配送等各个环节无所不包、综合效率最优、算法最科学的智能供应链服务系统。

京东物流在全国运营超过 650 个仓库，25 座大型智能化物流中心"亚洲一号"，投用了全国首个 5G 智能物流园区。包含云仓在内，京东物流运营管理的仓储总面积达到 1600 万平方米。京东物流大件和中小件网络已实现大陆行政区县几乎 100%覆盖，自营配送服务覆盖了全国 99%的人口，90%以上的自营订单可以在 24 小时内送达，90%的区县可以实现 24 小时达。同时，京东物流着力推行战略级项目"青流计划"，从"环境(planet)"、"人文社会(people)"和"经济(profits)"三个方面，协同行业和社会力量共同关注人类的可持续发展。

围绕"短链、智能、共生"，京东物流坚持"体验为本、效率制胜、成本最优"，当前正携手社会各界共建全球智能供应链基础网络(GSSC)，打造供应链产业平台，为客户提供全供应链服务和技术解决方案，为消费者提供"有速度更有温度"的高品质物流服务。

5.2　第三方物流的核心理论知识

5.2.1　第三方物流的产生背景与运作方式

20 世纪 70 年代，第三方物流产生于美国。因其适应现代市场经济环境而得到迅速推广，如今在发达国家已成为主流的物流模式。

第三方物流的发展程度反映和体现着一个国家物流业发展的整体水平。西方国家的物流业发展证明，独立的第三方物流要占社会物流的 50%，物流产业才能真正形成。在欧洲该比例为 76%，在美国该比例为 58%，在日本该比例为 80%。而在中国使用第三方物流模式的企业仅占 22.2%，这与发达国家相比，还有很大的差距。

1．企业对第三方物流的需求

第三方物流的兴起首先是源于企业对于物流外包的需求，企业寻求物流外包有两大原因。

1) 降低运作成本

企业从事物流活动需要投入大量的资金以构建物流设施及购买物流设备，这对于缺乏资金的企业，特别是中小企业来说是沉重的负担。假如大部分企业都这么做，就会出现大量的重复建设，浪费宝贵的资源，企业单靠自己的力量降低物流费用存在很大的困难；同时，大量的物流投资会带来财务上的风险；企业的物流手段有限，无法承担诸如集装箱运输、铁路运输及国际间运输等活动。因此，从社会再生产的角度来看，多数企业对物流外包有高度的需求。

2) 提升核心竞争力

为了提升核心竞争力，企业应该把资源集中在自己的主营业务上，这样才能获取最大的效益。那些非主营业务应该寻求外包，才能获得最大的投资回报。大多数的制造企业和分销企业在物流方面没有优势，因此需要将物流业务外包出去，才能提升自身的核心竞争力。

2．第三方物流是社会分工细化和管理理念发展的产物

第三方物流是社会分工向细化发展的结果。在社会生产进一步分工和市场竞争加剧的形势下，当各企业纷纷将企业的资金、人力、物力集中到核心业务上，以期增强核心竞争力时，许多非核心业务也被分离出来，形成了许多具有专业职能的新行业，其中包括物流业。

第三方物流的产生也是新型管理理念发展的产物。随着信息技术特别是计算机技术和网络技术的快速发展，管理技术和思想的更新速度加快，产生了供应链、虚拟企业等一系列强调外部协作的新型管理理念，既增加了物流活动的复杂性，又对物流活动提出了诸如快速反应(QR)、有效客户管理(ECR)、零库存等更高要求。

3. 第三方物流的运作方式

供方通过合同或契约的方式，将其物流业务委托给专业物流公司，专业物流公司为需方提供物流服务，从而构成第三方物流。第三方物流的运作方式如图5-1所示。

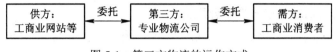

图 5-1 第三方物流的运作方式

5.2.2 第三方物流的基本特征

1. 第三方物流建立在现代信息技术基础之上

信息技术的发展是第三方物流的必要条件。电子数据交换技术(EDI)实现了数据的快速、准确、可靠传递；射频识别技术(RFID)提高了仓库管理、装卸运输、订货采购、订单处理和配送发货的自动化水平；电子资金转账技术(EFT)实现了资金快速支付。

2. 第三方物流是以合同为导向的物流服务

第三方物流提供物流服务，是以与委托人签订的正式合同为依据的，合同中明确规定了服务费用、期限及相互责任等事项，因此第三方物流又常称作"契约物流"或"外协物流"。但第三方物流有别于传统的外协物流，传统的外协物流只提供一项或若干项分散的物流服务，如运输公司只提供运输服务，仓储公司只提供仓储服务，第三方物流则根据合同条款的规定，依据客户的需求，提供多功能甚至全方位的综合性物流服务。

3. 第三方物流是个性化的物流服务

第三方物流服务的对象有限，但服务时间却比较长，根据双方的约定可以长达几年。第三方物流有别于公共的物流服务，它是按照客户的个性化需求来提供物流服务的，因而可以较好地提升客户的满意度。

5.2.3 第三方物流的服务内容

第三方物流公司根据合同条款的规定，提供全方位的物流服务。一般来说，第三方物流公司能够提供物流方案设计、仓库管理、运输管理、订单处理、产品回收、装卸搬运、物流信息系统、产品安装装配、报关等近30种物流服务。与传统的以运输合同为基础的运输企业相比，第三方物流公司在服务功能、客户关系、涉及范围、竞争优势、核心能力以及买方价值等方面，发生了巨大的变化。

5.2.4 第三方物流的种类

大多数第三方物流公司以传统的"类物流"业如仓储业、运输业、快递业、空运、海运、货代、公司物流部等为发展起点。

1. 以运输为基础的第三方物流公司

以运输为基础的第三方物流公司的主要优势在于能够利用母公司的运输资产扩充其运输功能，提供综合性的一整套物流服务。

2．以仓库和配送业务为基础的第三方物流公司

以仓库和配送业务为基础的第三方物流公司已介入存货管理、仓储与配送等物流活动。经验表明，基于设施的公司要比基于运输的公司更易于转换为综合性的物流服务企业。

3．以货代为基础的第三方物流公司

以货代为基础的第三方物流公司一般无资产，很独立，并与许多物流服务提供商有业务往来。它们具有把不同物流服务项目进行组合以满足客户需求的能力。如今，它们正从货运中间商角色转换为业务范围更广的第三方物流公司。

4．以托运人和管理为基础的第三方物流公司

以托运人和管理为基础的第三方物流公司具有管理母公司物流的经验，它们将物流专业的知识和一定的资源(如信息技术)用于第三方作业。

5．以财务或信息管理为基础的第三方物流公司

以财务或信息管理为基础的第三方物流公司是能够提供如运费支付、审计、成本监控、采购跟踪和存货管理等管理工具(如物流信息系统)的物流企业。

5.2.5　第三方物流给电子商务企业带来的优势

1．集中精力发展主营业务

由于采用第三方物流模式，企业可以将有限的人力、物力、财力集中于主营业务上，从而可优化资源配置，发挥优势，开发新产品，提升企业的核心竞争力。而将企业不擅长的物流作业环节委托给第三方物流公司去做，可以获得事半功倍的效果。

2．减少库存量，降低库存成本

为减少库存量，企业需要通过第三方物流公司完备的物流计划和适时的运送手段将库存的原料或配件(尤其是高价值的部件)及时送往装配地点，以减少库存成本。此举可以大大改善企业的现金流量，实现成本优势。

3．减少资金占压，降低总费用

有业内人士曾估算过自建物流的成本账，若将租赁厂房、传送带、货架、IT 系统、降温、电缆等全方位的投入都计算在内，每 1 万平方米的仓库大概需要 1000 万元的造价。而采用第三方物流模式就可以避免将大量资金投入在建设仓库、购买运输车辆、发货设施、包装器械以及雇佣人员等项目上，从而减少资金积压，这符合"轻资产"的战略思想，有利于企业选择更为灵活的运作方式。专业的第三方物流还可以充分发挥规模效应，利用规模生产的成本优势和专业优势，通过提高物流设施设备的利用率降低总费用。

4．提升企业形象

第三方物流公司与顾客之间是战略合作伙伴的关系。第三方物流公司通过全球信息网络帮助顾客改进服务，树立企业的品牌形象；通过"量体裁衣"式的设计，制定出以顾客为导向，低成本、高效率的物流方案，为企业在竞争中取胜创造有利的条件，提升企业形象。同时，优秀的第三方物流公司的品牌效应也会对合作企业的形象提升大有裨益。

5. 延伸服务

第三方物流公司提供的服务向上可以延伸到市场调查与预测、采购及订单处理；向下可以延伸到物流配送、物流资讯、物流方案的选择与规划、库存控制决策建议、货款回收与结算、教育与培训、物流系统设计与规划方案的制作等。例如，第三方物流公司可以根据物流中心商品进货、出货信息来预测未来一段时间内的商品进、出库数量，进而预测市场对商品的需求，从而对企业的订货做出指导。

5.2.6 第三方物流给电子商务企业带来的潜在风险

第三方物流像是一把双刃剑，在为电子商务企业带来优势的同时，也带来了一些潜在风险，主要有以下三点。

1. 企业对物流的控制能力降低

企业无法有效控制物流配送环节的服务质量，无法保证供货的准确和及时，无法参照标准的服务流程为企业的客户提供满意的服务，导致客户满意度下降。另外，由于外部服务商的存在，企业内部更容易出现相互推诿的局面。

2. 不利于维系客户关系

配送作为电子商务企业与客户联系的接触点，当电子商务企业通过第三方物流来完成商品的配送和售后服务时，同客户的直接联系就减少了，与客户的关系被削弱，不利于客户关系的维护。

3. 存在客户信息泄露的风险

对于企业来说，客户信息无疑是宝贵的财富，但由于第三方物流公司并不仅仅只与一个电子商务企业合作，因此存在有意或无意将客户信息透露给其他企业甚至是合作企业的竞争对手的可能。

5.2.7 第三方物流服务关系的演变过程

企业(生产型企业或流通型企业)与第三方物流公司的合作经历了如下的演变过程：

(1) 企业自身单独完成所有物流环节(即无外协阶段)。

(2) 将单项物流活动交由外部企业去做(即单项物流活动阶段)。

(3) 将多项活动交由外部企业去做(即多项活动(无整合)阶段和多项活动(整合)阶段)。

(4) 当企业发现外部合作带来的优势之后，尝试将所有活动(即所有活动(无整合)阶段)都交由外部企业去做。

(5) 随着企业与第三方物流公司希望建立长期、稳定的合作关系的共识的达成，双方的合作开始进入到真正意义上的第三方物流阶段。

第三方物流服务关系的演变过程如图 5-2 所示。

```
无外协——单项物流活动——多项活动(无整合)——多项活动(整合)
——所有活动(无整合)——第三方物流
```

图 5-2 第三方物流服务关系的演变过程

5.3　各种电子商务模式的物流运作

5.3.1　C2C 物流运作模式

物流配送是连接 C2C 电子商务平台用户的一个纽带，能否快速、及时、准确地让用户获得自己购买的商品是 C2C 电子商务平台上的卖家能否建立良好信誉和客户关系的基础和保证。

1. C2C 电子商务物流的特点

C2C 电子商务是在个人用户与个人用户之间进行的电子商务交易，买方对于卖方的信任度要低于 B2C 电子商务，因此可能希望更快收到货物以降低交易风险。

C2C 电子商务中的卖家面对的都是零散的个体顾客，商品定购的随机性和分散性往往导致配送的商品批量小、频率高。C2C 电子商务一般是点对点的物流，其特点是流动的方向杂乱、分散，无法发挥规模经济的优势，这就必然使得运输费用大为增加。而作为上游的个体卖家也没有实力去建立一个专门的物流配送体系，这使得各个体卖家往往借助于第三方物流公司来进行物流配送活动。

2. C2C 物流运作模式

C2C 网商大多选择第三方物流配送模式，依托多家物流公司向顾客送货。淘宝网就是典型代表。

第三方物流模式给卖家提供极大的选择自由，卖家可以通过如下方式选择第三方物流公司：

(1) 通过淘宝推荐物流在线下单。

(2) 在淘宝平台上自己联系物流发货。

(3) 通过类似于"快递 100"这样的专业物流代理平台搜索、比较、联系后在线下单。

(4) 有需要时临时联系物流公司要求其上门办理发货业务。

(5) 通过线下与物流公司签订合作协议，享受合同期限内的协议优惠价格。

5.3.2　B2C 物流运作模式

解决物流配送问题一直是 B2C 电子商务发展的关键。B2C 电子商务能够取得多大的成功很大程度上依赖于物流配送的质量，即能否按照客户的要求以较低的成本在正确的时间将正确数量的正确物品送到客户指定的地点。

1. B2C 电子商务物流的特点

B2C 电子商务是在企业与个人用户之间进行的电子商务交易。客户是独立分散的个人消费者，他们对商品需求数目较少且又分散，所购商品一般为低价小件商品，物流成本高且配送难度大。

2．B2C 物流运作模式

1）自营物流配送模式

自营物流配送模式是指 B2C 电子商务企业在网络消费者密集的地区设置仓储中心和配送点，B2C 电子商务网站在获知消费者的订单信息后，将消费者的购物清单和家庭住址等相关信息即刻传送到离消费者最近的配送点，然后由消费者所在地附近的配送中心或配送点配货并送货上门。有实力的 B2C 电子商务企业基本都倾向于自建物流配送体系，并且都支持货到付款及移动 POS 机刷卡支付的支付方式。货到付款的支付方式不仅满足了顾客既有的支付习惯，降低了交易风险，更重要的是还可成为企业接触并深入了解顾客的渠道。

截至 2018 年 6 月，自建物流的电商企业包括京东、苏宁、海尔、美的、国美、唯品会、洋码头、本来生活、易果生鲜、小红书等。自建物流的电商企业如图 5-3 所示。

公司/品牌名称	自建物流名称	成立时间/年
京东	京东物流	2007
苏宁	苏宁物流	1990
海尔	日日顺物流	1999
美的	安得物流	2000
国美	安迅物流	2012
唯品会	品骏快递	2013
洋码头	贝海国际速递	2010
本来生活	微特派快递	2011
易果生鲜	安鲜达	2015
小红书	REDelivery国际物流系统	2017

来源：公开资料查询2018年6月　　　　　　　　　　　　　亿欧（www.iyiou.com）

图 5-3　自建物流的电商企业

2）第三方物流配送模式

电子商务企业与第三方物流公司签订合作协议，根据消费者的网上购物清单和收货地址等相关信息，通过向第三方物流公司发出配送指令，最终由第三方物流公司将货品送达消费者手中。例如，著名的网上零售商亚马逊在美国是通过第三方物流公司 FedEx(美国联邦快递)及 DHL(中外运敦豪)为自己提供配送服务的，而在意大利、日本等其他分站，采用的也是依靠第三方物流公司进行配送的模式。2012 年 5 月，占据我国 B2C 购物网站市场份额最大的淘宝天猫商城就与包括申通、顺丰、圆通在内的九大快递企业达成了战略合作关系。

3）自营物流配送模式与第三方物流模式相结合

对于 B2C 企业而言，自营物流配送模式与第三方物流配送模式各有利弊，如果将两者结合起来则可以充分发挥两种模式的优势，扬长避短。因此，在 B2C 企业自建物流配送体系的同时，也会与第三方物流公司合作，进行物流模式的过渡或配送能力的补充。例如，京东在自建物流体系的同时，仍然保持着和第三方物流公司的合作。同样地，唯品会在与顺丰合作之前，也通过自营的品骏快递和中通快递共同完成订单配送。

4）与传统商业相结合的模式

B2C 电子商务应该与传统商业特别是连锁经营商业相结合，充分发挥两者的优势，实现资源共享、优势互补。有些连锁经营的商业具有较为高效的物流配送体系，有着得天独厚的资源优势，以及丰富合理的商品种类和高附加值的服务，这些都能够为 B2C 电子商务的发展提供良好的物流支持。

例如，由于有了苏宁这个既有平台，苏宁易购的物流体系搭建相比单纯的电商企业来讲容易了许多。苏宁从 2005 年开始投资几十亿元建成了 8 个大型物流基地和 193 个物流配送中心，这一物流网络被苏宁易购共享。其中，大家电配送共享苏宁电器原有的配送网络，实行本地化仓储配送；小件商品方面，利用苏宁易购自建的快递队伍及苏宁全国门店体系，进行全国范围的配送及自提服务。未来，苏宁最少要投资 150 亿元搭建整个苏宁的物流体系。实体门店与仓储配送体系的完善都将为苏宁易购提升竞争优势发挥巨大作用。

5) 共同配送模式

共同配送模式有助于企业之间形成优势互补、相互信任、共担风险、共享收益的物流合作伙伴关系。对于中小型 B2C 企业来说，联合投资兴建配送中心，实行共同配送，可以降低物流成本，实现物流配送的规模化效益，大幅度降低交易成本，实现 B2C 企业和消费者的双赢。

5.3.3　B2B 物流运作模式

1. B2B 电子商务物流的特点

B2B 电子商务是企业与企业之间进行的电子商务交易。B2B 电子商务物流呈现出单次配货量大、年配货总量稳定等特点。

2. B2B 物流运作模式

1) 自营物流配送模式

自营物流配送模式有助于 B2B 企业为其客户提供更个性化的物流服务，而且物流控制能力较强，但要求 B2B 企业有足够的资金和实力。因此，自营物流配送模式适合大型的 B2B 企业。例如，海尔物流几年来搭建的全球供应链资源网络、全球配送网络、投资过亿元的物流执行系统，外加运作海尔集团物料管理的经验和能力，都是海尔物流的竞争力所在，为海尔 B2B 业务的开展提供了有力的支持。2009 年 3 月 24 日，河北华联通过海尔网站的电子商务平台下单订购了 5 台商用空调，海尔物流采购部门和生产制造部门同时接到订单信息，通过计算机系统了解到负责生产制造的海尔商用空调事业部的缺料情况，采购部门与压缩机供应商在网上立即实行招投标工作，配送部门根据网上显示的配送清单 4 个小时之内及时送料到工位。3 月 31 日，海尔商用空调生产任务如期全部完成。

2) 第三方物流配送模式

参与 B2B 电子商务的企业一般规模较小，且中小型企业占了大多数。大多数企业没有过多的资金组建自己的物流配送队伍，同时电子商务全球性的特点使得电子商务业务遍布全球，更增添了物流配送的难度。因此，第三方物流成为我国解决 B2B 电子商务配送问题的主要物流模式。

例如，阿里巴巴是著名的 B2B 交易平台，其提供的物流服务主要是推荐一些第三方物流公司并提供在线下单服务，如中通快递、德邦物流、韵达快运都是入驻阿里巴巴平台的物流服务提供商。

3) 第四方物流

收货企业通过 B2B 电子商务网站选购商品后，由发货企业委托自己的第四方物流提供商实施接下来的物流操作。第四方物流提供商通过对客户配送要求、货物种类、数量、配送路线、时间要求等特点的分析，协调组织第三方物流供应商、咨询公司和技术公司等合作伙伴来具体实施配送。收货企业收到第三方物流送到的货物后，接收货物并给发货企业提供收货凭据。通过以上的配送方式，第四方物流为 B2B 电子商务企业提供了个性化、多样化的供应链解决方案。

第四方物流供应商从宏观角度对供应链进行协调，由于独立于电子商务企业和第三方物流公司，能够避免发生直接竞争的冲突，把咨询公司、第三方物流公司和技术公司整合在一起，通过自己的专业经验、信息资源、信息处理能力、现代化的技术设备，以及为客户所提供的增值服务使整个物流过程更有效、快捷和低成本，体现出电子商务的真正优势。

5.4　与第三方物流公司的合作形式

5.4.1　线下签订合作协议

电子商务已成为我国快递业发展的巨大推动力，有数据表明，仅 2008 年我国电子商务带动的包裹量就超过 5 亿件，全国快递业中占 1/3 的业务量是由电子商务牵动完成的。2012年，70%以上的网络购物都需要依靠快递，网络零售带动的业务量占快递总量的 50%以上。因此，第三方物流公司非常看重与网络卖家及电商企业的合作，韵达快递就专门推出了电子商务快递服务。

 **小链接**

韵达快递：电子商务快递服务让客户网购更舒心

随着网购客户群体的迅速发展壮大，买家的服务要求日趋细致和多样化，韵达快递不久前推出了电子商务快递服务。电子商务快递服务是指客户通过电子商务网站完成交易后产生的快件，由韵达快递全国服务网点提供专业的网购快件寄送的服务。此举旨在满足客户日趋细致和多样化的需求，为客户提供灵活周到的快递服务。

在业务程序上，韵达快递根据客户的产品运输需求完成快件分拣包装工作；实现商品订单和快递承运单信息自动打印，完成运单号与订单号的匹配；及时联系韵达快递服务网点，确保客户的快件安全及时地送到买家(收件人)手中，并获得有效签收；根据买家的各项服务要求，客户可以在承运单右下角的"备注栏"添加说明，以便为客户提供更加周到细致的服务。

此项服务可以通过韵达快递设在全国的所有服务网点实现。

韵达快递电子商务快递服务专业团队不仅为客户提供快递服务，还在全国各地建有仓储基地，可以为客户提供仓储管理、快件分拣包装管理、信息管理、快件管理工作，让客户安心、放心开网店。

(资料来源：新浪财经. 韵达快递：电子商务快递服务让客户网购更舒心. http://finance.sina.com.cn/roll/20130308/100714765268.shtml.)

在对第三方物流公司的资质进行考察后，可以选择一家与其签订合作协议，以期建立稳定的长期合作关系，并争取物流费用的降低。以下为某淘宝卖家与韵达快递签订的合作协议中有关合作单价的规定：

(1) 合作单价按照乙方提供的附件《韵达快递价格表》计费，如甲方每月发件量大于500件或总重量大于800公斤，乙方在此资费基础上按照首重0.5元、续重0.5元的标准降低单价(上述单价均未含发票税费)。

(2) 甲方支付给乙方的快递按月结算。每月3号前将上月的快递费全部结算给乙方。

(3) 甲方连续两个月发件量总金额小于1500元/月，将由月结算更改为现金结算。

5.4.2　通过淘宝推荐物流在线下单

在推荐物流尚未推出之前，淘宝卖家都是自己与物流公司联系，商谈合作条件及邮资的优惠折扣。这样的口头协议和松散的合作方式，对货物的委托方没有基本的安全承诺与赔付保障。因此，一些诚信度不高的店主，在货物出现损毁和丢失的情况下，往往推卸责任，把风险转嫁给买家，同时也给自己带来了引致交易纠纷的潜在隐患。更为重要的是，物流服务的滞后还严重地阻碍了电子商务的进一步发展。为了解决物流给买卖双方带来的困扰，淘宝网推出了"推荐物流"。由淘宝牵头，通过挑选一些有实力、口碑良好的物流公司，与其签订合作协议，为淘宝卖家争取到最优惠的运费价格和最周到的服务。

1. 淘宝推荐物流

淘宝推荐物流即淘宝与物流公司签约，签约的物流公司进入淘宝的推荐物流列表，这些物流公司就可以直接通过淘宝对接的信息平台来接收用户的订单。淘宝推荐物流是淘宝为方便卖家发货与物流公司合作而推出的一项网上联系物流公司下单发货的服务。相比卖家自行联系的物流发货，推荐物流的价格更优惠，同时还可以节省与物流公司联系的电话费用。

与淘宝推荐物流合作的第三方物流公司有：顺丰速运、宅急送、联邦快递、黑猫宅急便、快捷速递、申通速递、圆通速递、中通速递、汇通快运、韵达快运、海航天天快递、优速物流、北京全峰、港中能达、联昊通、新邦物流、德邦物流、佳吉快运、龙邦物流、鑫飞鸿快递、亚风速递、天地华宇及中国邮政。

与淘宝推荐物流合作，同时支持COD(货到付款)业务的第三方物流公司有：顺丰速运、宅急送、联邦快递、黑猫宅急便(仅限上海地区)及快捷速递。

2. 使用推荐物流的优势

只有通过淘宝网在线发送的订单，才能称为推荐物流。与自己联系物流公司相比，广大的淘宝卖家更愿意使用推荐物流基于如下理由。

1) 联系更方便

卖家可以通过网络直接联系推荐物流企业的在线客服，无需打电话，从而实现真正的全部网上操作。

2) 价格更优惠

卖家可以使用协议最低价与推荐物流企业结算物流费用。

3) 赔付条件更优惠

淘宝已与推荐物流企业协商，制定了非常优惠的赔付条款。

4) 赔付处理更及时

淘宝监控并督促推荐物流企业对于投诉和索赔的处理。用户与推荐物流企业之间的理赔受到支付宝监督，如货物遗失、破损等，支付宝可以协助用户与推荐物流企业联系，直至办理好理赔手续。

5) 订单跟踪更便捷

使用推荐物流网上下单，卖家和买家都可以随时、方便地跟踪查询订单的执行情况。

6) 可享受批量发货功能

卖家可以一次性将多条物流订单发送给推荐物流企业，简化下单操作流程。

7) 可享受批量确认功能

使用推荐物流发货的交易，卖家可以一次性将多笔订单的交易状态设置为“卖家已发货”。在买家签收 3 天后，若买家没有确认收货，支付宝则凭借推荐物流企业确认的签收信息直接打款给卖家。

8) 可享受阿里旺旺在线客服的尊贵服务

推荐物流企业的在线客服可以即时回复卖家的咨询，解答疑惑，处理投诉。同时在支付宝社区的推荐物流专区内，还有提供在线解答咨询和问题受理服务。

9) 大客户额外享受特别的定制服务

若卖家的日发货量超百单，还可以享受推荐物流企业为其提供的特别定制服务。

10) 避免卖家信用受损

对于买家由于推荐物流的原因给予卖家的中、差评，卖家可以与淘宝网联系，申请删除。

此外，淘宝推荐物流还提供如下增值服务：

(1) 买家在收到货时，可在签收前打开包装验货(目前宅急送除外)。

(2) 快递公司保障收件人本人或受委托的第三人的签收，因签收人错误造成的货物丢失将由快递公司全额赔偿(目前宅急送除外)。

(3) 快递公司对于未保价的货物遗失，将进行全额赔偿(最高赔偿 1500 元)。

3. 淘宝网店的订单发货流程

淘宝网店的订单发货流程为：进入“千牛卖家中心”，在“交易管理”中点击“已卖出的宝贝”(或者在“物流管理”中点击“发货”)，可以看到买家已下的订单。订单状况各不相同，有“等待买家付款”和“买家已付款”两种状态。淘宝网店“已卖出的宝贝”界面如图 5-4 所示。

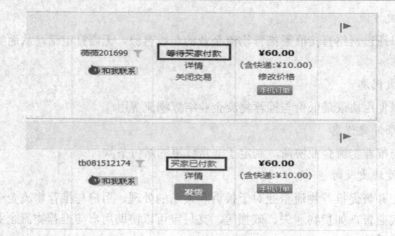

图 5-4　淘宝网店"已卖出的宝贝"界面

在"买家已付款"订单上点击"发货"(如图 5-5 所示)，可以选择在线下单、自己联系物流、无纸化发货、无需物流等四种发货方式(如图 5-6 所示)。

图 5-5　买家已付款订单—发货

第三步　选择物流服务　什么是上门取件（您交易发生的地区支持以下物流方式）过去三个月中，派送过此收货地址的物流公司列表					
在线下单 自己联系物流 无纸化发货 无需物流					
◉快递 　○货运	重量：□□公斤 **计算运费**			快递公司排序依据：**菜鸟快递指数**⑦	
您选择上门取件还将享受2小时快递发货。什么是上门取件？					
预约日期：□□□□　预约时段：起始时间▼至终止时间▼(可选)					
公司名称	活动	最高限价(首重/续重)	丢失(损毁)赔付	破损赔付	操作
❶圆通速递 揽收时段：08:30 - 17:30		小于1.0公斤：10.0元 每加1.0公斤：8.0元			选择
❷韵达快递 揽收时段：09:00 - 19:00		小于1.0公斤：10.0元 每加1.0公斤：8.0元			选择
❸天天快递 揽收时段：08:00 - 18:00		小于1.0公斤：14.0元 每加1.0公斤：10.0元	无保价<=1000元保价 [1%] 详情	无保价<=300元保价 [1%] 详情	选择
顺丰速运📷 揽收时段：08:00 - 21:00		小于1.0公斤：22.0元 每加1.0公斤：6.0元	保价[5‰]< = 20000； 无保价[6倍运费] 详情	保价[5‰]< = 20000； 无保价[3倍运费] 详情	选择
百世快递 揽收时段：08:00 - 18:00		小于公斤：10.0元 每加公斤：元			选择
申通快递 揽收时段：8:00 - 21:00		小于1.0公斤：10.0元 每加1.0公斤：8.0元			选择
中通快递 揽收时段：09:00 - 18:00		小于10.0公斤：元 每加5.0公斤：元			选择
优速快递📷 揽收时段：08:00 - 17:30		小于公斤：12.0元 每加公斤：3.0元	赔付情况 详情	赔付情况 详情	选择

图 5-6　在线下单

"在线下单"包括快递和货运两种方式。淘宝支持的快递公司有圆通快递、韵达快递、天天快递、顺丰速运、百世快递、申通快递、中通快递、优速快递、EMS、宅急送、国通快递、快捷快递、EMS 经济快递、全峰快递、德邦快递、速尔快运等 18 家。淘宝支持的货运公司有城市之星、盛辉物流、佳吉快运、天地华宇、中通快运、安能物流、百世物流、壹米滴答、德邦物流、中铁物流等 10 家。

"无纸化发货"是指无需手写或打印面单，自动获取单号，实现一键发货。首先需要配置合作关系：获得快递员二维码，用千牛手机端扫一扫，核对快递员信息和发货地，即可绑定合作关系。绑定完成后，点击要发货的订单，点击"无纸化发货"，在下拉框选择要使用的快递公司/快递员，点击发货，将发件码书写在包裹上即可。无纸化发货如图 5-7 所示。

图 5-7　无纸化发货

如果物品(如虚拟产品)无需物流运送或者买卖双方协商同城交易(卖家送货上门或买方同城自取)，那么就可以点击"无需物流"，点击"确定"即可完成发货，如图 5-8 及图 5-9所示。

图 5-8　无需物流

图 5-9　物流信息(无需物流发货方式)

另外，还可以选择"上门取件"。点击"上门取件"，可以享受 2 小时内快速发货。上门取件的特点如下：由菜鸟官方统一定价，快速赔付售后无忧；2 小时内上门，发货快，生意好还可免收上门费；一键呼叫，签单免手写，自动回传运单号；全天 24 小时支持预约不收附加费；服务区域已覆盖全国 30 个城市。具体操作流程为：进入"千牛卖家中心"，在"交易管理"中点击"已卖出的宝贝"(或者在"物流管理"中点击"发货")；选择"上门取件"，确认收货信息、发货信息，按照"物流服务—在线下单—上门取件"的路径逐次点击；选择上门时间，点击"确认下单"按钮，即可轻松完成发货操作，坐等快递员上门，无需收取上门费。

5.4.3　通过淘宝卖家专业软件辅助发货

对于订单量较大的淘宝卖家来说，如果每处理一个订单都要逐个选择物流公司，逐个点击发货，那么效率是非常低的。现在许多卖家都采用了一些专业的软件以方便操作发货流程。这些软件可以在淘宝卖家服务(http://fuwu.taobao.com/)中进行搜索、下载。

极速软件是一款受许多淘宝卖家欢迎的发货单、快递单打印软件。它的主要功能有：API 对接，下载订单，分省份自动识别快递，批量打印时自动生成快递单号，批量发货，自动短信通知买家收货，批量插旗备注单号快递，自动分单等。

极速软件的操作步骤为：

步骤 1：选择淘宝店铺，点击"下载订单"，将"已付款订单"下载下来。极速软件的下载订单功能如图 5-10 所示。

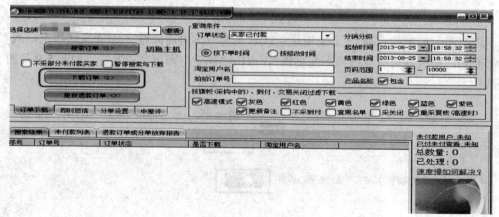

图 5-10　极速软件的下载订单功能

步骤2：订单下载完毕后，点击"自动发货"，即可完成发货操作。极速软件的自动发货功能如图5-11所示。

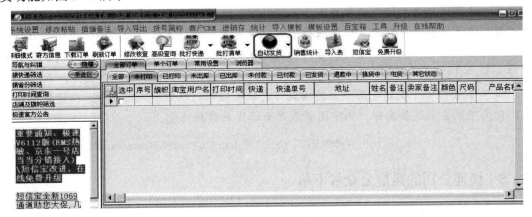

图5-11 极速软件的自动发货功能

5.4.4 通过综合性快递物流服务网站比较选择第三方物流公司

综合性快递物流服务网站的优势如下：集合了众多物流公司的信息资源；可以提供一站式的查询、搜索、比较选择，以及与物流公司联系及在线下单服务；让卖家更为方便、快捷地选择合适的物流公司并可以随时在线跟踪运单，提升物流环节的卖家体验。

小链接

快递 100

快递 100(http://www.kuaidi100.com/)(如图5-12)是中国领先的快递物流信息服务商，是国家高新技术企业、新基建代表企业。

图5-12 快递100首页截图

　　基于金蝶集团 27 年的积淀，快递 100 自 2015 年开始独立发展，通过自主研发、持续创新，依托技术驱动产业进步，积累了独具优势的技术资产与海量数据，搭建了面向企业、消费者、快递业的信息服务平台与运力协同平台。快递 100 专注于快递物流领域，洞察全产业链，秉承开放共享理念。信息服务平台能够有效提升物流信息化水平，赋能企业物流管理，为客户提供专业、可靠的服务，实现互联互通互动；运力协同平台提供高效智能的解决方案，让快递物流企业在经营中降本增效、集约共享，强化市场竞争能力。

　　快递 100 致力于构建中国最大的物流信息服务枢纽，以创新促进变革，以连接创造价值，助力中国企业连接全球，为中国新基建全球发展贡献力量。

（资料来源：快递 100. http://m.kuaidi100.com/about/?ivk_sa=1023231z.）

5.4.5　快递公司的微信公众号下单

　　快递公司的微信公众号下单操作方式为：关注快递公司的微信公众号，点击"寄快递"，输入收件人及寄件人信息，选择物品类型，即可下单。顺丰速运公众号如图 5-13 所示，中通快递公众号如图 5-14 所示，顺丰速运微信公众号下单操作如图 5-15 所示。

图 5-13　顺丰速运公众号

图 5-14　中通快递公众号

图 5-15　顺丰速运微信公众号下单操作

5.4.6　快递柜寄快递

在此以丰巢智能柜为例，简介快递柜寄快递的相关操作。使用丰巢智能柜寄快速的操作方式为：

(1) 关注丰巢智能柜微信公众号，点击"下单"，点击"寄快递"，填写寄件人联系方式、收件人联系方式，选择附件的丰巢智能柜，选择快递公司，选择物品类型，勾选同意《丰巢寄件服务条款》，点击"下单"，提示"下单成功"和寄件码。

(2) 在丰巢智能柜上，点击"寄快递"，输入寄件码，弹出订单信息，选择柜格大小，扫码支付，支付完成后，柜门自动打开，放入物品，盖上柜门，系统提示寄件成功，等待快递员取件。丰巢智能柜寄件操作如图 5-16 所示。

图 5-16　丰巢智能柜寄件操作

5.5　查询物流包裹执行情况

美国联邦快递曾在 1995 年获得全球网络营销大奖，其得奖原因就是在官方网站上增加了物流包裹的查询功能。它将自己的官方网站的首页设置成 24 小时客户查询系统，使用者只要输入包裹号码，就可以立即在网络上查出目前包裹所在位置，以及未来可能到达的时间。同时，联邦快递还提供免费软件让顾客下载使用，这些软件可以方便顾客在家中处理包裹。第 2 章提到，实时查询物流包裹的执行情况需要用到的物流信息技术包括 EDI 技术、条形码扫描技术、GPS 全球定位系统等。如今，人们已有多种方式可以实时查询到物流包裹的执行情况，这就大大方便了买卖双方，增加了信息的透明度，提升了客户的满意度。

5.5.1 查询淘宝订单的执行情况

淘宝订单可以通过淘宝提供的物流查询功能进行查询。查询路径为："我的淘宝—已买到的宝贝"，选择某个订单，点击"查看物流"。具体操作如图 5-17 所示。

图 5-17 查看淘宝订单物流情况

物流动态查询结果如图 5-18 所示。

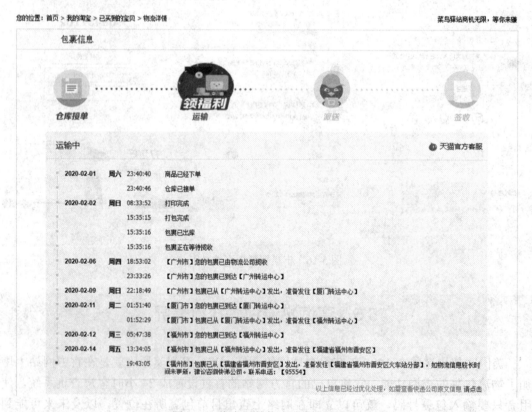

图 5-18 淘宝订单物流动态查询结果

5.5.2 通过百度进行查询

通过百度查询快递的操作方法为：在百度搜索框中输入"快递"，得出如图 5-19 所示的快递 100 的快递查询链接，选择快递公司，输入快递单号，点击"查询"。

图 5-19　通过百度查快递的操作方法

5.5.3　通过快递公司官方网站进行查询

在快递公司官方网站查询快递的操作方法为：登录快递公司官方网站，在官网首页上输入运单号，点击查询。圆通速递官方网站运单号查询界面如图 5-20 所示。

图 5-20　圆通速递官方网站运单号查询界面

通过上述两种操作得到的查询结果如图 5-21 所示。

图 5-21 运单执行情况查询结果

5.5.4 通过综合性快递物流服务网站进行查询

以快递 100 为例，点击"查快递"，在查询框中输入运单号，点击"查询"。快递 100 的查快递功能界面如图 5-22 所示。

图 5-22 快递 100 的查快递功能界面

快递 100 的快件执行情况查询结果如图 5-23 所示。快递 100 还提供了订阅、分享、打印查询结果、手机绑定等功能，还可以通过微信扫一扫，实时跟踪物流更新信息。

图 5-23 快递 100 的快件执行情况查询结果界面

5.6 卖家发货前的注意事项

如今，网络购物非常强调用户体验。许多卖家在包裹中附上精美的包装袋、新颖有趣的赠品、店主精心设计的印刷或手写的感谢信、退换货保障卡、店铺名片等，这些都是为了让买家充分体会到卖家的细心和浓浓的情意。当然，买家满意的重要前提必定是收到的商品必须完好无损，因此商品的打包环节至关重要。

5.6.1 包装材料的选择

常见的包装主要有纸箱、一次性塑料快递袋、木箱、PVC 管材等。

1. 纸箱

纸箱几乎可以作为所有商品的外包装。纸箱有各种尺寸，可以适用于不同形状、大小的商品。纸箱的购买成本虽然是包装材料里较高的，但其防护作用较好。纸箱如图 5-24 所示。

2. 一次性塑料快递袋

快递公司提供的一次性塑料快递袋是最常用的包装材料，大部分不易损坏的商品都可以使用一次性塑料快递袋进行包装。如服装、书籍等。一次性塑料快递袋如图 5-25 所示。

图 5-24　纸箱

图 5-25　一次性塑料快递袋

3. 木箱

木箱适用于包装重量较大，而且对防震要求又很高的商品。如家用电器等。木箱如图 5-26 所示。

4. PVC 管材

PVC 管材适用于包装类似于书画作品等的特殊商品。管材的圆筒外形和 PVC 的硬度可以保证书画作品不被折压。PVC 管材如图 5-27 所示。

图 5-26　木箱

图 5-27　PVC 管材

5.6.2　隔离防震的设计

隔离防震也是非常重要的。比如，在网上销售奶粉的卖家，就会对奶粉进行多层包装，每罐奶粉用气泡膜、珍珠棉等单独包装，外加多层纸箱，纸箱空隙填充报纸团、珍珠棉等，以防止奶粉在运输过程中出现"爆罐"现象。

以纸箱为例，在纸箱和货物之间放置一些填充物，目的是给货物多一层保护，使货物在运输过程中固定在纸箱里的相应位置，降低因长途运输导致的货物损坏的可能性，提高货物的安全性。需要注意的是：打包时应选择比货物外形尺寸稍大的纸箱，以便放置填充物；同时应选择体积大、重量轻的填充物，如报纸团、海绵、白色硬泡沫、气泡膜、珍珠棉等。气泡膜如图 5-28 所示。珍珠棉如图 5-29 所示。

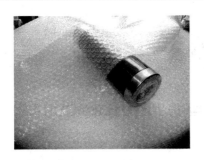

图 5-28　气泡膜

图 5-29　珍珠棉

5.6.3　货物打包原则

1．预留空隙

货物和纸箱内壁的四周应预留 3 cm 左右的空隙，并用填充物将商品固定好，以达到隔离和防震的目的。

2．填满空隙

在商品和纸箱之间的预留空隙中塞满填充物，使纸箱的任何一个角度都能经得起外力的冲撞。

3．封好边缝

打包时要用胶带密封好纸箱的所有边缝，这样既可以防止特殊商品泄漏和液体侵入，还可以起到一定的防盗作用。

4．张贴封条

最后可以在纸箱封口处张贴防盗封条，这样可对收货人起到一定的警示作用。若发现防盗封条破损，则表示包裹被人拆开过，这时收货人就应该打开包裹，仔细检查包裹里的物品是否完好。防盗封条可以自行制作，也可在淘宝网上购买。

本 章 小 结

本章首先介绍了不同的物流模式，并对其中最常采用的两种模式即企业自营物流与第三方物流各自的优点、缺点及适用范围进行了比较；其次，介绍了第三方物流的产生背景、运作方式及其与传统对外委托的区别、基本特征、服务内容、种类，以及给电子商务企业带来的优势和潜在风险、第三方物流服务关系的演变过程；再次，分析了 C2C、B2C、B2B 三类电子商务模式的物流运作；之后，介绍了与第三方物流公司的合作形式，即线下签订合作协议，通过淘宝推荐物流在线下单，通过淘宝卖家专业软件辅助发货，通过综合性快递物流服务网站比较选择第三方物流公司；最后，介绍了查询物流包裹执行情况的几种方法，介绍了发货前的注意事项，即包装材料的选择、隔离防震的设计、打包原则等。

讨 论 案 例

上海友谊集团物流有限公司为联合利华提供的个性化物流服务

上海友谊集团物流有限公司(以下简称友谊物流)是由原上海商业储运公司分离、改制而来的。公司的主要物流基地地处杨浦区复兴岛,占地面积为15.1万平方米,库房面积为8万平方米,卡车及货柜车有200辆,设施齐全,交通便捷,距杨浦货运站1.5公里。公司拥有一支近500人的专业技术队伍,长期储存国家重点储备物资和各类日用消费品,积累了近五十年的物流管理的丰富经验。20世纪90年代初,友谊物流为跨国公司联合利华提供了专业的物流服务,并与其建立了良好的物流合作关系。如今,友谊物流已与联合利华建立了长期、稳定的合作伙伴关系。

合作的过程中,友谊物流为联合利华提供了个性化的物流服务,具体做法如下。

1. 改变作业时间

由于联合利华采用JIT(准时制生产方式),要求实现"零库存"管理,不能提前也不能推迟。提前将造成车间原料积压,影响生产;推迟将使车间流水线因原料短缺而停产。因此,友谊物流改革了传统储运的惯例,实施24 h作业制和双休日轮休制,以此满足市场和客户对物流服务的需求,保证了全天候物流服务。

2. 更改作业方式

友谊物流根据不同的商品、流向及需求对象,实行不同的作业方式。

在商品入库这一环节,针对联合利华公司内部无仓库的特点,友谊物流采取了两条措施来确保其商品迅速及时地入库。

商品出库是仓库保管与运输配送两个业务部门之间在现场交接商品的作业,交接优劣直接影响到商品送达商店(中转仓)的时效性和正确性。为了提高车辆的满载率,将几十种品种进行组配成套装车,送入市内,邻近地区需要的产品采用货车并以商店为单位组合装车,而对于发往中转仓的商品,采用集装箱运输。

3. 仓库重新布局

在商品布局上,友谊物流将联合利华的储备库、配销库分离。储备库储存的物资包括各种原料、半成品、广告促销品、包装材料、退货品等,配销库则按商品大类进行分区、分类管理。

4. 商品在库管理

友谊物流对联合利华的所有在库商品实施批号、项目号管理,确保商品的先进先出,保持商品的较长保质期,确保库存商品质量安全,最大限度地保护消费者的利益。

5. 流通加工

根据市场需要和购销企业的要求,对储存保管的一些商品进行再加工包装,以满足市场需要,提高商品附加值。流通加工作业在物流企业内进行,以最大限度地集中需要加工的商品,从而节省人力和时间成本。

6. 信息服务

友谊物流及时将库存信息传送给联合利华，使联合利华能够随时了解销售情况及库存动态。

7. 退货整理

退货与坏货作业是物流企业对客户的后续服务。友谊物流不断借鉴国外先进经验，两年来，组织人员进行整理、分类，对选拣出来无质量问题的商品，重新打包成箱，并将坏货选拣出来，以便集中处理。另外，友谊物流设立了退货整理仓，解除了顾客对能否退货的后顾之忧，改善了供求关系，同时也提高了供应商成品的完好率。

8. 为客户提供个性化的服务

物流需求方的业务流程各不一样，一项独特的物流服务能给客户带来高效、可靠的物流支持，使客户在市场中具有特别的竞争优势。友谊物流是通过向客户提供个性化的服务，使客户满意而获得成功的。

如今，联合利华生产出来的产品，下了生产线以后全部外包给友谊物流，包括储运、盘点、货物的流通加工(如消毒、清洁、礼品和促销包装、贴标签、热塑封口等)。从而联合利华就可以集中精力来做新产品开发、扩大市场网络等工作。

友谊物流提供 24 h 发货信息的联网服务，顾客可随时上网查询货物所在的地点。友谊物流还与联合利华的休息时间一致，保持全天候储运，顾客的需求就是工作的出发点，顾客的满意就是工作的终结点。

友谊物流为了降低运输成本，还采用了一种公交车的方式，用户可以随时装货、卸货。这种公交车方式能够提高满载率，按照客户的分布对物流路线进行策划，从而降低了物流成本。

(资料来源：联合利华物流外包上海友谊[J]. 中国包装工业, 2008(6): 23.)

根据材料思考以下问题：

1. 联合利华的生产特色对其物流管理有哪些要求？

2. 为了对联合利华进行个性化服务，友谊物流在哪些方面进行了怎样的改革？这些改革是如何满足联合利华的要求的？

配 套 实 训

1. 根据商品的重量、价格、类型等信息进行物流方案查询。

2. 针对不同商品的类型及不同国家和地区的物流规则在电商平台后台设置物流运费模板。

3. 选择适合的物流服务商进行线上发货操作。

课 后 习 题

一、名词解释

1. 第一方物流　　2. 第二方物流　　3. 第三方物流　　4. 第四方物流

5. 企业物流联盟　　6. 淘宝推荐物流　　7. COD

二、简答题

1. 简述企业自营物流与第三方物流各自的优点、缺点和适用范围。
2. 简述第三方物流的基本特点。
3. 简述第三方物流的服务内容。
4. 简述 C2C 电子商务物流的实现模式。
5. 简述 B2C 电子商务物流的实现模式。
6. 简述 B2B 电子商务物流的实现模式。
7. 电子商务企业与第三方物流公司的合作形式有哪些？

三、案例分析题

FIR 公司在按时交付其电脑和工作站时存在着很大的问题。客户们常常是订货后要等待几个星期，FIR 公司才把产品送上门，导致客户大量流失。为提高公司物流配送效率，FIR 公司决定关闭其在全世界的 23 个配送中心，将物流配送工作移交给快递公司和其他专业物流公司。此后，FIR 公司的产品配送得到了极大的改善。

(1) FIR 公司前后分别采取了怎样的物流模式？
(2) 分析 FIR 公司采取的后一种物流模式可能为其带来的优势及潜在风险。

第6章 供应链管理

学习目标

掌握供应链的概念及供应链管理的概念、特点与作用，了解供应链管理的发展趋势；掌握供应链管理的快速反应策略和有效客户反应策略，了解这两种策略的异同；掌握供应链管理的实施步骤；了解供应链的再造；了解虚拟供应链的概念、分类、特点及构建。

6.1 供应链管理概述

6.1.1 供应链的概念

供应链(supply chain)最早来源于彼得·德鲁克提出的经济链，而后经由迈克尔·波特发展成为价值链，最终日渐演变为供应链。那么什么是供应链呢？它的定义为："围绕核心企业，通过对信息流、物流、资金流的控制，从采购原材料开始，制成中间产品及最终产品，最后由销售网络把产品送到消费者手中。它是将供应商、制造商、分销商、零售商、直到最终用户连成一个整体的功能网链模式"。因此，一条完整的供应链应包括供应商(原材料供应商或零配件供应商)、制造商(加工厂或装配厂)、分销商(代理商或批发商)、零售商(大卖场、百货商店、超市、专卖店、便利店和杂货店等)以及消费者。

从中可以看到，供应链是一个范围更广的企业机构模式。它不仅是联接供应商到用户的物料链、信息链、资金链，同时更为重要的是，它也是一条增值链。因为物料在供应链上进行了加工、包装、运输等过程而增加了其价值，从而给这条链上的相关企业带来了收益。这种增值很关键，它是维系这条供应链赖以存在的基础。如果没有创造额外的价值，相关企业没有得到应有的回报，这条链就无法继续运转。

所谓供应链，其实就是由供应商、制造商、仓库、配送中心和渠道商等构成的物流网络。同一企业可能构成这个网络的不同组成节点，但更多的情况下是由不同的企业构成这个网络中的不同节点。比如，在某个供应链中，同一企业可能既在制造商、仓库节点，又在配送中心节点等占有位置。在分工愈细、专业要求愈高的供应链中，不同节点基本上由不同的企业组成。在供应链各成员单位间流动的原材料、在制品库存和产成品等就构成了供应链上的货物流。

6.1.2　供应链管理的概念

供应链管理产生于 20 世纪 90 年代的欧美国家，它是物流管理逐步发展的产物，但与物流管理有很大的不同。物流概念起源于 1912 年美国学者肖(Shaw)的《市场流通中的若干问题》一书，肖将物质资料从供给者到需求者之间的物理性运动界定为物流。1922 年克拉克(Clark)在《市场营销的原则》一书中开始把物流这一概念作为企业经营的一个要素加以研究。

二战期间，军队后勤管理的兴起对物流管理的发展起到了非常重要的推动作用，战后逐步形成了区别于军队后勤管理学的商业物流理论，其意侧重指合理有效地组织商品的供应、保管、运输、配送。20 世纪 80 年代中期，伴随着经济全球化和信息技术的发展，特别是 JIT(准时制生产方式)的出现，物流管理开始关注顾客需求，从单纯管理货物物理空间的转移发展到注重环节间信息共享和规划。20 世纪 90 年代，各种新技术在物流实践中的应用刺激着物流管理理论的研究向更高层次升华。学术界开始认识到，为了充分满足顾客的需求，不仅对物流，还应对资金流、信息流、工作流等进行协调，并且这种协调仅在企业内部是不够的，必须在供应商、生产企业、批发商、零售商和最终用户形成的供应链上密切合作，通过所有市场参与者的共同努力才能达到生产流通全过程效率的提高。Reiter(1996)借鉴波特价值链和 Martin 价值流概念定义供应链为运作实体的网络，通过这一网络组织将产品或服务传递到特定的顾客市场。

1998 年美国物流管理协会开始将物流定义为供应链活动的一部分，成为物流管理向供应链管理发展的开端。2001 年美国物流管理协会进一步修订物流的定义，明确将物流管理纳入到供应链管理的范畴。随着对现代物流管理和供应链管理认识的不断深化，美国物流管理协会于 2005 年初将协会的名称改为美国供应链管理协会，并颁布了最新的供应链管理的定义，即供应链管理是指对涉及采购、外包、转化等过程的全部计划及管理活动和全部物流管理活动。这一举动说明供应链管理这种全新的概念已完全取代并吸收了传统的物流管理概念。

今天的市场是买方市场，也是竞争日益激烈的全球化市场。企业要想在市场上生存，除了要努力提高产品的质量之外，还要对其在市场的活动采取更加先进、更有效率的管理运作方式。供应链管理就是在这样的现实情况下出现的。很多学者对供应链管理给出了定义，在诸多定义中比较全面的一条是：供应链管理是以市场和客户需求为导向，在核心企业协调下，本着共赢原则，以提高竞争力、市场占有率、客户满意度、获取最大利润为目标，以协同商务、协同竞争为商业运作模式，通过运用现代企业管理技术、信息技术和集成技术，达到对整个供应链上的信息流、物流、资金流、业务流和价值流的有效规划和控制，从而将客户、供应商、制造商、销售商、服务商等合作伙伴连成一个完整的网状结构，形成一个极具竞争力的战略联盟。简单地说，供应链管理就是优化和改进供应链活动，其对象是供应链组织和他们之间的"流"，应用的方法是集成和协同；目标是满足客户的需求，最终提高供应链的整体竞争能力。供应链管理的实质是深入供应链的各个增值环节，将顾客所需的正确产品(right product)能够在正确的时间(right time)，按照正确的数量(right quantity)、正确的质量(right quality)和正确的状态(right status)送到正确的地点(right place)，

即 "6R"，并使总成本最小。

供应链管理(supply chain management, SCM)是一种集成的管理思想和方法，它执行供应链中从供应商到最终用户的物流的计划和控制等职能。从单一的企业角度来看，供应链管理是指企业通过改善上、下游供应链的关系，整合、优化供应链中的信息流、物流、资金流，以获得企业的竞争优势。

供应链管理是企业的有效性管理，表现了企业在战略和战术上对整个作业流程的优化。供应链管理整合并优化了供应商、制造商、零售商的业务效率，使商品以正确的数量、正确的品质，在正确的地点以正确的时间、最佳成本进行生产和销售。

6.1.3 供应链管理的特点

供应链管理是一种先进的管理理念，它的先进性体现在以顾客和最终消费者为经营导向，以满足顾客和消费者的最终期望来生产和供应。除此之外，供应链管理还有以下几个特点。

1．供应链管理把所有节点企业看作一个整体，实现全过程的战略管理

传统的管理模式往往以企业的职能部门为基础，但由于各企业之间以及企业内部职能部门之间的性质、目标不同，容易造成矛盾和利益冲突，各企业之间以及企业内部职能部门之间无法完全发挥其职能效率，因而很难实现整体目标化。

供应链是由供应商、制造商、分销商、销售商、客户和服务商组成的网状结构，链中各环节不是彼此分割的，而是环环相扣的一个有机整体。供应链管理把物流、信息流、资金流、业务流和价值流的管理贯穿于供应链的全过程，它覆盖了整个物流环节，包括从原材料和零部件的采购与供应、产品制造、运输与仓储到销售等各种职能领域。供应链管理要求供应链各节点企业之间实现信息共享、风险共担、利益共存，并从战略的高度来认识供应链管理的重要性和必要性，从而真正实现整体的有效管理。

2．供应链管理是一种集成化的管理模式

供应链管理的关键是采用集成的思想和方法。它是一种从供应商开始，经由制造商、分销商、零售商、直到最终客户的全要素、全过程的集成化管理模式，是一种新的管理策略，它把不同的企业集成起来以增加整个供应链的效率，注重的是企业之间的合作，以达到全局最优。

3．供应链管理提出了全新的库存观念

传统的库存思想认为：库存是维系生产与销售的必要措施，是一种必要的成本。因此，供应链管理使企业与其上下游企业之间在不同的市场环境下实现了库存的转移，降低了企业的库存成本。这也要求供应链上的各个企业成员建立战略合作关系，通过快速反应降低库存总成本。

4．供应链管理以最终客户为中心，这也是供应链管理的经营导向

无论构成供应链的节点企业的数量有多少，也无论供应链节点企业的类型有多少，供应链的形成都是以客户和最终消费者的需求为导向的。正是由于有了客户和最终消费者的需求，才有了供应链的存在。而且也只有让客户和最终消费者的需求得到满足，才能有供

应链的更大发展。

通过对供应链管理的概念与特点的分析可以发现，相对于旧的依赖自然资源、资金和新产品技术的传统管理模式，以最终客户为中心，将客户服务、客户满意、客户成功作为管理出发点的供应链管理的确具有多方面的优势。但是由于供应链是一种网状结构，一旦某一局部出现问题，就会马上扩散到全局。因此，在供应链管理的运作过程中，要求各个企业成员对市场信息的收集与反馈要及时、准确，以做到快速反应，降低企业损失。而要做到这些，供应链管理还要有先进的信息系统和强大的信息技术作为支撑。

6.1.4　供应链管理的作用

从供应链管理的定义中能够解读出供应链管理包含的丰富内涵。

(1) 供应链管理把产品在满足客户需求的过程中对成本有影响的各个成员单位都考虑在内，包括从原材料供应商、制造商到仓库，再经过配送中心到渠道商。然而，在供应链的实际分析中，有必要考虑供应商的供应商以及顾客的顾客，因为它们对供应链的业绩也是有影响的。

(2) 供应链管理的目的在于追求整个供应链的整体效率和整个系统费用的有效性，总是力图使系统总成本降至最低。因此，供应链管理的重点不在于简单地使某个供应链成员的运输成本达到最小或减少库存，而在于通过采用系统方法来协调供应链成员以使整个供应链总成本最低，使整个供应链系统处于最流畅的运作中。

(3) 供应链管理是围绕把供应商、制造商、仓库、配送中心和渠道商有机结合成一体这个问题而展开的，因此它包括企业许多层次上的活动，如战略层次、战术层次和作业层次等。

尽管在实际的物流管理中，只有通过供应链的有机整合，企业才能显著地降低成本和提高服务水平，但是在实践中供应链的整合是非常困难的，这是因为：

首先，供应链中的不同成员存在着不同的、相互冲突的目标。比如，供应商一般希望制造商进行稳定数量的大量采购，而交货期可以灵活变动；与供应商的愿望相反，尽管大多数制造商愿意实施长期生产运转，但他们必须顾及顾客的需求及其变化并作出积极响应，这就需要制造商灵活地选择采购策略。因此，供应商的目标与制造商追求灵活性的目标之间就不可避免地存在矛盾。

其次，供应链是一个动态的系统，随时间而不断地变化。事实上，不仅顾客需求和供应商能力随时间而变化，而且供应链成员之间的关系也会随时间而变化。比如，随着顾客购买力的提高，供应商和制造商均面临着更大的压力来生产更多品种、更具个性化的高质量产品，进而最终生产定制化的产品。

研究表明，有效的供应链管理总是能够使供应链上的企业获得并保持稳定持久的竞争优势，进而提高供应链的整体竞争力。统计数据显示，供应链管理的有效实施可以使企业总成本下降 20% 左右，供应链上的节点企业按时交货率提高 15% 以上，订货到生产的周期缩短 20%～30%，供应链上的节点企业生产率增值提高 15% 以上。越来越多的企业已经认识到实施供应链管理所带来的巨大好处，比如，HP、IBM、Dell 等在供应链管理实践中取得的显著成绩就是明证。

6.1.5 供应链管理的发展趋势

供应链管理是迄今为止企业物流发展的最高级形式。虽然供应链管理非常复杂,且动态、多变,但众多企业已经在供应链管理的实践中获得了丰富的经验并取得了显著的成效。当前供应链管理的发展正呈现出如下一些明显的趋势。

1. 时间与速度

越来越多的公司认识到时间与速度是影响市场竞争力的关键因素之一。比如,在 IT 行业,国内外大多数 PC 制造商都使用 Intel 的 CPU,因此,如何确保在第一时间内安装 Intel 最新推出的 CPU 就成为各 PC 制造商获得竞争力的自然之选。总之,在供应链环境下,时间与速度已被看作是提高企业竞争优势的主要来源,一个环节的拖沓往往会影响整个供应链的运转。供应链中的各个企业通过各种手段实现它们之间物流、信息流的紧密连接,以达到对最终客户要求的快速响应、减少存货成本、提高供应链整体竞争水平的目的。

2. 质量与资产生产率

供应链管理涉及许多环节,需要环环紧扣,并确保每一个环节的质量。任何一个环节(如运输服务质量的好坏)都将直接影响到供应商备货的数量、分销商仓储的数量,进而最终影响到用户对产品质量、时效性以及价格等方面的评价。时下,越来越多的企业信奉物流质量创新正在演变为一种提高供应链绩效的强大力量。另一方面,制造商越来越关心其资产生产率。改进资产生产率不仅仅是注重减少企业内部的存货,更重要的是减少供应链渠道中的存货。供应链管理发展的趋势要求企业开展合作与数据共享以减少在整个供应链渠道中的存货。

3. 组织精简

供应链成员的类型及数量是引发供应链管理复杂性的直接原因。在当前的供应链发展趋势下,越来越多的企业开始考虑减少物流供应商的数量,并且这种趋势非常明显与迅速。比如,跨国公司客户更愿意将其全球物流供应链外包给少数几家(理想情况下最好是一家)物流供应商,这样不仅有利于管理,而且有利于在全球范围内提供统一的标准服务,更好地显示出全球供应链管理的整套优势。

4. 客户服务方面

越来越多的供应链成员开始真正地重视客户服务与客户满意度。传统的量度是以"订单交货周期""完整订单的百分比"等来衡量的,而目前更注重客户对服务水平的感受,服务水平的量度也以它为标准。客户服务的重点转移的结果就是重视与物流公司的关系,并把物流公司看成是提供高水平服务的合作者。

6.2 供应链管理的策略

近年来,供应链管理发展迅猛,各种各样的供应链管理方法层出不穷,其中主要有快速反应(quick response,QR)、有效客户反应(efficient customer response,ECR)和企业资源计划(enterprise resource planning,ERP)等。虽然由于行业的不同,各种供应链管理方法的侧重点不同，但其实施目标都是相同的，即减少供应链的不确定性和风险，从而积极地影响库存水平、生产周期、生产过程，并最终影响对顾客的服务水平。下面重点对快速反应和有效客户反应供应链管理策略进行介绍。

6.2.1 快速反应

1. QR 的产生和发展

从 20 世纪 70 年代后期开始，美国纺织服装的进口量急剧增加。到 20 世纪 80 年代初期，进口部分大约占到纺织服装行业总销售量的 40%。针对这种情况，美国纺织服装企业一方面要求政府和国会采取措施阻止纺织品的大量进口；另一方面，进行设备投资来提高企业的生产率。但是即使这样，进口纺织品的市场占有率仍在不断上升，而本地生产的纺织品的市场占有率却在连续下降。因此，一些主要的经销商成立了"用国货为荣委员会"。一方面通过媒体宣传国产纺织品的优点，采取共同的销售促进活动；另一方面，委托零售业咨询公司 Kurt Salmona Associates 从事提高竞争力的调查。Kurt Salmona Associates 公司在经过大量充分的调查后指出，纺织品产业供应链全体的效率不高。为此，Kurt Salmona Associates 公司建议零售业者和纺织服装生产厂家合作，共享信息资源，建立一个 QR 系统来实现销售额增长。

QR 是指在供应链中，为了实现共同的目标，零售商和制造商建立战略伙伴关系，利用 EDI 等信息技术，进行销售时点的信息交换以及订货补充等其他经营信息的交换，用多频度、小批量配送方式连续补充商品，以缩短交货周期，减少库存，提高客户服务水平和企业竞争力的供应链管理方法。QR 是 20 世纪 80 年代末在美国开始实施的，由美国的服装行业以及主要的连锁零售商(如沃尔玛、凯玛特)等推动。

QR 兴起的主要原因是，美国的成衣行业制造时间过长，造成存货成本和缺货率都过高的情况。由于竞争激烈，零售商开始与制造商合作，研究如何从制造、分销、零售至消费者的过程中缩短产品在供应链上的周期以达到降低存货成本、提高周转率、降低零售店缺货率的目的。

将 QR 思想运用到供应链中，在 JIT 思想的影响下，产生了 QR 物流。QR 物流是指为了获得基于时间上的竞争优势而开发的敏捷物流系统。

QR 物流在信息系统和 JIT 物流系统的联合下，实现了"适时、适地提供适当的产品"的目标。QR 物流离不开 EDI、条形码以及 POS 的应用。

2. 快速反应机制的特点

对于把"时间"列为竞争优势的企业而言，他们的管理方式与传统企业的管理方式有很大的不同，这类企业的管理往往具有以下几个特点：

(1) 将时间列为重要的管理和战略指标。

(2) 利用快速反应贴近客户，增强客户对公司的依赖性。

(3) 快速将产品或服务转向最有利可图的客户，迫使竞争者转向不太有利的客户。

(4) 比竞争者成长得更快，获利更多。

许多企业通过高度重视"灵活性"和"反应速度"取得了骄人的业绩。例如，沃尔玛通过反应速度优势获得了超过同行 3 倍的增长率，利润也是竞争者平均获利水准的 2 倍以上。

3．QR 的实施要点

在传统的产品交付或服务提供体系中，许多时间被浪费了，这种时间上的浪费主要表现为以下三点：

(1) 流程限制，如日常审批占用了太多的时间。

(2) 质量问题，如因设计、操作、检测疏忽等问题返工而造成时间浪费。

(3) 组织缺陷，主要是指因组织结构不合理而导致的信息流动和沟通方面的低效率。比如，职能部门之间的层层传递导致了大量的时间浪费。

QR 系统的一个突出的特点就是通过加速系统处理时间，减少累积提前期以降低库存，从而减少反应时间，形成良性循环。

注：提前期是指某一工作的工作时间周期，即从工作开始到工作结束的时间。提前期的观念主要是针对需求而提出的。如果采购部门在某日向生产部门提供某种采购物料，则采购部门应该在需要的日期之前就下达采购订单，这个提前的时间段就是提前期。

QR 系统一般包括以下 3 个重要组成部分：

(1) 零售商通过对条形码商品的扫描，从 POS 系统得到及时准确的销售数据。

(2) 经由 EDI 传送，制造商每周或每日共享库存单位(stock keeping unit，SKU)，SKU 是大型连锁超市 DC(配送中心)物流管理的一个必要的方法，现在已经被引申为产品统一编号的简称，每种产品均对应有唯一的 SKU 号这一级别的销售与库存数据。

(3) 针对预定的库存目标水准，制造商受委托进行自动或近于自动的补充供应活动。

要想成为时间方面的优胜者，企业必须具备一定的条件。首先，企业在产品交付(或服务提供)体系上的灵活性和反应速度必须是竞争者的 2～3 倍；其次，企业需要制定一套有效的战略，确保自己能以时间优势超越竞争者。

4．QR 的生产策略

随着供应链全体成员对 QR 要求的增加，制造业将承受更大的压力，以满足客户越来越短时间内的多样化需求，解决这一问题的有效手段就是柔性化策略。

5．QR 的市场策略

所谓 QR 市场快速反应能力，指的是企业及时了解市场状况，搜集信息，把市场信息快速反映到决策者手中，经过认真科学的论证，明确产品调整的具体目标并采取强有力的手段，快速组织实施，将适应消费需求和引导消费新潮流的产品快速投放市场的一整套相互联接、互为依存、互为促进的企业经营机制。

6.2.2 有效客户反应

20 世纪 60 至 70 年代，美国日杂百货业的竞争主要在制造商之间展开。竞争的重点是品牌、商品、经销渠道和大量的广告和促销，在零售商和制造商的交易关系中，制造商处于主导地位。20 世纪 80 年代末至 90 年代初，竞争格局发生了变化，在零售商和制造商的交易关系中，零售商开始逐渐占据主导地位，竞争的重心开始转向流通中心、自有品牌(PB)、供应链效率和 POS 系统。同时在供应链内部，零售商和制造商为了获取供应链主控权，同时为零售商自有品牌和制造商品牌占据零售店铺货架空间的份额展开着激烈的竞争，这种竞争导致供应链的各个环节间的成本不断转移，供应链的整体成本不断上升，而且很容易牺牲力量较弱一方的利益。

在这期间，新的零售业态(如仓储商店、折扣店)大量涌现，使得零售商以相当低的价格销售商品，从而使日杂百货业的竞争更趋激烈。在这种状况下，许多传统超市业者开始寻找对应这种竞争方式的新的管理模式与方法。然而由于日杂百货商品的技术含量不高，大量无实质性差别的新商品被投放市场，使得生产厂家之间的竞争趋同化。生产厂家为了获得销售渠道，通常采用直接或间接的降价方式作为向零售商促销的主要手段，这种方式往往会大量牺牲厂家自身的利益。但是如果生产商能与供应链中的零售商结成更为紧密的战略联盟，将不仅有利于零售业的发展，同时也符合生产厂家自身的利益。

另外，从消费者的角度来看，企业过度竞争的结果往往是使消费者的需求被忽视。通常消费者需要的是商品的高质量、新鲜感、优质服务以及在合理价格基础上的多种选择。然而，许多企业往往不是通过努力提高商品质量、提供更好的服务和在合理价格基础上的多种选择来满足消费者，而是通过大量的诱导型广告和广泛的低品位促销活动来吸引消费者转换品牌，同时提供大量非实质性变化的商品供消费者选择，最终导致消费者得到的往往是高价、不满意的商品。针对这种状况，客观上要求企业从消费者的需求出发，提供能满足消费者需求的商品和服务。

在上述背景下，美国食品市场营销协会(food marketing institute，FMI)联合包括COCA-COLA, P&G, Safeway Store 等六家企业与流通咨询企业 Kurt Salmona Associates 公司一起组成研究小组，对食品业的供应链进行调查、总结、分析，于 1993 年 1 月提出了改进该行业供应链管理的详细报告。在该报告中系统地提出了有效消费者反应(efficient customer response，ECR)的概念体系。经过美国食品市场营销协会的大力宣传，ECR 概念被零售商和制造商所接纳并被广泛地应用于实践。

ECR 是一个制造商、批发商和零售商等供应链成员各方相互协调和合作，以更好、更快的服务和更低的成本满足消费者需要为目的的供应链管理系统。其优势在于供应链各方为提高消费者满意度这一共同的目标进行合作，分享信息和决策，它是一种把以往处于分散状态的供应链节点有机联系在一起以满足消费者需求的工具。

1. 实施 ECR 的基本原则

应用 ECR 时必须遵守 5 个基本原则：

(1) 以较少的成本，不断致力于向供应链客户提供更优的产品、更高的质量、更好的分类、更好的库存服务以及更多的便利服务。

(2) ECR 必须由相关的商业带头人启动。该商业带头人应有决心用代表共同利益的商业联盟取代旧式的贸易关系。

(3) 必须利用准确、实时的信息以支持有效的市场、生产及后勤决策。这些信息以 EDI 的方式在贸易伙伴间自由流动，并影响以计算机信息为基础的系统信息的有效利用。

(4) 产品必须随 ECR 过程不断增值，从生产至包装，直至流动至最终客户的手中，以确保客户能随时获得所需产品。

(5) 必须建立共同的成果评价体系。该体系注重整个系统的有效性(即通过降低成本与库存以及更好的资产利用，实现最优价值)，清晰地标识出潜在的回报(即增加的总值和利润),促进对回报的公平分享。

2. ECR 的四大要素

ECR 的四大要素包括有效的产品引进(efficient product introductions)、有效的店铺分类组合(efficient store assortment)、有效的促销(efficient promotion)以及有效的补货(efficient replenishment)。

(1) 有效的产品引进:通过采集和分享供应链伙伴间时效性更强、更加准确的购买数据,提高新产品销售的成功率。

(2) 有效的店铺分类组合:通过有效地利用店铺的空间和店内布局,最大限度地提高商品的盈利能力。如建立空间管理系统、有效的商品品类管理等。

(3) 有效的促销:通过简化分销商和供应商的贸易关系,以提高贸易和促销的系统效率。如可采取消费者广告(优惠券、货架上标明促销)、贸易促销(远期购买、转移购买)等方式。

(4) 有效的补货:从生产线到收款台,通过 EDI 以需求为导向的自动连续补货和计算机辅助订货等技术手段,使补货系统的时间和成本最小化,从而降低商品的售价。

3. ECR 的三个重要战略

ECR 的三个重要战略为:顾客导向的零售模式(消费者价值模型)、品类管理和供应链管理。

(1) 顾客导向的零售模式(消费者价值模型):通过商圈购买者调查、竞争对手调查、市场消费趋势研究,确定目标顾客群,了解自己的强项、弱项和机会,确定自己的定位和特色,构建核心竞争力;围绕顾客群选择商品组合、经营的品类,确定品类的定义和品类在商店经营承担的不同角色;确定商店的经营策略和战术(定价、促销、新品引进、补货等),制定业务指标衡量标准、业务发展计划。

(2) 品类管理:把品类作为战略业务单位来管理,着重于通过满足消费者的需求来提高销售量的流程。品类管理是以数据为决策依据,不断满足消费者的过程。品类管理是零售业精细化管理之本,其主要战术是高效的商品组合、高效的货架管理、高效的新品引进、高效定价和促销、高效的补货。

(3) 供应链管理:建立全程供应链管理的流程和规范,制订供应链管理指标;利用先进的信息技术和物流技术缩短供应链,减少人工失误,提高供应链的可靠性和快速反应能力;通过规范化、标准化管理,提高供应链的数据准确率和及时性;建立零售商与供应商数据交换机制,共同管理供应链,最大限度地减低库存和缺货率,降低物流成本。

只有全面实施品类管理和供应链管理,才能实现 ECR,给消费者带来更多的价值,取得竞争优势。

4. 实施 ECR 的好处

根据欧洲供应链管理委员会的调查报告,在接受调查的 392 家公司中,制造商实施 ECR 后,预期销售额增加 5.3%,制造费用减少 2.3%,销售费用减少 1.1%,仓储费用减少 1.3%,总盈利增加 5.5%。而批发商及零售商业也有相似的获益,销售额增加 5.4%,毛利增加 3.4%,仓储费用减少 5.9%,平均库存减少 13.1%,每平方米的销售额增加 5.3%。

由于在流通环节中缩减了不必要的成本，零售商和批发商之间的价格差异也随之降低，最终使消费者受益。除了这些有形的好处以外，还有一些对消费者、分销商和供应商重要的无形的利益。

(1) 对于消费者而言：提供了选择和购物的方便，减少了缺货单品，产品更新鲜。

(2) 对于分销商而言：增强了消费者的信任，对顾客更加了解，改善了和供应商的关系。

(3) 对于供应商而言：减少了缺货，增强了品牌信誉，改善了和分销商的关系。

6.2.3　QR 与 ECR 的比较

1. QR 与 ECR 的差异

ECR 主要以食品杂货业为对象，其主要目标是降低供应链各环节的成本，提高效率。

QR 主要集中在纺织服装行业，其主要目标是对客户的需求做出快速反应，并快速补货。

这是由于食品杂货业与纺织服装行业经营的产品的特点不同：杂货业经营的产品多数是一些功能型产品，产品的寿命相对较长(生鲜食品除外)，因此，订购数量过多(或过少)造成的损失相对较小。

纺织服装行业经营的产品多属创新型产品，产品的寿命相对较短，因此，订购数量过多(或过少)造成的损失相对较大。

1) 侧重点不同

QR 侧重于缩短交货提前期，快速响应客户需求；ECR 侧重于减少和消除供应链的浪费，提高供应链运行的有效性。

2) 管理方法的差别

QR 主要借助于信息技术实现快速补发，通过联合产品开发缩短产品上市时间；ECR除新产品快速有效引入外，还实行有效商品管理、有效促销滚动。

3) 适用的行业不同

QR 适用于单位价值高、季节性强、可替代性差、购买频率低的行业；ECR 适用于产品单位价值低、库存周转率高、毛利少、可替代性强，购买频率高的行业。

4) 改革的重点不同

QR 改革的重点是补货和订货的速度，目的是最大限度地消除缺货，并且只在有商品需求时才去采购。ECR 改革的重点是效率和成本。

2. QR 与 ECR 的共同特征

QR 和 ECR 的共同特征表现为超越企业之间的界限，通过合作追求物流效率化。具体表现在如下三个方面：

(1) 贸易伙伴间商业信息共享。

(2) 商品供应方进一步涉足零售业，提供高质量的物流服务。

(3) 企业间的订货、发货业务全部通过 EDI 进行，实现订货数据或出货数据的传送无纸化。

6.2.4 其他供应链管理方法

1. 企业资源计划(ERP)

ERP 是由 MRPⅡ(制造资源计划)发展而来的。ERP 基于企业内部供应链的管理思想,把企业的业务流程看作一个紧密连接的供应链,并将企业划分成几个协同作业的支持子系统(如财务、市场营销、生产制造等),可对企业内部供应链上的所有环节(如订单、采购、库存、生产制造、质量控制、运输、分销、人力资源等)进行有效管理。

2. 准时制生产(JIT)和全面质量管理(TQC)

JIT(just in time)即及时服务,又称准时制生产。它的目标之一是减少甚至消除从原材料投入到产成品产出的全过程中的存货,建立起平滑而更有效的生产流程。JIT 已在日本、美国等发达国家得到了广泛应用,被视为那些具有世界领先地位的企业成功之关键。实施 JIT 过程中采用的方法主要是拉动作业,只有下道工序有需求时才开始按需求量生产,无需考虑安全库存,采购也是小批量的。TQC 和 JIT 在管理思想上是紧密关联的,JIT 实施的前提就是同时要推行 TQC。TQC 把下道工序视为上道工序的客户,客户满意才是真正的质量标准。这样就把产品的质量与市场关联了起来,变事后验收为事前、事中控制。

3. 精益生产(LP)和敏捷制造(AM)

LP 是日本丰田汽车公司 JIT(准时制生产)的延续,它以产、供、销三方紧密协作的相对固定的关系为实施背景,是供应链条上最基本、最简单的设置。AM 是企业为了更有效、合理地利用外部资源,根据市场需求个性化的发展趋势,把供应及协作组织看成是虚拟企业的一部分而形成的一次性或短期的供应链关系。在 AM 里通常还用到并行工程的思想,以便加快新产品的上市。

6.3 供应链管理的实施

6.3.1 分析企业当前所处的供应链

改善供应链物流状况的前提是企业调查分析当前供应链的物流情况以及上、下游企业的情况,找出需要改进的地方。此项工作可以从两个大的方面着手。

1. 分析企业自身的物流现状

调查企业当前的物流活动涉及几个方面,例如,物流管理机构的设置,物流效果的评估,物流信息系统的建立,自办物流或外购物流等问题。企业可依据下面的思路分析当前的物流状况。

(1) 企业的物流管理处于哪一个阶段(储运阶段、配送阶段、综合物流管理阶段还是供应链管理阶段)?

(2) 企业当前对物流活动的关注程度有多大? 物流意识强不强?

(3) 企业目前有没有设立专门的物流管理部门或机构?

(4) 企业当前是自办物流，直接控制物流资产，还是采用了外购方案，使用第三方物流？比较起来，哪一种方案更好？

(5) 企业现在的物流费用有多大？每一项物流活动(如运输、仓储、库存、装卸搬运、包装等)的费用各是多少？

(6) 企业得到的物流服务水平如何？能不能满足企业的生产或销售所提出的要求？(可以通过一系列指标来衡量，后面还将提到)

(7) 企业是否建立了物流管理信息系统？企业在管理信息系统中有无物流子系统？

(8) 企业处于什么样的供应链中？供应链中的物流管理是企业各自为战，还是存在一定程度的合作？

(9) 企业在供应链中处于什么地位？对供应商、分销商的重要程度有多大？(对不同的供应商和分销商来说重要性应该不同)

(10) 与上游供应商(包括产品供应商和物流供应商)、下游分销商的联系是否紧密？合作关系是否稳固？双方的沟通是否容易？

(11) 企业文化是否鼓励创新与变革？企业领导和员工对变革持何种态度？

2. 对上、下游企业的分析

对上、下游企业的分析应遵循下面的原则。

1) 对直接的、关系最紧密的上、下游供应链成员进行分析

供应链中涉及的上、下游企业有很多，但一般情况下，企业只与直接的上、下游企业发生业务往来，而不大可能与供应链所有成员都有直接联系，这就决定了与该企业共同管理物流活动的通常只能是直接上、下游企业，后者再与其直接上、下游伙伴合作，共同管理物流，由此就形成了一个环环相扣的供应链。出于这个原因，一个企业在分析供应链物流活动时，只需分析关系最紧密的上、下游供应链伙伴。

2) 对重要的供应商和客户进行分析

尽管范围已经缩小到企业的直接上游供应商和下游分销商，但供应商和分销商的数目仍有可能很大。例如，一个批发商向上游要面对成百上千个制造商，向下游同样要接待成百上千个客户，没有必要也没有可能对所有这些供应商和分销商都进行分析，而只需对重点供应商和客户进行分析即可。

对上、下游供应链成员物流活动的分析可从下列角度入手：

(1) 该供应商给企业提供哪些商品？该客户从企业购买哪些商品？

(2) 这些商品的物流费用有多大？费用由谁承担？

(3) 该供应商、分销商的实力(经济实力、市场份额、发展前景等)如何？

(4) 该供应商、分销商同企业在物流领域是否有过合作？效果怎么样？

(5) 该供应商、分销商是否乐意与企业一起改进工作？

(6) 该供应商、分销商是否重视物流管理？是否设立了物流管理部门或机构？

(7) 该供应商、分销商是自办物流管理还是外购物流服务？

(8) 该供应商、分销商有没有建立物流管理信息系统？

(9) 该供应商送货是否及时可靠？对企业的要货要求反应是否迅速？

(10) 向供应商订货有没有限制条件(如最低订货量)？订货满足率有多大？

通过上面的问题能了解到上、下游企业的物流管理水平，以及同其一起开展供应链管理的可能性。倘若供应链中还有第三方物流，则需要对它的设施设备、物流信息系统、物流作业质量、物流服务水平和物流费用水平进行考察。以上工作完成之后，企业对当前所处的供应链的物流状况及实施供应链管理的可能性便会有一个整体的概念，发现其中存在的问题，找出供应链的薄弱环节。同时，仅仅这样是不够的，必须同时进行横向比较，即同其他供应链比较，通过向其他供应链学习找到优化供应链的方法。

6.3.2　供应链的比较

供应链比较是将企业自身所处的供应链与其他供应链进行比较。例如，施乐、摩托罗拉等公司都采用了这种方法来改进自己的生产、销售和物流活动。不同供应链中物流活动的比较可从物流效果和物流过程两方面进行。

1. 物流效果的比较

物流效果可以通过服务水平和成本水平反映出来，二者都可以通过一系列指标来判定水平高低。

1) 物流服务的比较

物流服务的比较主要体现在以下几个方面：

(1) 订货周期(天)。

(2) 存货可获性(订货数量百分比)。

(3) 订货数量限制。

(4) 配送可靠性(及时送货率)。

(5) 送货频率(配送次数/月)。

(6) 单据质量(差错率)。

(7) 申诉程序。

(8) 订单完整性(送货种数百分比)。

(9) 技术支持(反应时间)。

2) 成本水平的比较

此处的成本水平是指与物流活动相关的各项费用情况，通常包括以下几个方面：

(1) 订单处理成本(订单接收、确认、录入和传递成本)。

(2) 仓储成本。

(3) 装卸搬运成本。

(4) 运输成本。

(5) 包装成本。

(6) 理货成本。

(7) 库存占压资金的成本。

(8) 货物拒收成本。

(9) 其他物流成本。

以上各项费用的总和即为物流总成本。计算出上述各项费用和物流总费用占总销售额的比例，并将其与竞争对手的数值进行比较便可看出本企业物流成本水平所处的位置。同时，企业可以找出费用水平较高的项目，寻求改进。

2．物流过程的比较

物流过程的比较主要采用流程图比较法：从顾客下订单开始，经过订单接收、订单处理等一系列活动，直到配送中心把货物送到顾客手里为止，把这个过程中所涉及的部门及各部门所做的工作按顺序标明出来，便可以得到一张流程图。对照本企业供应链的流程图与被比较供应链的流程图，就可以发现本企业的薄弱环节，进而识别产生问题、影响整个供应链效率的原因。

6.3.3 再造供应链

从物流的角度看，供应链再造的目的在于合理设计供应链，简化物流渠道，使物流更加通畅。再造供应链可以采用的方法有三种，分别为在供应链中增加第三方物流公司，减少供应链中中间商的数量，改变供应链中的作业流程。

为了更好地理解供应链再造，下面以我国连锁企业配送体系的设计为例说明企业应如何构建供应链。

当前，我国绝大多数连锁企业在构建配送体系时都选择了自建配送中心，但对大多数企业来说并非最佳方案。我国大多数连锁企业由于资金紧张、规模较小、物流设备与人才短缺，自建配送系统几乎没有可能，而运用供应链管理建立新的配送模式，通过其他公司来完成配送工作是可行的方案。根据某企业的测算，如果自建配送中心，那么每年花在配送中心运营和管理上的费用约为 2000 万元；如果租用第三物流企业的设施设备，那么每年的费用约为 1350 万元。因此，与物流或配送企业结成供应链是大部分连锁企业的可行之路。大致说来，有以下两种模式可供选择。

1．基于第三方物流的配送模式

在基于第三方物流的配送模式中，物流活动和配送工作由第三方物流公司或储运公司来完成。基于第三方物流的配送模式如图 6-1 所示。

图 6-1　基于第三方物流的配送模式

基于第三方物流的配送模式在国外被不少连锁企业所采用，可为我国的连锁企业所借鉴。在这种配送模式中，连锁企业可以同储运公司结成供应链，让储运公司为其提供配送服务。事实上，我国的储运公司也是第三方物流公司，尽管其作业质量、管理水平、服务种类和设施设备目前还赶不上国外的专业物流公司，但是为连锁企业提供配送服务可以做到，同时，这也是我国流通行业改革的有益尝试。该模式具有以下几个优点：

（1）缓解了连锁企业自建配送中心时在资金、技术、设备、人才和土地等方面所承受的压力。

(2) 充分利用储运公司现有的设施设备，避免了重复建设。

(3) 为处于困境中的国有储运公司提供了新的经营思路和商业机会，便于开发新的经济增长点。

(4) 符合社会分工的需要，既有利于连锁企业发展主业，又有利于提高配送水平。

2．商品配送中心直接配送模式

商品配送中心直接配送模式中所指的配送中心是经营商品的配送中心，如北京的食品配送中心、广东的华大物流公司等。这些配送中心自己组织货源并负责销售，直接参与商品的买卖活动。由于这类配送中心多由批发或储运企业改造而成，所以也具备一定的配送能力，有的甚至还有较强的配送能力，如北京市商业储运公司、上海商业储运公司等，因此不同于传统的批发企业。对于规模不大、店铺不太多并且自己没有配送系统的连锁企业而言，让上述配送中心为其开展直接配送是比较理想的方案。商品配送中心直接配送模式如图 6-2 所示。

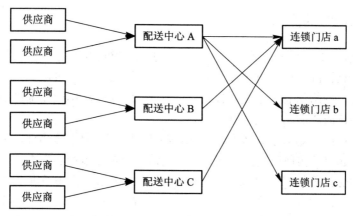

图 6-2　商品配送中心直接配送模式

在图 6-2 中，之所以有不同的配送中心 A、B、C 为同一家连锁企业配送，是因为我国目前的配送中心通常以经营某一大类的商品为主，如经营食品的配送中心，经营百货的配送中心和经营家居用品的配送中心等，而一个连锁企业所经营的商品种类繁多，所以需要同时选择几个经营不同种类商品的配送中心为其提供配送服务。但是由于连锁企业要从配送中心购入商品，因此连锁企业与配送中心之间除了有物流、信息流之外，还存在商品的流动，这一点与第一种模式不同。采用这种配送模式时需要注意以下几点：

(1) 连锁企业所选择的配送中心数目不可太多，通常以 3 至 4 家为宜，因为过多的配送中心同时送货会给连锁门店货物的交接带来不便，此外，不利于保持和发展供应链各方的关系，管理起来也比较困难。

(2) 在连锁企业门店不是很多(如几家、十几家)的情况下可以使用此种模式，这样配送中心可以充分发挥其配送优势，而连锁企业也可以从中获益。但是当门店数增加到几十甚至上百家时，这种做法便不再适用，一方面配送中心的配送能力可能满足不了需求，另一方面，经济上不一定可行。

(3) 经营商品的配送中心要多从配送和物流的角度挖掘潜力，创造竞争优势，防止把配送中心建成一般的批发企业，以致有"配送"之名而无其实。

(4) 供应链各方的协调与配合尤为重要。例如，各配送中心向门店送货时要把时间协商好，避免出现"拥挤"和"撞车"现象。

考虑到我国配送中心的现状和连锁企业的情况，直接配送模式在现阶段是可取的，一方面配送中心有意愿提供此种服务，另一方面，连锁企业能省却许多工作。综上所述，我国目前比较适用的配送模式是基于第三方物流配送模式和商品配送中心直接配送模式，二者都运用了供应链管理的思想，重新构建供应链物流渠道。

以上以连锁企业为例研究了再造供应链的方法，制造商、批发商也可以利用此种方法构建合理的供应链物流渠道。

6.4　虚 拟 供 应 链

6.4.1　虚拟供应链的概念

虚拟供应链是 21 世纪之后提出的一种全新的企业获取市场竞争优势的思想。虚拟供应链是指具有合作意愿的企业通过全球互联网，依托于专业、独立的第三方网络信息技术支持中心，由第三方网络信息技术中心提供供应链所需的技术和服务，临时组合在一起，为了共同的目的构建而成的动态供应链。

虚拟供应链按照市场需求或者客户要求，将不同行业、不同类别和分处不同地域的众多合作企业联系起来，实现产品的采购、生产和销售，响应市场客户需求，抓住市场机会。它是一种动态的交叉平行网络，集成了产品生产制造和流通过程中所涉及的不同运行单元，这些单元包括了产品配件供应商、产品生产商、产品分销商、产品零售商以及最终市场客户。具体的运作过程就是按照市场客户需求，采购相应的产品原材料，通过其他节点企业将原材料加工成半成品或最终商品，再将最终生产出来的成品送达市场客户手中。在整条虚拟供应链系统中，每个合作伙伴企业都具有多重功能：既是产品配件提供商，又是客户；既是产品供应商的供应商，又是客户的客户；既是虚拟供应链核心企业，又是虚拟供应链节点企业。他们既向其他的节点企业订购产品原材料或者半成品及成品，又向其他节点企业提供产品原材料或者半成品及成品，他们之间既紧密协作，互为补充，又相互合作，实现共同的经济利益，同时，抓住市场机会，满足市场客户需求，提高企业自身的市场竞争力和产品竞争力以及整个企业所在供应链的市场竞争力。

6.4.2　虚拟供应链的分类

一般来说，按照虚拟供应链的流程可将虚拟供应链分为推动型虚拟供应链和拉动型虚拟供应链两种。

推动型虚拟供应链是指在虚拟供应链运作过程中，市场客户需求是不完全确定的，而由虚拟供应链节点企业根据对市场需求信息的判断和分析得出，具有一定的误差。具体的运行过程就是在供应链组建之前，对市场需求信息做出预测和判断，按照发起虚拟供应链构建节点企业的要求，通过产品原材料采购、产品生产，最终将生产出来的产成品推向市场中的最终客户。在产品生产过程中，虚拟供应链节点企业为了应对市场客户需求的变动，采用的方法往往是提高产品的库存，这就使得节点企业的库存大幅度提高，造成节点企业响应市场需求的能力不断下降。

拉动型虚拟供应链是指在虚拟供应链运作过程中，市场客户需求是完全确定的，由虚拟供应链最终面对的市场客户直接确定需求订单，由于不存在中间判断程序，因此也就不存在误差。具体的运行过程就是在虚拟供应链运作之前，由市场的客户确定需求并填写订单，按照虚拟供应链最终市场客户的需求，通过产品原材料采购、产品生产，最终将生产出来的产成品送达市场客户手中。虚拟供应链中的节点企业按照市场需求和客户要求进行产成品的生产，拉动型虚拟供应链的生产面对的是市场客户的订单，因此供应链资源集成度较高，利用充分，能够实现便捷的信息交换，市场响应能力逐步提高。同时，还可依据市场客户的需求实现生产个性化产品，满足市场客户的个性化需求。

推动型虚拟供应链和拉动型虚拟供应链具有相同的运作模式。两种类型的根本区别如下：

(1) 拉动型虚拟供应链前期由市场客户在虚拟供应链的第三方网络信息技术中心提供的网络信息平台上发布需求信息，网络信息平台将同种类别的市场客户需求信息捆绑在一起，并供网络信息平台中的会员随时查阅、浏览。信息平台中的会员企业都可以作为虚拟供应链的组织者，将相关的企业作为虚拟供应链的节点企业组织起来，构建起虚拟供应链，根据市场客户的需求安排节点企业不同的任务，并根据企业提供的资源和能力的大小分配利益。在虚拟供应链组建前期，网络信息平台给市场客户提供参与竞争的虚拟供应链及其组成成员情况，市场客户在进行完优化决策以后，选择一组综合实力最强、最优化的虚拟供应链并签订合同。

(2) 推动型虚拟供应链由节点企业根据对市场需求信息的判断，以客户的身份在第三方网络信息技术中心提供的网络信息平台上发布需求信息，这些信息可被其他平台会员查阅、浏览，按照组织企业的要求，组建起虚拟供应链，完成市场产品的生产，并将产品交给虚拟供应链发起企业，由发起企业将产品通过各种渠道投放到市场，以此来满足市场客户的需求。

传统意义上讲，推动型供应链大部分适用于制造类企业，由于市场客户需求不断改变，制造类企业对市场客户需求的判断准确度不够高，造成企业库存量逐步加大，企业响应市场需求能力不断下降。不断变化的市场竞争环境，将企业所在的市场竞争模式逐渐演变成了全球市场范围内的竞争，供需双方的关系也在不断地发生变化，由早期的以卖方市场为中心逐渐转换成以买方市场为中心，以满足市场客户的需求为目的。剧烈的市场竞争环境，使得市场中产品生命周期不断缩短，市场产品品种不断扩大，呈现出市场客户需求个性化的趋势，并且市场客户对产品的生产时间要求越来越短，对产品的外形、成品质量和产品的售后服务质量的要求越来越寻求人性化服务。企业为了能够更好地适应市场中的这些变化，就必须不断创新产品，为生产出的产品不断注入新的特色，提高企业的生产效率，缩短生产时间，并不断研发新产品，加快更新换代的速度，降低企业生产成本，以及提供人性化的产品服务来完善企业所在的供应链的流程，拉动型供应链符合了以上运作的要求。

6.4.3 虚拟供应链的特点

虚拟供应链组建的原动力来自市场提供的机会和市场客户的需求，它以满足市场客户需求为目的，为了这一共同的目标，众多企业协调合作，形成统一、协调运行的联盟组织。在专业、独立的第三方网络信息技术支持中心的支持下，虚拟供应链通过调配，集合节点企业的主要能力和企业资源，使供应链在市场竞争环境中，资源、信息和速度等方面处于优势地位，从而达到供应链完成市场客户的订单和获得市场份额的目标。

虚拟供应链具有以下几个方面的特性。

1．跨度多层次性

由于虚拟供应链并非围绕某个核心企业来构建，它包含了不同行业、不同类别和分处不同地域的众多企业的共同合作，每个节点企业所处的层次不同，因此虚拟供应链的结构比传统单一的企业供应链结构跨度更大，层次更多。同时，虚拟供应链上的节点企业可以同时是多个其他虚拟供应链上的合作伙伴企业，不同的供应链形成了一种交织链接关系，这不仅增加了虚拟供应链运行的难度，也增加了虚拟供应链整体统一协作的难度。

2．节点企业革新性

市场需求推动了虚拟供应链的组建、变化与革新。在虚拟供应链的构建设计过程中，出于对市场客户需求变化的理性判断和企业发展的需要，虚拟供应链中的节点企业会不时地进行改革更新。

3．生命周期性

虚拟供应链的构建目标是满足市场客户的需求，抓住市场机会，这就需要虚拟供应链能够快速响应市场，在既定的时间内达到所设定的目的。当目的实现时，虚拟供应链就会相应地自动解散，即虚拟供应链经历了发起、组建、运行、解散的生命过程，因此它具有生命周期性。

4．独特的技术支持运行机构及管理方式

虚拟供应链在专业、独立的第三方网络信息技术支持中心的支持下，由不同行业、不同类型和分布在不同地域的具有不同市场竞争特点的节点企业组合而成，为实现虚拟供应链的预定目标而构建。为了能够成功地构建虚拟供应链，需要依靠于第三方网络信息技术支持中心，网络信息技术支持中心可以将处于不同地理位置、拥有主体行为、具有不同竞争特色的企业联系在一起，进行统一的协调管理。为了满足市场客户需求，需要集中调配节点企业的优势资源，通过统一管理，协调运行，将优势资源不断投入于创新市场产品，提高企业生产效率，研发新产品，加快产品更新换代的速度，降低企业生产成本。这些过程都需要建立一套科学合理的管理方式，确保虚拟供应链的顺利运行。

6.4.4 虚拟供应链的构建

虚拟供应链的构建需要不同行业、不同类型和分处不同地域的众多企业的参与，它们具有各自独立的特征，自主经营，具有主体行为。

1. 虚拟供应链的构建步骤

按照系统生命周期理论，虚拟供应链的构建过程分为以下几个步骤：市场信息收集和研究分析、客户需求市场和目标企业分析、网络信息库匹配、目标企业评定、确定合作伙伴关系、虚拟供应链实施运行、虚拟供应链性能评价及再配置、利益分配及虚拟供应链解散等多个步骤。

1) 市场信息收集和研究分析

市场机会提供者和最终客户在第三方提供技术支持的虚拟供应链服务系统上发布需求信息和招标信息。发布在虚拟供应链服务系统上的客户需求和市场信息，被信息平台中的会员企业所获取。通过对获取的市场信息进行分析，决定是否应该发起虚拟供应链组建以及是否参与虚拟供应链合作。此阶段主要在于获取需求产品的信息，主要包括市场客户需求产品类型特征，以便以此为依据，组建起有效的虚拟供应链体系。在信息收集、研究和分析过程中，需要向市场、用户和竞争者进行更进一步的调查，提出产品市场相关问题(如产品是否受市场欢迎，产品市场份额有多大等)，并提出可行性生产战略规划。

2) 客户需求市场和目标企业分析

这一步骤是从合作者的角度深度分析市场信息和客户需求，以及它们所能提供市场机会的多少，分析当前市场所提供的有利面和阻力面，获得市场信息的详细资料，确定出一个全面的研究分析报告，然后寻找符合相关标准、具备市场竞争优势的目标企业。目标企业全面信息的调查分析是供应链合作联盟企业选取的初始条件，主要研究合作伙伴企业提供的企业资源，这一分析过程的目的不在于评判节点企业在所处市场中的竞争地位和竞争优势，而是将着重点放在当前节点企业所拥有的企业优势资源，实现提高虚拟供应链总体服务水平，降低产品流通过程的库存投资，减少单位生产成本，从而整体提升虚拟供应链的竞争优势，取得市场竞争地位。

3) 网络信息库匹配

按照分析的结果、选择的标准以及相应提出的初期供应链组成框架，在供应链服务系统信息库中进行搜索匹配，将搜索到的满足要求的产品生产企业与产品所要使用的设备工艺，以及产品供应商、产品制造商、产品分销商、产品零售商进行匹配，初步确定组成虚拟供应链的节点企业。

4) 目标企业评定

按照网络信息库搜索匹配的初步结果进行目标企业的评定，合作伙伴的评定内容主要包括被调查企业运营水平、产品效益评估和行业信誉评估三个方面。企业运营水平主要调查、分析企业的运营水平能否达到虚拟供应链节点企业所要求的运营标准。产品效益评估主要分析合作企业是否能够在自身经营运作过程中提供新技术，提高生产效率，降低生产成本，提升供应链需求响应速度以及客户服务水平，以便企业结合自身的实际情况组建最有效的供应链。行业信誉评估是选择中的重点，企业的信誉高低是决定能否成为虚拟供应链合作伙伴的关键因素，选择评定结果最优的目标企业，才能确保虚拟供应链构建结构的稳定性。这一步也是虚拟供应链的判断步骤，如果认为目标企业符合标准，就可继续进行下一步；如果认为目标企业不具备该有的条件，就要重新选取评定其他备选目标企业。

5) 确定合作伙伴关系

选取出最佳评定结果的目标企业作为虚拟供应链的合作节点企业,接下来虚拟供应链就会确定合作伙伴关系,根据合作伙伴企业所提供的资源大小以及其他参考资源确立利益分配原则。如果合作伙伴认为利益分配合理,则签订合作意向合同。虚拟供应链服务系统可以提供电子合同,或者企业之间在线上签订合作意向以后,线下再进行实体合同的签订。

6) 虚拟供应链实施运行

按照市场客户需求规定,虚拟供应链信息管理系统从其整体规划角度出发,确认其作业内容,明确任务。根据其任务来规划虚拟供应链整体配置,全面设计功能单元以及节点之间的衔接步骤,规定虚拟供应链节点企业需要完成的任务以及提供的企业资源(包括节点企业的人力、财力、物力、技术、信息处理能力)。

主要问题有以下几个:

(1) 节点企业在虚拟供应链中的角色(包括产品配件供应商、产品生产制造商、产品分销商和产品零售商)。

(2) 产品的运输衔接设计问题(包括产品生产完成时间、交接时间、交接地点、运输线路等问题)。

(3) 节点企业的生产准备和产品生产过程设计(包括选取的生产工艺,使用的相关设施,管理生产程序,实时跟踪控制产品质量以及产品仓储和配送管理等问题)。

(4) 市场营销任务与售后服务设计。配置规划中,需要应用到众多的数据处理工具、信息分析技术和理论知识,包括智能化数据统计分析系统、模糊数学分析系统、流程设计软件和博弈论等。

7) 虚拟供应链性能评价及再配置

在虚拟供应链实施运行中,需要虚拟供应链的主要检测机构,通过先进的计算方法和技术检验虚拟供应链的整体构建性能,如果不能达到相应标准,再次进行虚拟供应链实施运行这一步骤重新进行部署配置,目标是使虚拟供应链保持最优化的性能,以满足实时千变万化的市场环境;如果达到相应标准,则可实施虚拟供应链管理。

8) 利益分配及虚拟供应链解散

虚拟供应链的节点企业根据事先签订的合作协议,按照合同中规定的利益分配原则进行利益分配。在进行了利益分配以后,整个虚拟供应链的运行才算结束,虚拟供应链宣告解散。虚拟供应链解散以后,客户根据相应的服务态度以及产品质量,对虚拟供应链服务进行评价,随后将评价结果提供给虚拟供应链服务系统,虚拟供应链服务系统根据客户的评价,及时对这些节点企业单位的信息进行更新,并调整企业的相应参数,以便下次使信息中心匹配出来的结果更能符合虚拟供应链的最优结果。

2. 虚拟供应链构建原则

虚拟供应链的构建过程需要遵循以下几个方面原则。

1) 将客户的要求放在第一位

市场机会或客户需求是激发虚拟供应链组建的诱因,其主体方都是供应链客户。一方面客户作为虚拟供应链的中心主题出现，并且虚拟供应链的目标就是满足客户需求以及抓住市场机会，另一方面，市场客户作为虚拟供应链中唯一的资金源产生单元，也说明虚拟供应链存在唯一一个资金源头——市场客户。因此，虚拟供应链以客户优先原则为前提。虚拟供应链组建运作服务由市场客户开始，也结束于市场客户，虚拟供应链整体全部运作的最终效果是市场客户唯一的感受。

2) 保证高效的组建速度

由于转瞬即逝的市场机会难以全面把握，因此，在当前市场有任何客户需求时，只有及时获取市场客户信息，把握需求动向，以最短的时间组建起虚拟供应链，才能突出虚拟供应链的高效性，取得市场主动权，获得竞争地位，而不是将时间不断地花费在虚拟供应链的优化选择上，以免所有企业丢失掉市场机会。

3) 功能实用，便于重建

虚拟供应链所处的市场环境千变万化，内部环境和外部环境的影响使得虚拟供应链的运作隐含一定的风险，并可能破坏虚拟供应链运行架构的稳定性。这就要求虚拟供应链的组建必须具有相应的柔性特色，便于重建。因此，在虚拟供应链的构建设计中，应对所处的环境进行衡量，把各种风险因素进行量化说明，预测出它们对虚拟供应链系统整体的影响范围，以便提前采取监控预防措施，使得虚拟供应链不会因为某一环节或者某一因素出现的问题，而导致整条虚拟供应链的运作受阻，最终产生虚拟供应链运行失败的结果。

4) 适度的节点管理

虚拟供应链节点企业运作管理应该从实际情况出发，适度要求合作伙伴企业内部组织架构、管理模式等影响虚拟供应链运作的因素，而更应该以虚拟供应链满足顾客的需求为主要目的，关注于合作伙伴企业所提供的资源和信息等方面，目的是减少分歧，避免造成虚拟供应链节点企业不必要的流失。

本 章 小 结

本章首先介绍了供应链及供应链管理的概念，分析了供应链管理的特点与作用以及供应链管理的发展趋势；其次，介绍了供应链管理的策略，详细介绍了快速反应策略和有效客户反应策略，并对二者进行了比较；再次，介绍了供应链管理的实施；最后，介绍了虚拟供应链的概念和分类，分析了其特点及构建。

配 套 实 训

1．选择一家电子商务企业作为研究对象，分析其物流运作的流程及相应特点，分析其供应链运作的完整流程。

2．撰写分析报告并制作 PPT 进行介绍分享。

课 后 习 题

一、填空题

1．所谓供应链，其实就是由_____、_____、_____、_____和_____等构成的物流网络。

2．供应链管理的实质是深入供应链的_____，将顾客所需的正确产品能够在正确的时间，按照正确的数量、正确的质量和正确的状态送到正确的地点，并使总成本_____。

3．快速反应是 20 世纪 80 年代末在_____开始实施的，由美国的服装行业以及主要的连锁零售商(如沃尔玛、凯玛特)等推动的。

4．ECR 的优势在于供应链各方为提高_____这一共同的目标进行合作，分享信息和决策，它是一种把以往处于分散状态的供应链节点有机联系在一起以满足_____的工具。

5．改善供应链物流状况的前提是企业调查分析当前的供应链的物流情况以及_____的情况，找出需要改进的地方。

6．虚拟供应链是指具有合作意愿的企业，通过全球互联网，依托于专业、独立的_____，由第三方网络信息技术中心提供供应链所需的技术和服务，临时组合在一起，为了共同的目的，构建而成的_____。

二、简答题

1．简述供应链管理的特点与作用。

2．简述快速反应策略的 3 个重要组成部分。

3．简述实施有效客户反应的基本原则。

4．简述 QR 与 ECR 的异同。

5．简述虚拟供应链的特点。

第7章 配送中心

掌握配送的概念及分类，理解配送的作用和意义；掌握配送中心的概念、分类和功能；掌握配送中心的作业流程和流程的优化管理，理解配送中心的效率化；掌握配送中心选址的原则，理解配送中心选址的影响因素，熟悉配送中心选址的流程，了解配送中心选址方法。

7.1 配 送 概 述

7.1.1 配送的概念

配送是指在经济合理区域范围内，根据客户要求，对物品进行拣选、加工、包装、分割、组配等作业，并按时送达指定地点的物流活动。可以从以下几个方面对配送的概念进行理解。

1. 配送和送货的区别

配送和送货的区别在于，配送不是一般概念的送货，也不是生产企业推销产品时直接从事的销售性送货，而是从物流节点至用户的一种特殊送货形式。从送货功能看，其特殊性表现为：

(1) 从事送货的是专职流通企业，而不是生产企业；

(2) 配送是"中转"型送货，而一般送货(尤其从工厂至用户的送货)往往是直达型的；

(3) 一般送货是生产什么、有什么送什么，配送则是需要什么送什么。

2. 配送和输送、运输的区别

配送和输送、运输的区别在于，配送不是单纯的运输或输送，而是运输与其他活动共同构成的有机体。配送中所包含的那一部分运输活动在整个输送过程中处于"二次输送""支线输送""末端输送"的位置，其起止点是物流节点至用户，这也是不同于一般输送的特点。

3. 配送和一般概念的供应或供给的区别

配送和一般概念的供应或供给的区别在于，配送不是广义概念的组织物资订货、签约、结算、进货及对物资处理分配的供应，而是以供给者进货到户式的方式进行供应。从服务方式来讲，配送是一种"门到门"的服务，可以将货物从物流节点一直送到用户的仓库、营业所、车间乃至生产线的起点。

4．配送和运送、发放、投送的区别

配送和运送、发放、投送的区别在于，配送是在全面配货的基础上，充分按照顾客要求(包括种类、数量、时间等方面的要求)所进行的运送。因此，配送除了包含各种"运""送"活动外，还要大量从事分货、配货、配装等工作，是"配"和"送"的有机结合。

7.1.2　配送的类型

1．按配送组织者不同分类

1) 商店配送

商店配送的组织者是商业或物资的门市网点，这些网点主要承担零售，规模一般不大，但经营品种较齐全。除日常零售业务外，还可根据用户的要求将商店经营的品种配齐，或代用户外订、外购一部分商店平时不经营的商品，和商店经营的品种一起配齐送给用户。这种配送组织者的实力很有限，往往只是小量、零星商品的配送。对于商品种类繁多且需用量不大，有些商品只是偶尔需要而很难与大配送中心建立计划配送关系的用户，可以利用小零售网点从事此项工作。商店配送的商业及物资零售网点数量较多，配送半径较短，所以更为灵活机动，可承担生产企业重要货物的配送和对消费者个人的配送，它们对配送系统的完善起着较重要的作用。这种配送是配送中心配送的辅助及补充形式。

2) 配送中心配送

配送中心配送是配送的重要形式，组织者是专职从事配送的配送中心，规模较大，可按配送需要储存各种商品，储存量也较大。配送中心专业性强，可以和用户建立固定的配送关系，一般实行计划配送，所以需配送的商品往往都有自己的库存，很少超越自己的经营范围。配送中心的建设及工艺流程是根据配送需要专门设计的，所以配送的能力大、距离较远、品种多、数量大，可以承担工业企业生产用主要物资的配送，零售商店需补充商品的配送，以及向配送商店实行补充性配送等。

2．按配送商品种类及数量不同分类

1) 单(少)品种大批量配送

对于工业企业需要量较大的商品，单独一个品种或仅少数品种就可达到较大输送量，可实行整车运输，这种商品往往不需要再与其他商品搭配，可由专业性很强的配送中心实行这种配送。由于配送量大，可使车辆满载并使用大吨位车辆。在配送中心中，内部设置无需太复杂，组织、计划等工作也较简单，因而配送成本较低。单品种大批量配送的优势范围较窄，当可用汽车、火车、船舶从生产企业将这种商品直抵用户，同时又不会导致用户库存效益变坏时，采用直送方式往往有更好的效果。

2) 多品种少批量配送

各工业生产企业所需的重要原材料、零部件一般需要量大，要求也较均衡，采取直送或单品种大批量配送方式可以收到较好的效果。但是现代企业生产的所需，除了少数几种重要物资外，从种类数来看，处于 B、C 类的物资种类数远高于 A 类重要物资，这些种类品种数多，单种需要量不大，若采取直送或大批量配送方式，由于必须加大一次进货批量，则易造成用户库存增大，库存周期拉长，库存损失严重，导致困死大量资金，所以不能采取直送或大批量配送方法。类似情况也出现在向零售商店补充配送，国外开展的向家庭配送也是如此，这些情况适合采用的方式便是多品种少批量配送。多品种少批量配送按照用户要求，将所需的各种物品(每种需要量不大)配备齐全，凑整装车后由配送节点送达用户。这种配送对配货作业的水平要求较高，配送中心设备较复杂，配送计划较困难，要有高水平的组织工作保证与配合。高水平、高技术的配送方式要反映在多品种、少批量的配送中，这种方式也正切合现代"消费多样化""需求多样化"的新观念，所以它是许多发达国家特别推崇的方式。

3) 配套成套配送

配套成套配送是根据企业生产需要(尤其是装配型企业生产需要)，将生产所需的全部零部件配齐，按照生产节奏定时送达生产企业，生产企业随即可将此成套零部件送入生产线装配产品。采取这种配送方式时，配送企业实际承担了生产企业大部分的供应工作，使生产企业专注于生产，有如同多品种少批量配送一样的效果。

3. 按配送时间及数量不同分类

1) 定时配送(准时配送)

定时配送即按照规定的时间间隔进行配送，如几天一次、几小时一次等，每次配送的品种及数量可以事前拟定长期计划，规定某次多大的量，也可以配送时日之前以商定的联络方式(如电话、计算机终端输入等)通知配送品种及数量。这种配送方式时间固定，易于安排工作计划，易于计划使用车辆，对用户来讲，也易于安排接货力量(如人员、设备等)。但由于备货的要求下达较晚，集货、配货、配装难度较大，在要求配送数量变化较大时，也会使配送安排出现困难。

2) 定量配送

定量配送即按照规定的批量进行配送，但不严格确定时间，只是规定在一个指定的时间范围内配送。这种方式由于数量固定，备货工作较为简单，无需经常改变配货、备货的数量，可以按托盘、集装箱及车辆的装载能力规定配送的定量，因此能有效利用托盘、集装箱等集装方式，也可做到整车配送，配送效率较高。由于不严格限定时间，将不同用户所需的物品凑整车后配送，运力利用也较好。对用户来讲，每次接货都处理同等数量的货物，有利于准备人力、设备。

3) 定时、定量配送

定时、定量配送即按照规定的准确的配送时间和固定的配送数量进行配送，这种方式在用户较为固定，又都有长期的稳定计划时，采用起来有较大优势，有定时、定量两种方式的优点。这种方式特殊性强，计划难度大，适合采用的对象不多，虽较理想，但不是一种可普遍采用的配送方式。

4) 定时、定路线配送

定时、定路线配送是在确定的运行路线上制定到达时间表，按照运行时间表进行配送，用户可在规定路线站及规定时间接货，可按规定路线及时间表提出配送要求，进行合理选择。采用这种方式有利于计划安排车辆及驾驶人员。在配送用户较多的地区，也可免去过分复杂的配送要求造成的配送计划、组织工作、配货工作及车辆安排的困难。对用户来讲，既可在一定路线、一定时间进行选择，又可有计划地安排接货力量，也有其便利性。但这种方式的应用领域也是有限的，不是一种可普遍采用的配送方式。

5) 即时配送

即时配送是不预先确定配送数量，也不预先确定配送时间及配送路线，而是完全按照用户要求的时间、数量进行配送的方式。这种方式以某天的任务为目标，在充分掌握了这一天的需要量及种类的前提下，即时安排最优的配送路线并安排相应的配送车辆实施配送。这种配送可以避免上述两种方式的不足，做到每天配送都能实现最优的安排，因而是水平较高的方式。采用即时配送方式时，为了能有效地计划、指导配送，可以在期初按照预测的结果制订计划，以便统筹安排一个时期的任务，并准备相应的力量，实际的配送实施计划则可在配送前一两天根据任务书做出。

4. 其他配送方式

1) 共同配送

几个配送中心联合起来，共同制订计划，共同对某地区用户进行配送，具体执行时共同使用配送车辆，这种方式称为共同配送。若某一地区用户不多，当各企业单独配送时，则因车辆不满载等原因易致使经济效果不好，难于开展配送业务。如果将众多配送企业的用户集中到一起，就有可能有效地实施配送，这种情况采取共同配送是有利的。共同配送的收益可按一定比例由各配送企业分成。

2) 加工配送

若在配送中心进行必要的加工，则可使配送工作更主动、更完善。这种将流通加工和配送一体化，使加工更有针对性、配送服务更趋完善的形式即为加工配送。

5. 新型配送方式

1) 分钟级配送

分钟级配送是指速度响应较快的一种配送模式，可以有两种理解方式：一是指收件时间和配送时间精确到分钟；二是指消费者网上下单后，平台通过大数据、人工智能、智慧供应链等技术手段，利用线下实体店或前置仓资源，将商品在 30～120 分钟内交付到消费者手中。

显然，分钟级配送是突破传统物流服务速度上线的新型配送方式。消费者日益增长的周边生活服务需求直接驱动末端物流服务提速增效，推动了商超宅配模式(商场里的超市直接对周边客户点对点配送)迅猛发展，为分钟级配送提供了需求基础。物联网、大数据、人工智能等新技术的不断迭代，线上线下协同融合的新零售模式日益成熟，为分钟级配送模式的实现提供了技术条件。

高效快捷的物流配送可以带来颗粒度更高的极致购物服务。各大电商平台已敏锐地捕捉到这一商机，纷纷通过大数据和智慧算法把商品提前布局到消费者身边，力求做到"未卜先知"。物流快递业在需求侧驱动和先进技术的支撑下，将配送的计时单位由天缩短到小时，更进一步缩短到分钟的同时，也提高了用户幸福感，为新零售时代树立了速度标杆。

2) 无人配送

无人配送是指快递全程无人化处理的配送方式：包裹从无人仓库出发，通过无人驾驶的运输设备被迅速运输到分拨中心，然后装上最后一公里无人配送小车或通过自动化设备送到客户手中。

近几年，为了解决快递"最后一公里"的配送难题，菜鸟网络、京东、苏宁等企业都开始加大对无人技术的研发。电商及物流企业开始大规模使用智能仓储分拣技术，并涉及各种无人设备，以及无人仓、无人机、无人车、机器人配送等人工智能技术。无人智能化技术逐渐实现量产和规模化应用。

小链接

疫情之下外送压力倍增，无人配送车纷纷上路

新冠肺炎疫情暴发后，为减少人际接触带来的潜在感染风险，外卖、电商平台纷纷推出无接触配送服务。与此同时，旨在解决末端配送的无人配送车也开始上路，成为企业防疫行动的一部分。

2020年2月18日，美团宣布其无人配送车"魔袋"在北京顺义多个社区投入运营，为在美团买菜下单的用户提供配送服务。美团称，此举既是为了缓解订单量暴涨导致的运力紧张，也是为了降低人际传播带来的潜在感染风险。

在美团无人车落地顺义之前，京东的无人配送车也被紧急运至武汉，用于在定点医院附近的特殊站点进行末端配送服务。疫情暴发后，武汉地区对无人配送的需求很大。原本京东预计在2020年内陆续完成相关无人车的量产和推进工作，疫情导致这一计划被迅速提前，目前已经在工厂加紧生产即将运往武汉的无人车有30台，后续还会视具体需求看是否追加。除了末端配送外，某些高危场景也存在无人配送需求，例如，对于病患集中的医院，人越少越安全。目前，京东正在与政府、医院沟通，希望在这些场景逐步引入无人车完成配送任务。

无论是美团还是京东，疫情期间推出的无人配送都属于末端配送，配送范围约在5公里以内。这类无人车体型小，重量轻，车速慢，可快速落地。在众多无人驾驶的场景中，末端配送被行业公认为是目前最易落地，也是最能快速见效的场景。业内预测，从快递、外卖及生鲜配送三个领域的需求量来说，无人配送市场有望达到千亿规模。

(资料来源：网易科技. 疫情之下外送压力倍增，无人配送车纷纷上路. http://tech.163.com/20/0220/17/F5RJ5R8L00097U80.html.)

7.1.3 配送的作用和意义

1. 完善了输送及整个物流系统

第二次世界大战之后，由于大吨位、高效率运输力量的出现，干线运输无论在铁路、海运抑或公路方面都达到了较高水平，长距离、大批量的运输实现了低成本化。但是在所有的干线运输之后，往往都要辅以支线或小搬运，这种支线运输及小搬运成了物流过程的一个薄弱环节。这个环节有和干线运输不同的许多特点，如灵活性、适应性、服务性的要

求较高，致使运力往往利用不合理、成本过高等问题难以解决。若采用配送方式，则将支线运输及小搬运统一起来，加上上述的各种优点，使输送过程得以优化和完善。

2．提高了末端物流的效益

采用配送方式不仅可以在进货时实现增大进货批量，而且可以将各种商品用户集中起来进行一次发货(代替了分别向不同用户小批量发货)，从而达到经济发货，提高了末端物流经济效益。

3．通过集中库存使企业实现低库存或零库存

实现了高水平的配送之后，尤其是采取准时配送方式之后，生产企业可以完全依靠配送中心的准时配送而无需保持自己的库存，或者生产企业只需保持少量保险储备而不必留有经常储备，就可以实现生产企业多年追求的"零库存"，将企业从库存的包袱中解脱出来，同时解放出大量储备资金，从而改善企业的财务状况。实行集中库存后，集中库存的总量远低于不实行集中库存时各企业分散库存的总量，同时增强了调节能力，也提高了社会效益与经济效益。此外，采用集中库存时可利用规模经济的优势，使单位存货成本下降。

4．简化事务，方便用户

采用配送方式，用户只需向一处订购，或和一个进货单位联系就可订购到以往需去许多地方才能订到的货物，只需组织对一个配送单位的接货便可代替现有的高频率接货，因而大大减轻了用户的工作量和负担，也节省了事务开支。

5．提高供应保证程度

若通过生产企业自己保持库存，维持生产，则供应保证程度很难提高(受到库存费用的制约)。采取配送方式，配送中心可以比任何单位企业的储备量更大，因而对每个企业而言，中断供应、影响生产的风险便相对缩小，使用户免去短缺之忧。

7.2　配送中心概述

7.2.1　配送中心的定义

零售业(如百货商场、超级市场、专卖店等)的多店铺化、连锁化以及多业态化。对物流作业的效率提出了更高的要求，原来相互分割、缺乏协作的仓储、运输、批发等传统物流企业难以适应现代物流业的发展要求，专业性的物流配送经营实体——配送中心便应运而生。

中华人民共和国国家标准《物流术语》(GB/T18354—2001)对配送中心(distribution center)的定义是：从事配送业务的物流场所或组织，应基本符合下列要求：

(1) 主要为特定的用户服务。

(2) 配送功能健全。

(3) 完善的信息网络。

(4) 辐射范围小。

(5) 多品种、小批量。

(6) 以配送为主、储存为辅。

鉴于配送中心的定义，对配送中心可以从以下角度进一步理解：

(1) 配送中心的"配送"工作是其主要职能。

(2) 配送中心为了实现配送，要进行必备的货物储备。

(3) 配送中心可以按一定的配送辐射范围完成自行承担送货，也可以利用社会运输企业完成送货，配送中心是配送的组织者。

(4) 配送中心利用配送信息网络实现其配送活动，将配送活动与销售或供应等经营组织活动相结合。

(5) 配送中心为了能更好地组织送货，必须进行零星集货、批量进货等各种资源的搜集工作和对货物的分拣、配送等工作，因此，它具有集货中心、分货中心的职能。为了更有效地配送，配送中心往往还有比较强的流通加工能力，配送中心实际上是集货中心、分货中心、加工中心的综合。

(6) 配送中心是"现代流通设施"。在这个流通设施中，以现代装备和工艺为基础，不但处理商流，而且处理物流和信息流。配送中心是兼有商流、物流和信息流的全功能的流通设施。由此可见，配送中心是从供应者手里接收多种大量的货物，进行倒装、分类、保管、流通加工和情报处理等作业，然后按照众多需求者的订货要求备齐货物，以令人满意的服务水平进行配送的设施。

(7) 配送中心是在物流领域中社会分工、专业分工进一步细化的产物。配送中心不但要承担起物流节点的功能，还要起到衔接不同方式和不同规模的运输的功能。

7.2.2　配送中心的类型

根据不同的分类方式，配送中心可以分为不同的类型。

1. 从隶属关系角度分类

1) 生产企业自办的配送中心

生产企业自办的配送中心一般由规模较大的跨国公司出资兴建，其目的是为本公司生产的产品进行实体分配。在发达国家，这类配送中心的数量比较多。例如，德国林德公司所建配送中心的建筑面积为 12 000 m²，主要从事林德产品的维修零部件服务。日本的小松、日产、松下、丰田、资生堂、东芝、三菱等知名公司，都拥有自己的配送中心和运输工具，有的还拥有专用码头。这些大的生产企业规模很大，大得足以使零部件、产成品的运输、仓储部分独立出来，成为配送中心。可以预见，因为这种配送中心有本企业产品的支持，所以尽管第三方物流日渐被人们接受，大企业的自办物流也不会消亡。

2) 商业企业自办的配送中心

商业企业自办的配送中心又可细分为批发商的配送中心和零售商的配送中心。这类物流配送中心有的从事原材料、燃料、辅助材料的流转，有的从事大型超市、连锁店的产品配送，如沃尔玛、麦德龙、家乐福、易初莲花等大型零售企业自办的配送中心，这种配送中心的辐射半径约为 150～200 km。

3) 仓储、运输企业设立的配送中心

仓储企业天然可以成为配送中心，因为它是物流的节点，拥有土地、库房、站点和装卸设备，功能的扩展使它演变成配送中心。运输企业设立物流配送中心，是因为它需要物流节点以整理、配载、换载货物，达到扩大功能、节约物流成本的目的。美国的 APA 运输公司在纽约就拥有这样的一个配送中心。该配送中心占地约 50 000 m²，建有一个 20 000 m²的流转库，每天分拣公司集中运来的送往纽约市和纽约市送往外地的货物。这里运输业务是主营业务，保管、分拣业务成了延伸业务。由此推及，轮船公司、邮政部门、铁路运营公司、机场及航空运输企业都可拥有自己的配送中心。

4) 社会化的配送中心

社会化的配送中心往往为中小工商企业服务或为物流公司服务。此类配送中心或由政府出资，或由众多企业集资建成。该类配送中心拥有公共使用的装卸货平台、设备、设施，拥有可以分割产权或分割成单元的库房。例如，西班牙马德里内陆港配送中心拥有几十幢独立仓库，由众多物流企业经营，经营的品种有原料、工业品、生活用品、邮件、包裹、报纸等；德国不莱梅配送中心有 52 家物流企业进驻；东京和平岛配送中心拥有由多家物流企业、生产企业、商业企业共同使用的配送中心。

2．根据作业特点分类

1) 流通型配送中心

流通型配送中心是一种基本上没有长期储存功能，仅以暂存或随进随出方式进行配货、送货的配送中心。这种物流配送中心的典型作业方式是大量货物整进并按一定批量零出，采用大型分货机。进货时直接进入分货机传送带，分送到各用户货位或直接分送到配送汽车上，货物在配送中心里仅做短暂停滞。

2) 加工配送型配送中心

加工配送型配送中心以加工产品为主，因此，在其物流配送作业流程中，储存作业和加工作业居主导地位。由于流通加工多为单品种、大批量产品的加工作业，并且是按照用户的要求安排的，因此，对于加工配送型的配送中心，虽然进货量比较大，但是分类、分拣工作量并不太大。此外，因为加工的产品品种较少，一般都不单独设立拣选、配货等环节。通常，加工好的产品可直接运到按用户户头划定的货位区内，并且要进行包装、配货。但是加工配送型配送中心的实例目前并不多见。我国上海市和其他城市已开展的配煤配送，配送点中进行了配煤加工，上海 6 家船厂联建的造船用钢板处理配送中心、原物资部北京剪板厂等都属于这一类型的中心。

3) 批量转换型配送中心

一般情况下，批量转换型配送中心主要以随进随出的方式进行分拣、配货和送货，产品以单一品种、大批量方式进货，然后在配送中心转换成小批量，商品在配送中心仅做短暂停滞。

3．根据服务区域分类

1) 城市配送中心

城市配送中心是以城市区域为配送范围的物流配送中心。由于城市范围一般处于汽车运输的经济里程内，这种配送中心可直接配送到最终用户，且常常采用汽车进行配送，因此，这种配送中心往往和零售经营相结合。由于其运距短、反应能力强，因而从事多品种、少批量、多用户的配送较有优势。我国已建的北京食品配送中心即属于这种类型。

2) 区域配送中心

区域配送中心是以较强的辐射能力和库存准备，向省(州)际、全国乃至国际范围的用户配送的配送中心。这种配送中心规模较大，一般而言，用户数量、配送批量也较大，而且往往不仅配送给下一级的城市配送中心，还配送给营业所、商店、批发商和企业用户，虽然也从事零星的配送，但不是主体形式。这种类型的配送中心在国外十分普遍，例如，日本阪神配送中心，美国马特公司的配送中心、蒙克斯帕配送中心等就属于这种类型。

4. 根据货物的流向分类

1) 供应配送中心

供应配送中心是专门为某个或某些用户(如联营商店、联合公司)组织供应的配送中心。例如，为大型连锁超级市场组织供应的配送中心，代替零件加工厂送货的零件配送中心(使零件加工厂对装配厂的供应合理化)。我国上海地区 6 家造船厂的钢板配送中心就属于供应型配送中心。

2) 销售配送中心

销售配送中心是以销售经营为目的、以配送为手段的配送中心。销售配送中心大体有三种类型：第一种是生产企业为本身产品直接销售给消费者而设立的配送中心，在国外，这种类型的配送中心较多；第二种是流通企业作为本身经营的一种方式，建立配送中心以扩大销售，我国目前拟建的配送中心大多属于这种类型；第三种是流通企业和生产企业联合的协作性配送中心。比较起来，国外和我国的发展趋势都向以销售配送中心为主的方向发展。

5. 根据服务的适应性分类

1) 专业配送中心

专业配送中心大体上包含以下两种：

(1) 配送对象、配送技术属于某一专业范畴，在某一专业范畴有一定的综合性，综合这一专业的多种物资进行配送，如多数制造业的销售配送中心。我国目前在石家庄、上海等地建立的配送中心大都采用这一形式。

(2) 以配送为专业化职能，基本不从事经营的服务型配送中心，如《国外物资管理》杂志中介绍的蒙克斯帕配送中心。

2) 柔性配送中心

柔性配送中心在某种程度上是和第二种专业配送中心相对立的配送中心，这种配送中心不向固定化、专业化方向发展，而向能随时变化、对用户要求有很强的适应性、不固定供需关系、不断发展配送用户并改变配送用户的方向发展。

6. 根据配送货物种类分类

根据配送货物种类不同，可将配送中心分为食品配送中心、日用品配送中心、医药品配送中心、化妆品配送中心、家电产品配送中心、电子产品配送中心、书籍产品配送中心、服饰产品配送中心、汽车零件配送中心等。

7.2.3 配送中心的功能

一般来说，配送中心的功能主要包括以下几个方面。

1．集货发货功能

集货发货功能是指将分散的、小批量的货物集中起来，便于集中处理的功能。生产型配送中心往往从各地采购原材料、零部件，在进入生产组装线之前进行集货，以便按生产的节拍投入物料。同时，生产企业的产成品和零配件也要集中保管、分拣、发运。商业型配送中心需要采购几万种商品进行集中保管，按店铺销售情况进行分拣、包装、配送、补货，以满足消费需求。社会公共配送中心则实现货物的转运、换载、配载、配送等功能。集货发货功能一般要求配送中心具有实现长、短途两种运输方式货物交换的平台和工具，如码头、站台、库房、吊车、传送设施、分拣设备等。

2．储存功能

为了满足市场需求的及时性和不确定性，不论何类配送中心，均需具备储存功能。生产企业所谓的"零库存"，是将库存转移至物流企业和商业企业，以减少自己的资金占用。储存的功能主要在于保存商品的使用价值，减少自然损耗，更重要的是保证生产企业的连续不间断生产和满足消费者的需求，以免引起因货物断档而造成的市场恐慌。任何时候，储存功能的蓄水池作用都是存在的。

3．分拣功能

分拣功能是指根据客户对多种货物的需求和运输配载的需求，将所需货物从储存货物中挑选出来，以便集中配货。

4．加工包装功能

配送中心根据客户需要，一般要将材料进行简单加工以方便客户的运输和精加工，这种加工在金属材料的剪切、弯折等项目上较为普遍。包装功能是指将散货改为有包装的货物，以及大改小、小并大等项工作。

5．配送功能

配送功能是指配送中心根据客户需求，将货物按时按量送至客户。配送的核心是配，既有配货的含义也有配载的含义：可以为同一用户配送多品种、多规格的货物，也可以是一台车次为不同用户配送一种或多种货物；可以为商业经销、最终客户配送生活资料，也可以为生产厂商配送原材料、零部件。有的学者根据不同的配送方式将配送分为专业配送、综合配送、共同配送、经销配送、供应配送等。

6．商品展示与贸易功能

在日本及其他发达国家的配送中心里，还具备商品展示和贸易功能。东京和平岛配送中心就专门设立了商品展示和贸易大楼。这也是配送中心向高级阶段发展的必然趋势，因为货物只有卖出去才能有价值。

7．信息功能

由于多种功能齐聚在配送中心，配送中心必然会成为信息中心。货物到达、分发、装卸、搬运、储存保管、销售、客户、价格、运输工具及运行时间等各种信息在这里交汇、收集、整理和发布。

8. 增值服务功能

为了进一步挖掘第三利润源泉，延伸物流系统作用范围，提高竞争力，配送中心具有更多的增值服务功能：

(1) 结算功能。不仅仅是物流费用的结算，在从事代理、配送的情况下，配送中心还要替货主向收货人结算货款等。

(2) 物流系统设计咨询功能。配送中心可为企业设计物流系统，协助企业选择评价供货商、分销商以及物流服务供应商，开展"第四方物流"。

(3) 物流教育与培训功能。配送中心可向客户提供物流教育和培训服务，提高企业的物流管理水平，培养客户与配送中心经营者的认同感。

(4) 需求预测功能。配送中心根据进出货信息预测市场对商品的需求，供生产企业参考。

(5) 其他服务功能。如报关、代理征税，协助订货、销售，提供售后服务、运输生产服务、生活服务等。

7.3 配送中心作业流程及效率优化

7.3.1 配送中心作业流程

配送中心的主要作业活动包括订单处理、采购、进货入库、库存保管、拣选与分货、流通加工、出货及配送等。其中，拣选和配送是配送中心的核心内容。配送中心各活动之间衔接紧密，环环相扣，整个过程既包括实体物流，又包括信息流，同时还包括资金流。配送中心作业流程合理与否、作业效率的高低会直接影响整个物流系统的运行。

1. 订单处理作业

配送中心的交易起始于客户咨询、业务部门的报表，而后接收订单，业务部门查询出货日的存货状况、装卸货能力、流通加工负荷、包装能力、配送负荷等来答复客户，而当订单无法依客户的要求交货时，业务部门可加以协调。由于配送中心一般均非随货收取货款，而是在客户收货一段时间后予以结账，因此在处理订单资料的同时，业务人员需依据公司对该客户的授信状况查核是否已超出其授信额度。除以上作业外，订单处理作业还包括统计该时段的订货数量，并予以调货、分配出货程序及数量，以及退货资料的处理等。另外，还必须制定报表计算方式，做报表历史资料管理，制定客户订购最小批量、订货方式或订购结账截止日。

在配送中心每天的营运作业里，订单处理为每日必行的作业，也是一切作业的起始，因此，订单处理的效率极大地影响着后续作业的进程。

由于零售商具有多品种、小批量的订货趋势，配送中心面临着诸多问题，订单处理便是其中之一。如何快速、正确、有效地取得订货资料，如何有效处理因多品种、小批量、高频度订货所引发的大量、繁杂的订货资料，如何追踪、掌握订单的进度以提升客户服务水平，以及如何支持、协调、配合相关作业等，都是订单处理需要关注的难点。

2. 采购作业

接受交易订单后，根据库存情况，配送中心要从供货厂商或制造厂商订购商品，而后依据所制订的数量及供货厂商所提供的较经济的订购批量，提出采购单。发出采购单后则进入进货入库的跟踪运作。

3. 进货入库作业

当采购单开出后，采购人员开始进货入库跟踪催促程序，入库管理员即可依据采购单上的预定入库日期，做入库作业、入库站台排程，并在预定入库日期前再次进行时间确认(最好精确到小时)。而后于商品入库当日，当货品到达时做入库资料查核、入库品检，查核入库货品是否与采购单内容一致，当品项或数量不符时即做适当的修正或处理，并将入库资料登录建档。入库管理员可依一定的方式指定卸货及栈板堆叠。对于由客户处退回的商品，退货品的入库亦经过退货品检、分类处理，而后登录入库。

同时，入库管理员要随时掌握计划中或在途中的进货量，可用的库房空储仓位，装卸人力等情况，并适时与总部(或客户)、仓储保管人员、装卸人员进行沟通。

4. 库存管理作业

库存管理作业包含仓库区的管理及库存数是控制。仓库区的管理包括以下几个方面：

(1) 货品在仓库区域内的摆放方式、区域的大小、区域的分布等规划。

(2) 货品进出仓库的作业流程贯彻三先原则(先进先出、先销先出、储存期短先出)。

(3) 进出货方式的制定，包括货品所用的搬运工具、搬运方式等。

(4) 仓储区储位的调整及变动。

(5) 容器的使用与保管维修，工器具的管理。

库存数量的控制依照一般货品出库数量、库存时间等来制定采购数量及采购点，并制定采购点预警系统。同时，制定库存盘点方法，根据 ABC 管理方法进行有针对性的盘点清册，并依据盘点清册内容清查库存数，修正库存账册并制作盘亏报表。

储存商品的在库保管作业，除了要加强对商品的保养，确保储存商品的质量安全，最大限度地保持商品在储存期间内的使用价值，减少商品保管损失外，还要加强储位合理化和储存商品的数量管理工作。储位即商品的储存位置，对储存商品应当做到定位管理。商品储位可根据商品属性、周转率、理货单位等因素来确定。储存商品的数量管理必须依靠健全的商品账物制度和盘点制度，商品账是记载所保管商品进、出、存动态的正式纪录，记载商品账必须以合法的进出仓凭证为依据。对于存放在流转型仓库的发送商品，由于储存期比较短，一般不采取建立商品账的办法，但要做好发送和待送商品的统计工作。

5. 拣选与分货作业

拣选是配送中心作业活动中的核心内容。所谓拣选就是按订单或出库单的要求，从储存场所选出物品，并放置在指定地点的作业。由于配送中心所处理的商品种类繁多，而且要面对众多的服务客户，因此，要在短时间内高效率、准确地完成上百种甚至更多品种商品的拣选就变成一项复杂的工作。配送中心的最终任务是按照客户的订单要求及时将商品送达客户手中，要面对众多客户提供配送服务(为连锁店铺服务的配送中心同时要向几十个甚至上百个店铺配送商品），因此，集中拣选出来的商品要按店铺、车辆、路线分别分组码放在指定的场所，大型配送中心则一般利用大型的高速自动分拣设备完成分拣作业。

6. 流通加工作业

流通加工是流通中的一种特殊形式，是在流通领域中对生产的辅助性加工，从某种意义来讲，它不仅是生产过程的延续，实际是生产本身或生产工艺在流通领域的延续。流通加工是在物品从生产领域向消费领域流动的过程中，为了促进销售，维护产品质量，提高物流效率，对物品进行的加工。流通加工不是所有配送中心都必备的作业环节，但往往是有重要作用的功能要素。完善的配送中心必须有流通加工作业区，通过流通加工不仅可以满足不同用户的需要，还可提高配送货物的附加价值。配送中心流通加工的内容与服务对象有关，例如，为生活消费品零售商提供服务的配送中心从事的流通加工活动主要有贴标签、包装、组装、服装整烫、蔬菜加工、半成品加工等，为生产企业从事配送服务的配送中心的流通加工活动有卷板剪裁、木材加工等。

7. 出货及配送作业

完成货品的拣选、分货及流通加工作业后，即可执行商品的出货作业，出货作业主要包含依据客户订单资料编制出货单据、出货排程，印制出货批次报表、出货商品上的地址标签及出货检核表。同时，可由排程人员决定出货方式，选用集货工具，调派集货作业人员，并决定运送车辆的大小与数量，由仓库管理人员或出货管理人员决定出货区域的规划布置及出货商品的摆放方式。

出货作业是仓库保管与运输、配送两个业务部门之间在现场交接商品的作业。其主要任务是：出货人员按照约定的时间，把放置在暂存区即将出货的商品移到排定的出车码头，并使其符合商品的完整性与正确性，然后当面清点交给运输部门，并协助他们装货上车。

配送是配送中心的核心功能，也是配送中心最重要的工作。配送商品的实体作业包含将货品装车并实时配送，而达成这些作业则须事先进行配送区域的划分或配送路线的安排，由配送路径选用的先后次序来决定商品装车的顺序，并于商品的配送途中做好对商品的追踪及控制，以及对配送途中意外状况的处理。

7.3.2　配送中心流程优化管理

配送中心在运转过程中，要对其流程进行优化管理，其目的在于降低自身流程成本的同时也努力为客户降低成本。如何优化配送中心的流程、提高配送效率是困扰物流企业的一个问题。实践中很多不确定因素使得传统理论在实际作业活动中的灵活性降低。

配送中心流程的优化管理可以从以下几个环节进行。

1. 进货环节建立预约机制

进货环节也称为备货环节，它是配送中心运转的基础环节。一般来说，在我国现在的实际物流活动中，备货是经销商自己完成的。在物流专业化的情况下，备货基本上有两种模式：第一种模式是提供配送服务的第三方物流企业直接承担备货责任，主要通过向生产企业、经销企业订货或购货来完成；第二种模式是物流、商流两者相分离的模式，订货、购货等工作通常由货主自己完成，配送中心只负责进货、理货等工作，货物所有权属于货主。进货环节需要考虑的是进货时间控制在谁的手中，是货主还是配送中心。如果是货主，配送中心需要 24 小时值班(因为货主随时都可能进货)。如果是配送中心，那么预约时间就变得非常重要。根据经验，提前一到两天预约是成熟的配送中心的必经手续，如果不预约，配送中心就不受理(因为那样就打乱了配送中心的计划)。

作为配送中心的进货环节，经过预约、验收、交接单据等详细操作，改进了传统物流进货流程的单据不齐全、时间不确定、仓库操作凌乱的现象，实现了传统流程的部分优化，能够满足配送中心运转和客户的要求。

2. 仓储环节优化货物管理

仓储环节是进货活动的延续。在配送中心的活动中，仓储有两种形式：一种是暂时储存，另一种是储备形态。一般来说，暂时储存仅仅适用于周转率大的商品，今天进仓明天出货的商品最适合于利用仓库首层暂存区放置。储备形态是基于安全库存的考虑，按照一定时期配送活动的要求和到货周期有计划地确定能够使配送活动持续进行的库存数量和形式。储备形态则适用于在仓库存放一定时期的商品，一般放在货架上。

配送中心在仓储环节的优化实践主要体现在货位管理上，通过物流信息系统自主选择货位，简便快速地确定货物存放的详细地址。货位管理提供一个静态货位、动态商品的储存模式。货位和货物互为关联，易于寻找，大大降低了盘点、分拣、搬运等仓库作业时间，提高了效率。仓管员从拿到分拣单到货物装到车辆上所花费的时间仅为 25~35 分钟。盘点作业实行定位定码的创新盘点法。分拣作业的优化主要采用数字分拣系统，实现自动化和人工相结合的新思路。配送中心在整个仓储管理和作业过程中，须做到仓库规范化操作，让每个岗位的员工都清楚自己做什么、怎么做、应该遵循什么步骤去做等，通过这种方式来优化仓储环节的流程。

3. 配送环节优化配送线路，提高配送效率

配送中心必须按照配送合理化的要求，在全面计划的基础上制定科学的、距离较短的货运路线，选择经济、迅速、安全的运输方式，选用适宜的运输工具。配送中心在安排每次出车时，可按照物流线性规划和排队论的运筹模型，满足配载的要求。以配送中心在城市配送过程中，适应了我国现阶段的配送情况，对单纯送货进行了改进。比如，制单员在每次制单时，运用配送路线模型确定路线，只要输入有哪几个点且每个点需要送货的数量，模型就会自动选出几条路线，调度人员可根据当时市内的交通流来灵活选择，从而确定了配送点的分区划分、路线安排，大大缩短了花在路上的配送时间。送货单上有客户的详细地址和联系电话，配送司机到达客户所属区域后很容易通过电话找到零售商营业仓库。同时，运输调度合理，尽可能不安排送货跨度很大的车次。相对于国外自动化程度很高的配送中心和交通很便利的城市来说，这些做法虽然不是其核心内容，但是在我国的物流环境下，这已经提高了配送效率。高效的配送需要的是在配送调度和配送运输、交货等具体操作方面的整合优化。

7.3.3 配送中心效率化

在市场竞争日趋白热化的今天，为满足消费者生活的多样化和个性化，保持生鲜食品的鲜度，并减少店铺的商品存量，增加商品品种，提高卖场效率，减小商品销售的机会损

失，超市经营者所提出的商品多品种、少量、多次和及时的配送需求，给配送中心的效率化提出了更高的要求。

配送中心效率化是指为实现多品种、少量、多次和及时的商品配送，所采取的战略、人才和技术等方面的措施，以及提高其组织效率、信息效率和作业效率的有关手段和方法。

实现配送中心的效率化需要对相关的内容做具体的调查和分析，找出影响效率的问题点和不足之处，以整体的合理化为目标构筑其功能的效率化。作为效率化的手段，可以采用用于管理的各种方法和技术。

1. 作业测定及作业研究

对配送中心的作业采用什么样的形态、时间、频度、票据数、品种数、数量和配货方法等实态进行调查、研究后，才能够决定应对有较高价值的方面进行改善，还是应建立新的配送中心体系、对传统的作业进行全面的改革。

调查、研究的程度取决于承担部门的人员、各个专题小组中每个人所花费的时间以及个人知识、经验等因素，这项工作也可以考虑委托外部的咨询公司进行协助。

从现状调查到模拟，得到的结果有所不同，这与测定和分析每项作业的内容，前后作业的关系，以及作业、单据、商品的流程和停滞、到货时间等有关。经过调查和分析，找到问题所在，把握改善方向，决定进行改善、改良或对新体系进行设计，使作业达到省力、省资源并提高配送中心的效率。

2. 时间研究和方法研究

对配送中心时间的研究，首先就要设定作业的标准时间，没有作业的标准时间就无法正确掌握每天的作业量和需要的人员数量。原来利用经验进行标准时间设定的情况较多，但是在商品出入库、配货、流通加工、计量、标贴价签、包装和分拣等一系列作业机械化、自动化的今天，为了达到人与机械系统的最适化，导入传送系统后的作业匹配、组作业、集体作业的效率化，正确的时间研究和方法研究变得非常重要。同时，为了提高作业效率，作业者习惯性的研究对进行作业匹配的调节等也非常有必要。

对于时间的研究，大多采用基于传统的计时法的时间测定，基于工作因素、MTM(method time measurement)、BTM(benchmark timing methodology)等的即定时间值(predetermined time system，PTS)法，以及工作抽样法、VTR(video tape recorder)法等。虽然许多情况下没有必要进行详细的时间测定，但是至少应该掌握大概的时间值。

对于方法的研究，已经机械化、自动化的配送中心可以像工厂一样，对出入库商品的商品分析、作业工程分析、多重活动分析(作业人员与机械设备或小组作业人员与机械的关系)等进行基于工作抽样和VTR的运转率研究。

3. 合理动作原则的应用

配送中心依赖人员手工作业的内容有很多，对于多品种、少量配送，人员手工作业的效率化很关键。由人类基本的动作要素总结出来的"合理动作的原则"，对于工厂人员手工作业的合理化、效率化，起到了相当大的作用。这对于提高生产性，解决效率低下等问题，改善、改良、开发工具和机械设备，都具有重要价值。

在配送中心，可以在很广的范围内应用以上原则。例如，为了配货的效率化，将出库频率高的商品存放于出库用传送带或电梯附近，在易于存取高度的货架位置放置保管。补充用商品放置于货架的高处或最下方，可以方便地进行补充。零散商品预先进行零散存放。可以采用商品先进先出的重力形货架，从货架的前部取货，从后部进行补充。

4. 标准化、单纯化

尽管配送中心作业的标准化较为困难，但许多先进企业在标准化方面取得了较大的成绩。如果不进行标准化，自动化和机械化就无法实现。例如，如果不进行包装形态、数量和尺寸、单体包装、条形码、位置管理、配货作业、检验方法、流通加工的包装、捆包、标贴价签的方法以及配送经路等的标准化和规范化，就无法推进合理化系统的实施。

通过进行作业测定、作业研究、时间研究、方法研究等，就能够实现账簿类信息传递、入库、验货、配货、库内搬送，以及加工计量、贴标签、包装、分拣、装货和卸货等的单纯化。例如，配送中心和配送店铺的无验货处理，采用数据表示后的无配货清单化，采用区域配货大幅度缩短了步行距离，应用条形码订货指南的订货，使用手持式数据输入终端的库存管理和迅速订货，应用声音和条形码进行自动分拣等，这些都涉及配送中心实现的单纯化。

5. 帕累托法则的应用

帕累托法则又叫二八法则，是意大利经济学家帕累托发现的。帕累托认为任何一组东西中最重要的只占其中一小部分，约占 20%，其余 80%尽管是多数，却是次要的。质量管理、销售管理和客户管理经常用到帕累托法则。该法则在流通、物流领域，作为 ABC 分析方法得以广泛应用。某些大型企业甚至将商品分为 A～F 6 个层次，在多品种、少量物流的今天，单品数量较多时有必要将商品分成更多的层次进行分析。

基于 ABC 分析的结果，可以将周转率高的商品放置于出库用传送带的附近，可以缩短推车配货的步行距离，作为同一配货区域的商品群进行统一配置，使用带有电子数字式表示装置的重力式货架进行统一的商品配置等。当然，畅销的商品也是经常变动的，新商品的销售周期也有短暂的时候，也有随季节变动的情况。设计并应用能够对这些变化做出及时调整的系统是非常重要的。

6. 计划变动的对应

在商品经济时代，商品的销售情况随时可能发生变化，与商品的生命周期和季节的变动等密切相关。对配送中心商品的位置进行调整，可对商品保管和配货等作业达到效率化的目的。若采用先进的计算机管理系统，当计算机软件进行完善时，相应地，要实施对商品计划的变更。有些配送中心按照不同厂家、供应商和部门的商品固定保管位置，十分影响配货作业的效率。

7. 小组研讨和提案

在日本，作业改善小组和提案制度十分流行。该方式原来只在生产企业兴起和普及，现在已经推广到流通业等领域，并通过 TQC(total quality control)管理收到了很好的效果。

小组研讨的目标是培养兴趣，提高参加和提案意识，继而推动行动。通过这样的小组研讨和提案，会收到一些意想不到的作业改善和系统的提案，当然也要给予相应的奖励。

8. 人员作业能力的全面化

配送中心的作业基本上是属于被动式的，也就是说如果没有订货就不可能进行商品的出库和配送。受商品的保质期、天气、季节和节假日等的影响，配送中心有可能多数时间是在"等待"。因此，有必要变被动为主动，分析过去的实际数据，利用闲暇时间进行便于出入库的准备作业和商品位置变更，再包装作业和对小包装保管货架的补充，商品流通加工、标贴价签、整理票据、退货处理，以及计划变动的对应、盘点等工作。

7.4 配送中心选址

配送中心选址是指在一个具有若干供应点及若干需求点的经济区域内选一个地址设置配送中心的规划过程。较佳的配送中心选址方案是使商品通过配送中心汇集、中转、分发，直至输送到需求点的全过程的总体效益最好。

7.4.1 配送中心选址的原则

在进行配送中心选址规划设计时要注重对规划设计原则的把握，遵循规划设计原则，保证配送中心选址的合理性。配送中心选址规划设计原则主要有以下几点。

1. 适应性原则

配送中心的选址和规划应与国家、省、市的经济发展整体方针、政策相适应，与我国物流资源分布和需求相适应，与国民经济和社会发展的阶段相适应。

2. 协调性原则

协调发展是配送中心选址和规划过程中应该遵循的原则之一。在进行配送中心的选址与规划时，应考虑物流网络大系统，使配送中心的设施设备在地域分布、物流作业生产力、技术水平等方面互相协调。

3. 经济性原则

配送中心的选址和规划应考虑建设费用及物流费用。在配送中心的发展过程中，有关选址和规划的费用主要包括建设费用及物流费用两部分，选址时应统筹规划配送中心这两部分的费用，以总费用最低作为配送中心选址的经济性原则。

4. 战略性原则

配送中心的选址和规划应具备战略眼光，统筹兼顾局部与全局、近期利益与长远利益，做到局部要服从全局，近期利益要服从长远利益，既要考虑目前的实际需要，又要考虑日后发展的可能。

7.4.2 配送中心选址的影响因素

配送中心选址的主要影响因素是宏观因素。由于不同行业的设施设备性质与特点不一样，因此，在进行配送中心选址时要充分考虑不同物流设施的性质与特点。一般情况下，在把握好配送中心选址原则的基础上，配送中心选址主要考虑以下因素：目标市场客户及供应商的分布、交通运输条件、自然环境条件、土地条件、社会环境与政策因素等。

1. 目标市场客户及供应商的分布

选址时首先要考虑的就是目标市场所服务的客户的地理位置分布，无论何种类型的企业，其设施的地理位置一定要与客户接近，并且越近越好。缩短配送中心与客户的距离，能更好地提高反应速度，及时高效地应对市场需求，减少运输成本，从而进一步降低总成本。另外，在选址过程中还应该考虑原材料、燃料、动力、水资源等条件。对于供应型配送中心而言，还应考虑供应商的分布，由于物流的商品全部由供应商提供，因此，越靠近供应商越能更好地将安全库存控制在较低水平，减少库存压力，降低总成本。

2. 交通运输条件

交通运输条件是影响物流成本及效率的主要因素之一。交通运输的便利性与否将直接影响车辆运输能否正常快速进行，因此，必须考虑本地区的交通运输条件及未来交通的发展状况。配送中心的选址首先应保障所选场址的交通运输的便利性和可选择性，尤其是一些大型的综合性的配送中心，其大量及种类繁多的业务必然涉及多种运输方式，所以配送中心的选址和规划对于运输条件的要求甚高，优越的交通条件对于选址有着极为重要的意义。

3. 自然环境条件

自然环境条件在配送中心选址时也是必须要考虑的，了解当地的自然环境有助于降低配送中心建构的风险。例如，地理构造及起伏度、地展等自然因素，在配送中心的选址及建造上都有一定的影响。因为在配送中心的建造上还要修建库房及道路，配备机械化设备等，这些都需要配送中心在地理位置上尽量选择地面较坚硬且空气干燥的地方。自然条件中的气候因素也是一个相当大的影响因素，在配送中心选址规划前应详细了解当地的自然气候环境，如降雨量、湿度、台风、地震、山洪、泥石流等自然因素都应考虑在内。空气的湿润度及盐分对商品的储存有着较大的影响，尤其是对那些对湿度及盐分都非常敏感的服饰和电子产品。因此，在进行配送中心选址时应充分考虑自然环境条件，避免投资的盲目性，尽可能降低其以后的安全隐患风险。

4. 土地条件

综合土地与地形的限制及土地价格的考量，对于土地的使用必须遵照国家或地区相关的法律法规及开发规划的限制。配送中心的场址应尽量选在物流园区、工业园区或经济开发区。充分考虑配送中心的规划内容及实际需求情况，用地的形状、大小应尽量做到与配送中心的弹性发展相适应。另外，还要考虑用地的大小与土地价格，在充分考虑现有土地价格与未来增值的情况下，配合未来可能扩充的需求，决定最合适的用地面积。同时，土地的征用、拆迁、平整等费用也应该考虑在内，尽可能减少成本并保证其社会效益与经济效益。

5. 社会环境与政策因素

社会环境与政策因素也是物流选址评估和总体规划的重点之一，不同的社会环境有时对选址也有着不同程度的影响，特别是在国外建设实施时更应该注意当地的社会和政治环境。在物流业蓬勃发展的今天，政府政策的支持更有利于物流业的发展，我国有许多相关的优惠政策，如土地提供、减税、土地开发、道路建设计划、地区产业计划等。另外，还有税务方面的优惠政策,这些都有利于降低物流经营者的运营成本。良好的社会环境和政策条件为我国物流业的快速发展提供了保证。

除了上述影响因素之外,道路、邮电通信、动力、燃料管线等基础设施对建立物流设施投资多寡的影响也很大。

7.4.3 配送中心选址的流程

配送中心作为社会物流组织的一个重要节点,其运作模式的重要作用不是单纯地从事具体商品生产的储存与配送,而是将社会生产与服务资源重新汇集,再进行分类、配送等集约化活动,以实现物流活动的整体经济运作效率,使整个社会的物流成本有效地降低。在充分考虑资源分布、供求状况,运输和其他自然条件的影响,以及不同区位选择所带来的整个物流运作系统成本的差异下,如何进行配送中心场址的选择,使得整个物流系统的运作成本最低,客户服务满意度最好,是配送中心选址决策的中心问题。一般来讲,配送中心选址应以低成本、高服务、经济效益辐射性强及社会综合效益高为主要目标,其选址决策是一个逐步缩小区域范围、优化具体场址的筛选过程。

配送中心选址的基本流程如图 7-1 所示。

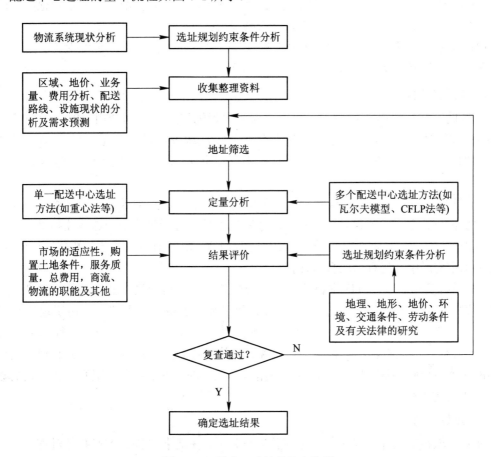

图 7-1 配送中心选址的基本流程

1. 选址规划约束条件分析

进行选址规划时，首先要明确建立配送中心的必要性、目的和意义，然后根据物流系统的现状进行分析，制定物流系统的基本计划，确定所需要了解的基本条件，以便大大缩小选址的范围。

(1) 需求条件。这里主要分析配送中心的服务对象——顾客目前的分布情况，并对其未来的分布情况进行预测，分析货物作业量的增长率以及物流配送的区域范围。

(2) 运输条件。配送中心应靠近铁路货运站、港口和公共车辆终点站等运输节点，同时也应靠近运输业者的办公地点。例如，北京市的四道口蔬菜、果品配送中心就建在铁路货运站的旁边，并且紧靠公路，交通运输十分便利。

(3) 配送服务的条件。根据客户要求的到货时间、发送频率等计算从配送中心到客户的距离和服务范围。

(4) 用地条件。确定是利用现有土地还是重新征用土地，分析重新征用土地的成本有多大，以及地价允许范围内的用地分布情况。

(5) 区域规划。根据区域规划的要求，了解选定区域的用地性质，是否允许建立配送中心。

(6) 流通职能条件。明确商流职能是否要与物流职能分开；配送中心是否也附有流通加工的职能；考虑到通行方便的要求，是否要限定配送中心的选址范围。

(7) 其他。不同的物流类别有不同的选址要求，如货物的冷冻或保温保管、危险品的保管等，对选址都有特殊要求。

2. 收集整理资料

选址的方法一般是通过成本计算，也就是将运输费用、配送费用及物流设施等费用模型化，根据约束条件及目标函数建立数学公式，从中寻求费用最小的方案。但是采用这样的选址方法寻求最优的选址解时，必须对业务量和生产成本进行正确的分析和判断。

(1) 掌握业务量。选址时应掌握的业务量主要包括工厂到配送中心的运输量、向顾客配送的货物量、配送中心保管的数量和配送路线上的业务量等。由于这些业务量在不同时期会有种种波动，因此，要对所采用的数据进行研究。除了对现状的各项数据进行分析外，还必须确定配送中心运行后的预测数据。

(2) 掌握费用。选址时应掌握的费用主要包括：工厂至配送中心之间的运输费，配送中心到顾客的配送费，与设施、土地有关的费用及人工费、业务费等。由于运输费用和配送费用会随着业务量和运送距离的变化而变动，所以必须对每种费用进行成本分析。

(3) 其他。用地图表示顾客的位置、现有设施的位置及工厂的位置，并整理各候选地址的配送路线及距离等资料，与成本分析结合起来，综合考虑必备车辆数、作业人员数、装卸方式、装卸费用等。

3. 地址筛选

在对所取得的上述资料进行充分的整理与分析、考虑各种因素的影响并对需求进行预测后，就可以初步确定选址范围，即确定初始候选地点。

4．定量分析

针对不同的情况运用运筹学的原理，选用不同的模型进行计算，得出结果。例如，对单一配送中心进行选址，可以采用重心法等；对多个配送中心进行选址，可采用鲍摩-瓦尔夫模型等。

5．结果评价

结合市场适应性、购置土地条件、服务质量等，对计算所得结果进行评价，看其是否具有现实意义及可行性。

6．复查

分析其他影响因素对计算结果的相对影响程度，分别赋予它们一定的权重，采用加权法对计算结果进行复查。如果复查通过，则原计算结果即为最终结果；如果复查发现原计算结果不适用，则返回地址筛选阶段重新分析，直至得到最终结果为止。

7．确定选址结果

在用加权法复查通过后，则计算所得的结果即可作为最终的选址结果。但是所得解不一定为最优解，可能只是符合条件的满意解。

本 章 小 结

本章首先介绍了配送的概念与分类，以及配送的作用和意义；其次，介绍了配送中心的基本概念及其类型，以及配送中心的功能；再次，详细介绍了配送中心的作业流程，分析了配送中心流程优化管理以及效率化；最后，介绍了配送中心选址的原则，分析了配送中心选址的影响因素，介绍了配送中心选址的流程及方法。

讨 论 案 例

阿里新零售发力即时物流，分钟级配送是如何做到的？

早期的网购基本上需要几天甚至一周才能到货。后来随着物流业的发展，快递送货时间逐步缩短，但一般来说次日达或者当日达已经是极限速度。

那么，阿里新零售的分钟级配送是如何做到的？

☞网上下单，楼下发货

当前，我国的物流模式以快递和仓配为主。这种模式在技术的投入和行业的协同下，实现次日达或者当日达已经是极限。要进一步提升速度，就得在模式上求变。阿里新零售启动后的商超"一号工程"盒马鲜生走出了尝试的第一步。

盒马鲜生采用的是"店仓结合"的模式，通过自建商圈门店，实现 3 公里内 30 分钟送达。这种快速送达的生鲜消费模式颇受用户欢迎。自建门店的盒马模式只是第一步，接下来，天猫超市的"1 小时达"则将门店范围扩大到了便利店等第三方合作门店。天猫超市"1 小时达"覆盖了北京、上海、广州、深圳、杭州、天津、武汉、重庆、成都、南京、苏州等 10 多个重点城市。随后，天猫和菜鸟一起把即时物流从生鲜品类扩展到了其他品类，从垂直孵化业务扩展到了第三方商家的业务。

以天猫和菜鸟刚刚宣布开通的屈臣氏门店发货为例：用户在天猫旗舰店下单后，距其最近的屈臣氏门店便会收到推送，然后锁定库存，准备打包；同时，另一条信息将推送给菜鸟的合作伙伴"点我达"，通知快递员上门揽收；如此双管齐下，商品最快可在 2 小时内送至消费者手中。

除屈臣氏外，周黑鸭等食品企业、银泰等大型商城都将加入到门店发货的体系中。这些门店将成为一个个放在消费者身边的"前置仓"，再加上菜鸟的数据预测、定时送达、极速退换货等服务的加持，"网上下单、楼下发货"的线上、线下融合模式将成为新零售常态。

☞ 科技搭台，智能唱戏

"门店发货、即时送达"，看似很简单的一个流程，但要实现分钟级的送达，背后却要克服诸多困难。这就需要阿里和菜鸟的高科技产品和人工智能技术出场了。

菜鸟形成了遍布浙江嘉兴、湖北武汉、广东惠阳、广东增城、天津武清等地的无人仓群，这也是全球最大的无人仓群。这其中还有超百台机器人的无人仓，这种超级机器人仓单日发货可超百万件。所谓人工智能分单，就是通过人工智能技术以及大规模的机器学习，处理海量数据而实现的一种智能分单模式。在这种模式下，包裹发出时，就会对包裹要去往的网点以及快递员做出精准的对应，并在面单上标识出编号，无需再由人工手写分单，从而缩短了处理时间，提高了配送效率。同时，人工智能还能通过分析海量历史数据，选取爆款商品，并对爆款商品在不同城市的销量做出预测，这样就便于商家提前将爆款商品布局在离消费者最近的仓库。

在送达方面，菜鸟网络同样会通过人工智能，实时计算全网发货量，根据快递公司的作业能力，预测可能产生的拥堵线路，并帮助商家提前躲避拥堵。

可以说，正是有了这些高科技产品和人工智能以及大数据的加持，才使新零售的速度得以保证，在让消费者满意的基础上，也使商家和快递公司降低了成本，提高了效率。

☞ 新物流提速，新零售起飞

过去 10 年，我国的电子商务得以迅猛发展，其中一个重要原因就是物流的快速发展。可以说，零售业的每一步变化，背后都有一个新的物流模式在推动。新零售同样如此。

新零售的核心要义在于推动线上与线下的一体化进程，其关键在于使线上的互联网力量和线下的实体店终端形成真正意义上的合力。"网上下单、门店发货"就是新零售一次很好的实践，而这个实践靠的是"分钟级"即时物流的支撑。

新物流的提速也使我国电商企业对以往望而却步的海外商品重燃希望。比如，天猫、菜鸟就与新西兰的奶业合作，实现了保质期很短的巴氏杀菌鲜奶 B2C 进口零的突破。此外，随着菜鸟海外仓在俄罗斯、西班牙、法国等地的设立，海外消费者购买我国商品的收货速度也进入了"小时级"，最快 4 个多小时就可以实现送货上门。

接下来，天猫和菜鸟还将依托合作伙伴，将分钟级送达覆盖至更多品类、更多区域，进一步打通线上线下、海内海外。物流的全面提速必将推动新零售的全面起飞。

（资料来源：搜狐网. 阿里新零售发力即时物流，分钟级配送是如何做到的. https://m.sohu.com/a/220591351_116219.）

根据材料思考以下问题：

1. 新零售物流能够实现分钟级配送最主要的是实现哪个物流环节的改变？
2. 大数据、人工智能技术对实现新物流提速起到什么作用？

配 套 实 训

1. 根据模拟订单完成商品拣选、打包、出库并贴上快递单。
2. 根据实物商品的尺寸大小、重量、材质选择适合的包装材料进行打包。
3. 对商品及打包后的包裹进行称重并记录打包前后的重量变化。检验包裹质量及所用打包材料的合理性。

课 后 习 题

一、填空题

1. 配送是指在＿＿＿＿＿内，根据客户要求，对物品进行＿＿＿＿＿等作业，并按时送达指定地点的物流活动。

2. 按配送组织者不同分类，配送可以分为＿＿＿＿＿和＿＿＿＿＿。

3. 配送中心实际上是＿＿＿＿＿、＿＿＿＿＿、＿＿＿＿＿的综合。

4. 城市配送中心是以＿＿＿＿＿为配送范围的物流配送中心，它常常采用汽车进行配送。

5. ＿＿＿＿＿功能就是指将分散的、小批量的货物集中起来，便于集中处理的功能。

6. 配送中心的主要作业活动包括订单处理、采购、进货入库、库存保管、拣选、分货、流通加工、配送、信息处理等。其中＿＿＿＿＿和＿＿＿＿＿是配送中心的核心内容。

7. 在配送中心的活动中，仓储有两种形式：一种是＿＿＿＿＿，另一种是＿＿＿＿＿。

8. 配送中心的效率化是指为实现多品种、少量、多次和及时的商品配送，所采取的战略、人才和技术等方面的措施，以及提高其＿＿＿＿＿、＿＿＿＿＿和作业效率的有关手段和方法。

9. 配送中心的选址和规划应考虑_____费用及_____费用。

10. 一般来讲，配送中心选址应以_____、_____、_____及社会综合效益高为主要目标。

二、简答题

1. 简述配送的作用和意义。

2. 简述配送中心的功能。

3. 简述配送中心流程的优化管理环节。

4. 简述配送中心选址的原则。

5. 简述配送中心选址的影响因素。

6. 简述配送中心选址的流程。

第 8 章 国 际 物 流

熟练掌握国际物流的基本概念；了解国际物流的特点；了解国际物流与国际贸易的关系；掌握国际物流的业务流程；掌握国际海洋运输、国际公路运输、国际铁路运输、国际航空运输的优、缺点；了解国际集装箱运输的概念、优点及方式；掌握国际多式联运的概念、必备要件、优点及涉及的当事人；了解各种类型的国际物流中心；了解国际物流方式的选择；了解跨境电子商务的概念及物流模式，了解影响跨境电子商务物流模式选择的主要因素，掌握跨境电子商务企业选择跨境物流模式应考虑的要素。

8.1 国际贸易与国际物流

8.1.1 国际贸易

1. 国际贸易

国际贸易(international trade)是指不同国家(地区)之间的商品和劳务的交换活动。国际贸易是商品和劳务的国际转移。国际贸易也称世界贸易，由进口贸易(import trade)和出口贸易(export trade)两部分组成，故有时也称为进出口贸易。

2. 国际贸易的类型

以国际贸易商品的流向为分类标准，国际贸易可以分为进口贸易、出口贸易、过境贸易、转口贸易、复出口和复进口等六种类型。

(1) 进口贸易。进口贸易也称为输入贸易，是指因购入而把外国生产或加工的产品输入国内。

(2) 出口贸易。出口贸易也称为输出贸易，是指因外销而把本国生产或加工的产品输往国外。

(3) 过境贸易。过境贸易(transit trade)是指由于商品由 A 国运往 B 国的途中，途经了 C 国，那么对于 C 国来说即为过境贸易。

(4) 转口贸易。转口贸易(entrepot trade)是指 C 国从 A 国进口商品后，再出口至 B 国的贸易，对于 C 国来说即为转口贸易。

转口贸易的货物运输有两种方式：一种是转口运输，即货物从 A 国运入 C 国后，再运往 B 国；另一种是直接运输，即货物从 A 国直接运往 B 国，而不经过 C 国。

(5) 复出口。复出口(re-export)是指进口的外国商品未经加工又重新输出到国外，进口货物的退货就是这种情况，例如，B 国从 A 国进口的商品未经加工又重新回到 A 国。

(6) 复进口。复进口(re-import)是指本国出口的商品输出到国外后未经加工又重新输入国内，出口货物的退货就是这种情况，例如，A 国出口到 B 国的商品未经加工又重新回到 A 国。

8.1.2　国际物流及其特点

1. 国际物流

国际物流(international logistics)是指货物(包括原材料、半成品、产成品)及物品(如邮品、展品及捐赠物资等)在不同国家和地区之间的流动和转移。国际物流是跨越不同国家和地区之间的物流活动，是国内物流的延伸。国际物流是由国际贸易而引发的货物的跨国界流动，货物的供应地在一个国家(出口国)，需要地在另一个国家(进口国)。

2. 国际物流的特点

国际物流的总目标是为国际贸易和跨国经营服务，即选择最佳的方式与路径，以最低的费用和最小的风险，保质、保量、适时地将货物从一国的供方运到另一国的需方。国际物流的主要服务对象是国际贸易和跨国经营，实现各国物流系统之间的"接轨"，因而与国内物流系统相比，具有显著的国际性、复杂性和风险性等特点。

1) 各国的物流环境存在较大差异

由于各国的政治、经济、法律、社会文化、科技环境存在着极大的差异，国际物流的复杂性远远高于任何一国的国内物流。例如，语言的差异会增加物流的复杂性，加拿大是一个双语国家，出口到加拿大的商品，必须在外包装上标识英文和法文，否则会被拒绝进口。

2) 国际物流系统范围广、风险大

国际物流的风险主要包括政治风险、经济风险和自然风险。政治风险主要是指由于途经国家的政局动荡，如罢工、战争等原因可能造成货物遭受损坏或丢失。经济风险可分为汇率风险和利率风险，主要是指在国际物流运作过程中发生的资金流动，由于汇率或利率的变化所引致的资金贬值的风险。自然风险是指由于受到自然因素(如台风、暴雨、冰雹、海啸等)引起货物的损坏或丢失的风险。在国际物流中，货物的在途时间越长，遭受风险的可能性就越大。因此，世界各国正努力通过采用现代化物流技术，加快国际物流的运转速度，以期降低风险。

3) 国际物流中的运输方式多样、复杂

对于国内物流而言，由于运输距离相对较短，运输频率相对较高，因此，铁路运输和公路运输成为最主要的运输方式。而对于国际物流，由于货物运送距离远、环节多、气候条件复杂，对货物运输途中的保管、储存要求更高，因此，海洋运输、航空运输、集装箱运输、国际多式联运成为其采用的主要运输方式。尤其是当采用国际多式联运时，运输过程中需要经过多种运输方式的转换及货物的装卸、搬运，与单一的运输方式相比具有更大的复杂性。

4) 国际物流必须依赖物流信息技术的支持

在国际物流中，企业需要在货运代理公司、报关行、对外贸易公司、海关、商检、保险公司、银行等机构办理各种手续。现已广泛运用的 EDI 技术能够大大提高国际物流参与者之间信息传递的速度和准确性，使得快速、准确、高效地传递各种单证以及办理各种手续成为现实。但由于各国物流信息技术水平发展不均衡、技术标准不统一，国际信息系统的建立存在较大的障碍。

5) 国际物流要求的标准化程度更高

国际物流是货物及物品在不同国家和地区之间的流动和转移。这就要求有贸易往来的国家在物流基础设施、信息处理系统乃至物流技术方面形成相对统一的标准。标准的统一将减少国际物流资源的浪费，降低成本，加快国际贸易进程，最终提升产品在国际市场上的竞争力。

8.1.3 国际贸易与国际物流的关系

国际贸易和国际物流是国际经济发展不可或缺的两个方面。国际贸易使商品所有权发生了转移，而国际物流则体现了商品在国际间的实体转移，两者之间存在相互依赖、相互促进和相互制约的关系。国际物流是在国际贸易产生和发展的基础上不断发展起来的，同时，国际物流的高效运作也促进了国际贸易的发展。

8.2 国际物流的业务流程

对出口商来说，需要履行的国际物流的业务流程是：审核信用证(催证、改证)、备货、报检、租船订舱(当采用 CIF 或 CFR 术语成交时)、投保(当采用 CIF 或 CIP 术语成交时)、报关、装运、制单结汇。

对进口商来说，需要履行的国际物流的业务流程是：开立信用证、租船订舱(当采用 FOB 或 FCA 术语成交时)、办理保险(当采用 FOB 或 CFR 术语成交时)、审单付汇、报关、接货、验货。

可见，国际物流的业务流程非常复杂、烦琐，专业性很强，因此，许多外贸公司通常将其中的一项或多项业务委托给国际物流企业来完成。

8.2.1 出口合同的履行程序

出口合同的履行主要经过货(备货)、证(催促买方开立信用证、审核信用证，要求进口商更改信用证)、运(租船订舱、投保)、款(制单结汇)等环节。出口合同的履行程序如图 8-1 所示。

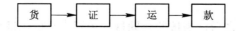

图 8-1 出口合同的履行程序

1. 备货

出口商根据出口合同的规定，应按时、按质、按量备妥交付给进口商的货物，以便及时装运。

2. 报检

凡按约定条件和国家规定必须经法定检验的出口货物，在出口商备妥货物后，应向出入境检验检疫机构申请检验，只有经检验得到出入境检验检疫机构签发的检验合格证书，海关才予以通关放行。凡检验不合格的货物，一律不得出口。

3. 催证

按时开立信用证是进口商的一项义务。但是在实际操作中，由于种种原因，进口商延误开立信用证的情况时有发生。因此，出口商应该及时催促进口商按照合同的规定到银行开立信用证或办理付款手续，以免影响后续环节的办理。

4. 审证

信用证是进口商根据交易合同开立的，信用证上的内容应该与合同条款上载明的内容相一致。但是由于种种原因，在实际操作中，往往会出现开立的信用证条款与合同的规定不相符的情况，因此，审核信用证非常有必要。信用证的审核由出口商与银行共同完成。

5. 改证

出口商对信用证进行全面审核，若发现问题，则应根据实际情况及时处理。对于影响结汇、难以接受或无法做到的信用证条款，必须要求进口商更改信用证。

6. 租船订舱、装运

采用 CIF 或 CFR 术语成交的出口合同，应由出口商负责租船订舱。出口商还应在出口货物装船之前办理报关和投保手续。

7. 制单结汇

出口商在出口货物装船后，应按照信用证的规定，正确制作各种单据，并在信用证有效期限内将单据递交银行议付、结汇。银行在收到单据并审核无误后，一边向国外银行收款，一边按照约定的结汇办法，与进出口公司办理结汇手续。

8.2.2　进口合同的履行程序

进口合同的履行主要经过证(开立信用证)、运(租船订舱、投保)、款(银行审核单据、进口商付款赎单)、货(报关、接货、检验)等环节。进口合同的履行程序如图 8-2 所示。

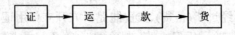

图 8-2　进口合同的履行程序

1. 开立信用证

进口商进口合同签订之后，需按照合同规定填写开立信用证申请书并向银行办理开立信用证的手续。信用证的内容应当与合同上载明的条款相一致。

2．租船订舱、投保

当采用 FOB 术语成交时，应由进口商负责租船订舱。同时，进口商应及时将船名、船期等相关信息告知出口商，以便出口商备货装船，避免船等货的情况出现。

3．审单、付汇

在货物装船之后，出口商即凭提单等有关单据到当地银行议付货款，当议付行寄来单据后，银行审核无误后即通知进口商付款赎单。

4．报关

进口货物到达目的港之后，进口商应及时向海关办理报关手续。海关对有关单据、证件和货物进行查验，并在提货单上签章放行后，才可凭提单提货。

5．验收、拨交货物

凡属进口的货物，都应认真验收，若发现品质、数量、包装等存在问题，则应及时取得有效的检验证明，以便向有关责任方提出索赔请求或采取其他补救措施。对于法定检验的进口货物，则必须向卸货地或到达地的检验检疫机构报检。货物进口后，进口商应及时向要货单位办理拨交手续。

6．进口索赔

在履行进口合同的过程中，往往会出现因卖方未按期交货或货到后发现品质、数量、包装等存在问题的情况，导致进口商遭受损失，此时进口商需向有关部门提出索赔请求。

8.2.3 进出口商品的检验检疫

检验检疫(inspection and quarantine)是卫生检疫、动植物检疫和商品检验的总称。商品检验简称商检，是指在进出口贸易中，对出口商交付给进口商的货物的品质、规格、数量和包装进行检验，以确定合同的标的是否符合合同规定。在我国专门设置了出入境检验检疫机构，对出入境的货物、人员、交通工具、集装箱、行李邮包、携带物等进行检验检疫，以保障人员、动植物安全卫生和商品的质量。

必须经过出入境检验检疫机构或其指定的检验机构检验的商品是指凡列入《商检机构实施检验的进出口商品种类表》中的进出口商品和其他法律、法规规定必须经过检验的进出口商品。根据法律、法规规定必须经检验检疫机构检验的进口商品的收货人，必须向卸货口岸或到达站的检验检疫机构办理进口商品登记；根据法律、法规规定必须经检验检疫机构检验的出口商品的发货人，应在规定地点和规定期限内向检验检疫机构申请检验。规定应检验而未检验的进口商品，不准销售、使用；未经检验合格的出口商品，不准出口。

1．我国进出口商品检验检疫的流程

我国进出口商品检验检疫的流程主要包括报检、抽样、检验和签发证书四个步骤。

1) 报检

报检也称为报验，是指进口商品的收货人和出口商品的发货人向检验检疫机构申请检验。

2) 抽样

检验检疫机构接受报检申请后，会及时派人到货物堆存地点进行现场检验鉴定。鉴定的项目包括货物数量、重量、包装及外观等。除个别特殊商品外，现场检验一般采取国际贸易中惯用的抽样法。抽样时必须按规定的抽样方法和一定比例进行随机抽样，以便样品能够具备代表性，可以代表整批商品的质量。

3) 检验

根据我国商检法的规定，内地省市的出口商品需经内地检验检疫机构进行检验。经内地检验检疫机构检验合格后，签发《出口商品检验换证凭单》，当商品的装运条件确定后，出口商持内地检验检疫机构签发的《出口商品检验换证凭单》向口岸检验检疫机构申请查验放行。

4) 签发证书

对出口商品而言，经商检机构检验合格后，凭《出境货物通关单》办理通关手续。合同或信用证规定由检验检疫机构检验出证，或国外要求签发检验证书的，应根据规定签发所需证书。

对进口商品而言，经商检机构检验合格后，凭《入境货物通关单》办理通关手续。凡由收、用货单位自行验收的进口商品，如发现问题，应及时向检验检疫机构申请复验。如复检后确属不合格，可凭检验检疫机构签发的检验证书对外索赔。进出口商品检验检疫的流程如图 8-3 所示。

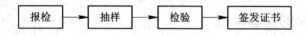

图 8-3　进出口商品检验检疫的流程

2．进出口商品检验的内容

1) 品质检验

品质检验的主要内容是对商品的外观、化学成分、物理性能等进行检验。一般采用仪器检验和感官检验两种方法。仪器检验是利用各种有关仪器和机械对商品进行物理检验、化学分析和微生物检验等，而感官检验则是通过人体的耳、鼻、眼、口、手对商品进行检验、鉴定。

2) 数量(重量)检验

商品数量(重量)检验是指使用合同规定的计量单位和计量方法对商品的数量(重量)进行鉴定，以确定其是否符合合同的规定。

3) 包装检验

包装检验主要是对商品包装的牢固性和完整性进行检验，看其是否符合商品的性质和特点，是否适于货物流转过程中的装卸、搬运，是否符合买卖合同及其他有关规定，是否有合乎标准或符合合同规定的内包装和衬垫物料或填充物料。在对包装进行检验时，还要对包装标识的各项内容进行核对，看其是否与合同规定相符。

4) 卫生检验

对进出口贸易中与人类生命健康密切相关的肉、蛋、奶制品及水果等必须进行卫生检验，对发现有细菌或寄生虫的产品一律不准进出口。

5) 残损检验

进出口商品残损检验主要是对受损货物的残损部分进行鉴定，了解致残原因以及对商品使用价值的影响，估定损失程度，并出具证明，作为向有关方面索赔的依据。商品的残损主要指商品的残破、短缺、生锈、发霉、虫蛀、油浸、变质、受潮、水渍、腐烂等情况。

除了上述检验内容外，进出口商品检验还包括船舱检验、监视装载、签封样品、签发产地证书和价值证书、委托检验等各项内容。

8.2.4　进出口货物的报关

货物在不同的国家之间流动和转移时，进出口国家根据经济与政治的需要，对进出国境或关境的货物或物品征收关税。关税的纳税人是进口货物的收货人、出口货物的发货人和进出境物品的所有人。所有主权国家都设有海关机构，制定相关的关税税率和纳税程序，并监督纳税人缴纳关税。纳税人必须按照海关规定的程序履行自己的纳税义务。通关手续就是履行纳税义务时必须经过的程序。《中华人民共和国海关法》第 8 条规定：进出境运输工具、货物、物品，必须通过设立海关的地点进境或出境。

1. 关税

关税具有强制性、无偿性和固定性等特点。其中，强制性是指国家凭借制定法律的形式强制执行关税的缴纳；无偿性是指关税作为国家财政收入为国家无偿占有；固定性是指关税的征收比率依据事先制定的关税税则和税率执行。

有许多因素会导致关税的税率和税额存在差异。

1) 进口或出口的不同

进口关税普遍大于出口关税，大部分出口商品不但不需要缴纳关税，而且还可以获得退税。

2) 国家与国家之间关系的不同

政治经济关系密切的国家与国家之间的进出口关税的税率比较低，政治经济关系不密切的国家之间的进出口关税的税率比较高。比如，政治经济关系密切的欧盟成员国之间的商品流通实行零关税制度，而欧盟成员国与欧盟外国家之间进行的贸易则要缴纳关税。

3) 出入境商品种类的不同

国家对鼓励进出口的商品征收较低的关税，对不鼓励进出口的商品征收较高的关税。比如，我国鼓励大宗资源性产品、高科技产品和部分农产品的进口，对其征收较低的关税，对符合国家产业政策和专项规划的投资类项目下进口生产性设备、零部件(不予免税产品目录中的产品除外)给予贴息支持，而对汽车整车的进口则征收高达 50%～100% 的高额关税。

4) 货物进出境目的的不同

入境的货物如果在本国消费将征收较高的关税，如果仅在本国加工或中转则不征收关税或征收较低的关税。

由于货物因进出境必须缴纳关税，因此关税作为商品成本的一部分，必然转嫁到商品的价格上，从而导致商品在国际市场上的价格优势降低或进出口商的利润空间缩减。各国都设立了海关负责强制征收进出口货物的关税，以防止进出口商出于增加盈利的目的逃避纳税。

2. 海关

海关(customs)是指对出入国境的一切商品和物品进行监督、检查并照章征收关税的国家机关。

监管、征税、缉私和统计是海关承担的四项重要任务。

监管(supervise)是指对货物和运载工具进出境的合法性进行验证，即检查货物和运载工具进出境证件是否合法与完备。按监管对象的不同，可以分为出入境货物的监管和出入境运载工具的监管两大类。

征税(collect tax)是对进出境货物征收关税。

缉私(suppress smuggling)是指针对非法进出境的货物进行追查和追究法律责任。

统计(statistics)是指对进出境货物的各项内容进行科学记录和分析。

其中，海关的核心任务当属监管，因为没有监管就不能确认货物或运载工具出入境的合法性，同时也无法认定进出境货物的具体品类和具体数量，自然也就无法认定对其应当征收的关税税率和税额。

3. 报关

报关又称通关，是指货物所有人或代理人在货物进出境时，向海关呈送规定的单证并申请查验、放行的手续。区别走私与非走私的重要界限之一，就是货物申报与否，以及货物是否如实申报。一般情况下，进口货物应当由收货人或其代理人在货物的入境地向海关申报，出口货物应当由发货人或其代理人在货物的出境地向海关申报。

4. 报关单位

报关单位是指在海关注册登记或经海关批准，向海关办理进出口货物报关纳税等手续的境内法人或其他组织。报关员是指通过全国报关员资格考试，依法取得报关从业资格，并在海关注册登记，代表所属企业(单位)向海关办理进出口货物报关业务的人员。

具有报关资格的企业有三种：专业报关行、代理报关单位和自理报关单位。国际货物运输代理、国际船舶代理就属于代理报关单位。自理报关单位是有进出口权的企业。专业报关行和代理报关单位必须具有海关要求的注册资金、风险担保金、健全的企业组织和报关员。

5. 报关期限

《中华人民共和国海关法》规定，出口货物的发货人或其代理人应当在装货的 24 小时前向海关申报。进口货物的收货人或其代理人应当自运输工具申报进境之日起 14 天内向海关申报。逾期将征收滞报金。如自运输工具申报进境之日起超过三个月未向海关申报的，其货物可由海关提取，依法变卖处置。如确因特殊情况未能在规定期限内报关的，收货人或其代理人应向海关提供有关证明，海关将酌情处理。

6. 报关单证

对于一般的进出口货物，在报关时需要向海关交验如下单证：进出口货物报关单，进出口货物许可证或国家规定的其他批准文件，提单、装货单或运单，发票，装箱单，减免税或免检证明，商品检验证明及海关认为必要时应交验的贸易合同及其他有关单证。

7. 报关的程序

报关的程序是指进出口货物收货人、发货人、运输工具负责人、物品所有人或其代理人按照海关的规定，办理货物、物品、运输工具进出境及相关海关事务的手续和步骤。

(1) 申请报关。进出口货物收货人、发货人、运输工具负责人、物品所有人或其代理人，在报关前应备妥交付海关审核的所有单证，正确填写报关单，在规定的报关期限内向海关申请报关。

(2) 交验货物。进出口货物收货人、发货人、运输工具负责人、物品所有人或其代理人应协助海关查验货物，负责搬移货物，开拆和重封货物的包装。

(3) 缴纳税费。进出口货物收货人、发货人、运输工具负责人、物品所有人或其代理人应根据国家税则缴纳税费。

(4) 凭单取货。进出口货物收货人、发货人、运输工具负责人、物品所有人或其代理人凭海关盖有放行章的报关单、提单、装货单或运单提取货物。报关程序如图8-4所示。

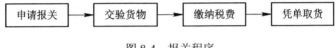

图 8-4　报关程序

此时，对于海关而言，其监管程序相应为：接受申报、查验货物、征收税费、结关放行。监管程序如图8-5所示。

(1) 接受申报。海关在规定时间内接受报关单位的申报后，审核单证是否齐全、填写是否无误，报关单内容与所附各项单证的内容是否相符。

(2) 查验货物。查验进出口货物与单证上载明的内容是否一致，必要时海关将开箱提取检验样品。

(3) 征收税费。货物经查验通过后，如属应纳税货物，由海关计算税费，填发税款缴纳证，征收税费。

(4) 结关放行。在报关单位交清税款或担保付税之后，海关在报关单、提单、装货单或运单上加盖放行章后结关放行。

图 8-5　监管程序

8.2.5　国际货物运输保险的办理

在国际物流中，由于路途遥远，货物由出口商所在地运送到进口商所在地的整个运输、装卸、搬运和储存过程中，可能会遇到各种难以预料的风险而遭受损失。办理货物运输保险可以使货物在遇险时得到一定的经济补偿，弥补损失，因此十分重要。

货物运输保险是在货物装运前，投保人与保险公司之间签订保险合同，在投保人缴纳保险费后，保险公司对货物在运输过程中发生的属于保险范围内的损失给予投保人或被保险人经济补偿。

1．国际货物运输保险的业务流程

国际货物运输保险的业务流程如图 8-6 所示。

(1) 投保人投保。国际货物运输保险的投保是指投保人向保险公司表示订立保险合同的意愿，提出投保申请，将自己所面临的风险和投保的要求告知保险公司，向保险公司发出要约或询价，保险公司表示承诺或对此询价提出包括保险条件及费率的要约。在实际操作中，投保人一般要填写国际货物运输投保单来完成投保行为。投保人投保必须掌握的原则是：在使货物得到充分保障的前提下节约保费支出。

(2) 保险公司承保。保险公司在接受投保人的投保申请后，应及时开立保险单，并确定投保人应缴纳的保险费。

(3) 被保险人索赔。在被保险货物遭受损失后，被保险人向保险公司提出索赔要求，按照规定办理索赔手续。

(4) 保险公司理赔。保险公司在接到被保险人的索赔要求后，对被保险货物的损失赔偿要求进行及时、妥善的处理。

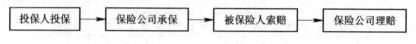

图 8-6　国际货物运输保险的业务流程

2．国际货物运输保险的种类

国际货物运输保险的种类与国际物流的运输方式相对应，主要包括海上运输货物保险、陆上运输货物保险、航空运输货物保险和邮包运输货物保险四种类型。

8.3　国际物流的运输方式

国际物流的运输方式是指将货物从一国运到另一国所采用的一种或多种运输方式。常用的国际物流运输方式有国际海洋运输、国际铁路运输、国际公路运输、国际航空运输、国际集装箱运输和国际多式联运等。

8.3.1　国际海洋运输

国际海洋运输是利用天然海洋航道进行的国际物流运输方式。它是国际物流运输中使用最广泛的一种运输方式。国际物流运输总量的 80% 以上、中国进出口货运量的 90% 左右，都是通过海洋运输来完成的。

1．海洋运输的特点

(1) 运量大。由于造船技术的不断提高，巨型客轮、巨型油轮、一般杂货船等运输船舶的运载能力远远大于铁路运输和公路运输。一艘万吨轮的载重量相当于 250~300 个火车皮的载重量，50 万吨油轮的载重量相当于 12 500 个火车皮的载重量。

(2) 运费低。根据规模经济的观点，由于运量大、航程远，分摊于每吨的运输成本低，因此海运运价低廉。同时，海运航道天然构成，港口设备一般均为政府修建，商船运载量大，使用时间长，运输里程较远，所以与其他运输方式相比，运价低廉。1 吨货物的海洋运费仅相当于铁路运费的 1/5、汽车运费的 1/10、航空运费的 1/20。

(3) 通过能力强。海洋运输可以充分利用天然航道四通八达的特点，不受道路和轨道限制，通过能力强。如因政治、经济贸易条件的变化，可以随时更换最有利的航道。

(4) 对货物的适应能力强。远洋运输船舶的种类繁多，有多用途船、专用船等，可以适应多种货物运输的需要，对超重、超长的货物也有较强的适应性。

(5) 航速较低。远洋运输船舶由于体积大，水流阻力相应也很大，所以航速较低，大约在 35 mile/h(约 56.33 km/h)左右。航速低，耗能也少。若要提高航速，则会加大燃料消耗。同时，保持较低的航速在一定程度上也能保证安全性。

(6) 风险较大。远洋运输船舶在海上航行，由于距离远，运输时间长，因此受气候和自然条件影响较大。同时，世界政治局势变动也常常给海洋运输带来风险。所有这些因素都可能造成船舶航期不易准确，遇险的可能性增大，全世界每年遇险沉没的船舶一般为 200～300 艘。另外，由于某些水域天然险峻，海盗经常出没于这些水域袭击、劫持船只。有数据显示，2012 年 1 月至 9 月，全球海盗袭船数量为 233 起。

2．海洋运输的基本要素

(1) 船舶。海上运输的主要工具有三大类：货船、客船和客货船。货船又分为杂货船、散装船、冷藏船、油船、集装箱船、滚装船、载驳船等类型。

(2) 航线。海上船舶航行路线以时间和港口是否固定为划分标准，可以分为定期航线和不定期航线；以航行水域范围为划分标准，可以分为沿海航线、近海航线和远洋航线。

(3) 港口。港口是提供水陆联系的节点，作为国家的运输通道或门户通过海洋运输进行对外贸易。港口的类别很多，按用途可分为商港、渔港、工业港、军港和避风港等；按货物性质可以分为普通港和专业港；按地理位置可以分为有海(湾)港、内河港、河口港；按在水运系统中的地位可分为世界性港、国际性港和地区港。例如，维多利亚港、新加坡港、上海港属于世界性港；深圳港、大连港、青岛港、宁波港属于国际性港；营口港、威海港属于地区港。

3．海洋运输方式

根据船舶经营方式的不同，海洋运输可以分为班轮运输和租船运输。

1) 班轮运输

班轮运输(liner transport)又称为定期运输，是指在固定的航线上以既定的港口顺序，按照事先规定的船期表进行的水上运输方式。班轮运输有"四固定"，即固定的船期表(sailing schedule)、固定的航线、固定的港口和固定的收费率。

2) 租船运输

租船运输(shipping by chartering)又称为不定期(tramp)船运输，是指根据协议，租船人向船舶所有人租赁船舶用于货物运输，并按商定的运价向船舶所有人支付运费或租金的水上运输方式。

租船运输最适合运输大宗货物，如工业原料、矿石、石油、煤炭、水泥、食糖、化肥和各种饲料等。

海洋运输适合承担运量大、距离远、对时效性要求不高、运费负担能力相对较弱的任务。海洋运输的优缺点如表 8-1 所示。

表 8-1　海洋运输的优缺点

优　　点	缺　　点
长距离运输，运费低廉	运输速度较慢
原材料可以散装上船	港口设施建设需要高额费用
适用于重物和大批量运输	运输时间难以保证
节能	容易受天气影响

8.3.2　国际公路运输

1. 国际公路运输的概念

国际公路运输是指国际货物借助一定的运载工具，沿着公路作跨及两个或两个以上国家或地区的移动过程。目前世界各国的国际货物公路运输一般都以汽车作为运输工具，所以国际公路运输实际上也就是指国际汽车货物运输。

为了统一公路运输所使用的运输单证和承托双方的责任与权利，欧洲经济委员会制定了《国际公路货物运输合同公约》，于 1961 年 7 月 2 日生效。该公约共有 12 章 51 条，就公约的适用范围、承运人与托运人的责任、合同的签订与履行、索赔与诉讼以及连续承运人履行合同等方面做了较为详细的规定。

2. 我国公路运输的基础设施

我国公路运输的基础设施包括各种等级的公路、桥梁和隧道。

按公路使用材料的不同，将公路分为高速公路、一级公路、二级公路、三级公路和四级公路五个等级。

按公路通达地点的级别，将公路分为国家公路(国道)、省级公路(省道)、县级公路(县道)、乡村道路以及专用公路五个等级。

国道和省道称为干线，县道和乡村道路称为支线。

国道的编号规定如下：以北京为中线向四周呈放射状的，编号以"1"字开头；南北向的，编号以"2"字开头；东西向的，编号以"3"字开头；"五纵七横"主干线，编号以"0"字开头。

桥梁和涵洞用来跨越河流，车辆在上面运行；隧道用来穿越山丘，车辆在隧道内运行。桥梁、涵洞和隧道统称为桥隧。

3. 我国公路运输的运载工具

我国公路运输的运载工具包括普通货车、厢式货车、专用车辆、自卸车、牵引车和挂车。

普通货车按照载重量大小分为重型货车(8 吨以上)、中型货车(2～8 吨)、轻型货车(2 吨以下)及微型货车(1 吨以下)。

4. 公路运输的特点

公路运输虽然运量少，但机动灵活；直达性能好，可以实现"门到门"(door to door)

运输;适应性强,受地理、气候条件影响小且运行范围广,可以穿越街巷进入山区、到工厂、下田间,直接把物资运到仓库、商店、工矿企业和乡村田头;可以广泛地参与到其他运输方式的联运中,是港口、铁路、车站物资集散的必要手段。

公路运输适合承担短距离且运量不大的货运任务。公路运输的优缺点如表8-2所示。

表8-2 公路运输的优缺点

优 点	缺 点
可以实行门到门服务	不适宜大批量运输
适合近距离运输(经济半径:≤500 km)	长距离运输运费高昂
容易装车	易污染环境,发生事故
适应性强,可作为其他方式的衔接手段	耗能较大

8.3.3 国际铁路运输

我国对外贸易货物的国际铁路运输由国际铁路联运、对港澳地区货物的铁路运输和国内铁路运输三个部分组成。

1. 国际铁路联运

国际铁路联运是指使用一份统一的国际铁路联运票据,由跨国铁路联运人办理两国或两国以上铁路的全程运输,并承担运输责任的一种连贯运输方式。

2. 对港澳地区货物的铁路运输

对港澳地区货物的铁路运输不属于国际铁路货物联运。对于供应香港的货物,先由国内产地将货物由铁路运至深圳北站,经当地外运公司接货、报关后,再统一向铁路租车,原车过轨,并委托香港中国旅行社续办港段铁路的托运、押送和在终点站交付收货人的工作。其运输特点可以概括为"租车方式、两票运输"。对于供应澳门的货物,则先由国内产地将货物由铁路运至广州,再用卡车或驳船运往澳门。

3. 国内铁路运输

国内铁路运输是指海运进口货物由港口经铁路转运到各地用货部门,或者海运出口货物由产地经铁路集运到港口装船,以及各省、市、自治区之间外贸物资的调拨供应运输。这些都应根据我国铁道部颁布的《国内铁路货物运输规程》的规定进行办理。

铁路运输适合承担中长距离且运量大的货运任务。铁路运输的优缺点如表8-3所示。

表8-3 铁路运输的优缺点

优 点	缺 点
不受天气影响,稳定安全	短距离运输运费昂贵
按计划、定时运行	运费没有伸缩性
中长距离运费低廉(经济半径:≥200 km)	无法实现门到门服务
可以大批量、高速运输	车站固定,机动性差
节能环保	货物停滞时间长

8.3.4 国际航空运输

国际航空运输是指由跨国航空承运人办理两国之间空运的全程运输，并承担运输责任的一种现代化运输方式。

1. 航空运输的基础设施——机场

我国习惯上将大型民用航空机场称为空港，将小型民用机场称为航站。

按航行范围的不同，民用航空机场可分为国际航空港和国内航空港两类。

按重要性和客货流量的不同，机场可分为三类：枢纽机场(国际国内航线密集)、干线机场(国内航线为主，国际航线为辅)、支线机场(只有国内航线)。

2. 航空运输的工具——飞机

飞机按动力装置的不同可分为螺旋桨飞机和喷气式飞机两种。

飞机按航程远近的不同，可分为短程飞机(航程≤1000 km，一般用于国内支线)、近程飞机(航程≤3000 km，一般用于国内主要干线)、中程飞机(航程≤5000 km，一般用于洲内主要干线)和远程飞机(航程≤8000 km，用于洲际航线)。

飞机按运送对象的不同，可分为专门运送旅客的客机、专门运输货物的全货机和客货混用机。

飞机按机身尺寸的不同，可分为窄体飞机(机身宽度约为 3 m)和宽体飞机(机身宽度≥4.7 m)。

3. 航空运输的特点

航空运输运送速度较快，安全性能较高，货物破损较小，不受地理条件的限制，可以四通八达地通往世界各地。同时，由于运输环境较好，可以节省包装费、保险费和储存费。由于航空运输的速度快，因此也称为"桌到桌运输"(desk to desk service)。但航空运输的运量小，运输费用高。航空运输最适宜运载鲜活易腐等特种货物、紧急需要的物资和精密仪表、计算机、照相机、胶片、手表、钻石、丝绸、裘皮、羊绒、服装等价值较高的物品。随着新技术的不断发展，产品生命周期日益缩短，产品由重、厚、长、大向轻、薄、短、小的方向发展。因此，今后适合使用航空运输的商品将越来越多，航空运输的重要性也将日益凸显。

航空运输适合承担运量较少、距离较远、对时效性要求较高、运费负担能力较强的任务。航空运输的优缺点如表 8-4 所示。

表 8-4　航空运输的优缺点

优　　点	缺　　点
运送速度快	运费高
只需简单的包装	受重量限制
货损少、安全	受气象条件限制

8.3.5 国际集装箱运输

1. 集装箱运输的概念

集装箱运输是指将一定数量的单件货物装入特制的标准规格的集装箱内，以集装箱作为运输单位进行货物运输的一种现代化的运输方式，它可适用于海洋运输、铁路运输及国际多式联运等，因此在国际货物运输中被广泛使用。

2．集装箱运输的优点

集装箱运输提高了装卸效率，提高了港口的吞吐能力，加速了船舶的周转和港口的疏港；减少了货物装卸次数，减少了货损货差；节省了包装费、作业费等各项费用，降低了货运成本；简化了货运手续；把传统的单一运输串联成为连贯的成组运输，大大促进了国际多式联运的发展。

3．集装箱运输的方式

根据货物装箱数量和方式的不同，集装箱运输可以分为整箱和拼箱两种方式。

整箱(full container load，FCL)是指货主将货物装满整箱后，以箱为单位办理托运。一般做法是由承运人将空箱运到工厂或仓库后，在海关工作人员的监督下，货主把货装入箱内，加封、铅封后交承运人并取得站场收据(dock receipt)，最后凭站场收据换取提单。

拼箱(less than container load，LCL)则是指承运人或其代理人接受货主托运的数量不足以装满整箱的小票货物后，根据货物性质和目的地的不同进行分类，整理、集中、装箱、交货等工作均在承运人码头集装箱货运站或内陆集装箱转运站进行。

4．集装箱运输的费用

以海洋运输为例，集装箱运输的费用包括内陆或装运港室内运输费、拼箱服务费、堆场服务费、海运运费、集装箱及其设备使用费等。

集装箱海运的运费基本分为两类：一类是散货价，即以每吨运费为计费单位；另一类是包箱价，以每个集装箱为计费单位。

常见的包箱费率有三种表现形式：FAK(freight all kinds rate)，即不分品种的同一运费，既不分货物种类，也不计货量，只规定按统一的每个集装箱收取的费率；FCS(freight for class)，即按不同货物等级制定的包箱费率；FCB(freight for class and basis)，即按不同货物等级或货类及计算标准制订的费率。

5．集装箱运输的装卸工具——起重机

起重机(crane)又称为吊车，是指在一定范围内垂直提升和水平搬运重物的多动作起重机械。起重机是一种做循环、间歇运动的机械。一个工作循环包括：取物装置从取物地把物品提起，然后水平移动到指定地点降下物品，接着进行反向运动，使取物装置返回原位，以便进行下一次循环。

8.3.6 国际多式联运

1．国际多式联运的概念

国际多式联运(international multimodal transport)又称国际联合一贯制运输，简称多式联运，是在集装箱运输的基础上产生和发展起来的，是指按照多式联运合同，以至少两种不同的运输方式，由多式联运经营人将货物从一国境内的接管地点运至另一国境内指定交付地点的货物运输。国际多式联运适用于海洋运输、航空运输、铁路运输和公路运输等多种运输方式。在国际贸易中，由于85%～90%的货物是通过海洋运输完成的，故海洋运输在国际多式联运中占据主导地位。

2．国际多式联运的必备要件

国际多式联运的必备条件如下：

(1) 必须有一份多式联运合同；

(2) 必须是国际间的货物运输；

(3) 必须是至少使用两种不同运输方式的连贯运输；

(4) 必须使用一份全程多式联运单证；

(5) 必须由一个多式联运经营人对货物运输的全程负责；

(6) 必须按单一运费率计收全程运费。

3．国际多式联运的优点

国际多式联运是国际货物运输的一种较高组织形式，它集中了各种运输方式的优点，将其扬长避短地融为一体，组成连贯运输，达到简化货运环节、加速国际货物周转、减少货损货差、降低运输成本、实现合理运输的目的。与传统的单一运输方式相比，国际多式联运具有以下几个方面的优点：

(1) 责任统一、手续简便。在全程运输过程中，无论距离远近，使用多少种运输工具，也不论途中经过多少次转换，一切运输事宜都由多式联运经营人统一负责办理，而货方只要与多式联运经营人办理一次托运，签订一个合同，支付一笔全程单一运费，取得一份联运单据，多式联运经营人就负责履行全部责任。由于责任统一，一旦发生问题，只需找多式联运经营人便可解决问题。

(2) 减少中间环节。国际多式联运可以有效地减少中间环节，缩短货运时间，降低货损货差，从而提高货运总体质量。

(3) 降低运输成本。由于中间环节的减少，运输成本可以大大降低，运杂费可以大幅缩减。

(4) 有利于实现门到门运输。采用多式联运，可以把货物从发货人所在地仓库直运至收货人所在地仓库，为实现门到门的直达连贯运输奠定了基础。

(5) 综合优势明显。国际多式联运具有运输时间短、成本低、手续简单、责任统一、安全准确、运送迅达、节省费用及提早收汇等一系列优点，是实现"门到门运输"的有效途径，具有明显的综合优势。

4．国际多式联运涉及的当事人

(1) 货方。货方是指与多式联运经营人签订多式联运合同，托运货物并产生索赔等关系的发货人及其代理人。

(2) 多式联运经营人。多式联运经营人是指与货方签订多式联运合同，对货方负有履行合同的责任，并对货物在全程运输过程中丢失损坏或延期交付所造成的损失承担赔偿责任的当事人。

(3) 分承运人。受多式联运经营人的委托，办理有关地区段(如海洋运输、航空运输、铁路运输、公路运输)实际运输业务的承运人。分承运人仅与多式联运经营人之间存在承托关系，而与发货人或其他代理人不发生任何联系。

8.4 国际物流中心

国际物流中心(international logistics center)是指国际物流活动中商品、物资等集散的场所。

就大范围国际物流而言，某些国家(如新加坡)或地区(如中国香港)可能成为物流中心。

就小范围国际物流而言，港口码头、保税仓库、外贸仓库或超级市场等也可能成为国际物流中心。

8.4.1 外贸仓库

外贸仓库(foreign trade warehouse)是进出口商品的集散、储存场所。外贸仓库不仅要完成进出口商品保管、储存的任务，还要担负商品加工、挑选、整理、包装、刷唛、备货、组装和发运等一系列的任务。

按照不同的分类标准，外贸仓库可以分为不同的类型。

1. 以仓库在商品流通中的主要职能为分类标准

(1) 口岸仓库。口岸仓库(port warehouse)又称为周转仓库，大多设在商品集中发运出口的沿海港口城市，主要职能是售出口岸和内地对外贸易业务部门收购的代运出口商品和进口待分拨的商品。

(2) 中转仓库。中转仓库(transit warehouse)大多设在商品生产集中的地区和出运港口之间，主要职能是按照商品的合理流向，收储、转运本省和外地经过口岸出口的商品。

(3) 加工仓库。加工仓库(processing warehouse)将出口商品的储存与加工业务结合在一起，其主要职能是对某些出口商品进行必要的挑选、整理、分装、改装和适应流通需要的加工，以方便储存和适应国际市场的需要。

(4) 储存仓库。储存仓库(storage warehouse)的主要职能是用于储存待销的出口商品、援外的储备物资、进口待分拨和出口业务需要储备的物资等。

2. 以储存商品的性能及技术设备为分类标准

(1) 通用仓库。通用仓库(general warehouse)用于储存没有特殊要求的商品，其设施、技术相对较简单，适用范围较广。

(2) 专用仓库。专用仓库(dedicated warehouse)用于储存易受外界环境或其他商品影响而发生质量变化的商品。它采用相对专业化的设备或专门技术来专门存放某类或某几类商品。

(3) 特种仓库。特种仓库(special warehouse)用以储存具有特殊性能、要求使用特殊保管设备和保管技术的商品，如危险品、易腐蚀品、石油、部分药品等。特种仓库配备了制冷、保温、防爆、防燃烧等专门的设施设备，以满足商品储存的特殊要求。

3. 以仓库管理体制为分类标准

(1) 自用仓库。自用仓库(private warehouses)由各进出口专业公司自行经营管理。

(2) 公用仓库。公用仓库(public warehouse)由外贸运输公司经营管理，为各进出口专业公司的商品流通服务。

(3) 保税仓库。保税仓库(bonded warehouse)是根据有关法律和进出口贸易的规定，专门保管国外进口而暂未缴纳进口税的商品的仓库，由海关实行统一的监督和管理。

8.4.2 保税仓库与保税区

1. 保税仓库

1) 保税仓库的概念

保税仓库是经海关批准专门用于存放保税货物及其他尚未办结纳税手续的货物的仓库。

保税货物(bonded goods)是指经海关批准进境后缓办纳税手续，在国内储存，待加工、装配后复运出境的货物。此类货物若在规定的期限内复运出境，则必须正式向海关办理进口手续并缴纳关税，才能出库。

2) 保税仓库的类型

(1) 专业保税仓库。专业保税仓库(professional bonded warehouse)是由有外贸经营权的企业经海关批准而建立的自管自用的保税仓库。

(2) 公共保税仓库。公共保税仓库(public bonded warehouse)是由具有法人资格的经济实体经海关批准而建立的综合性保税仓库。公共保税仓库一般不经营进出口商品，服务对象仅为国内外保税货物持有者。

(3) 保税工厂。保税工厂(bonded factory)是在海关监督管理下，专门生产进料加工、进件装配复出口产品的工厂。

(4) 海关监管仓库。海关监管仓库(warehouse under customs supervision)主要用于存放已进境但所有人尚未提取的货物或行李物品，或者无证到货、单证不齐、手续不完备以及违反海关规程，海关不予放行，需要暂存海关监管仓库等候海关处理的货物。

2. 保税区

保税区(duty-free zone)亦称保税仓库区，是一国海关设置的或经海关批准注册、受海关监督和管理的可以较长时间存储商品的区域。保税区是经国务院批准设立的、海关实施特殊监管的经济区域，也是我国目前开放度和自由度最大的经济区域。

设立保税区的目的是改善投资环境和吸引外资。保税区的功能定位为保税仓储、出口加工、转口贸易三大功能。

1990年6月，经中央批准，在上海创办了中国第一保税区——上海外高桥保税区。1992年以来，又有14个保税区和一个享有保税区优惠政策的经济开发区被陆续批准设立，即天津港、大连、张家港、深圳沙头角、深圳福田、福州、海口、厦门象屿、广州、青岛、宁波、汕头、深圳盐田港、珠海保税区以及海南洋浦经济开发区。

8.4.3 自由贸易区

1. 自由贸易区的概念

自由贸易区(free trade area)是指签订自由贸易协定的成员国相互彻底取消商品贸易中

的关税和数量限制，使商品在各成员国之间可以自由流动，但是各成员国仍保持自己对来自非成员国进口商品的限制政策。

2．自由贸易区的分类

1）以性质为分类标准

以性质为分类标准，自由贸易区可分为商业自由区和工业自由区。前者不允许货物的拆包零售和加工制造；后者允许免税进口原料、元件和辅料，并指定加工作业区加工制造。

2）以功能为分类标准

(1) 转口集散型。这类自由贸易区利用优越的自然地理环境从事货物转口及分拨、货物储存、商业性加工等，最突出的是巴拿马的科隆自由贸易区。

(2) 贸工结合、以贸为主型。这类自由贸易区以从事进出口贸易为主，兼顾一些简单的加工和装配制造，在发展中国家最为普遍，如阿联酋迪拜港自由港区。

(3) 出口加工型。这类自由贸易区主要以从事加工为主，以转口贸易、国际贸易、仓储运输服务为辅，如尼日利亚自由贸易区。

(4) 保税仓储型。这类自由贸易区主要以保税为主，免除外国货物进出口手续，较长时间处于保税状态，如荷兰阿姆斯特丹港自由贸易区。

3．自由贸易区的基本功能

自由贸易区内允许外国船舶自由进出，外国货物免税进口，取消对进口货物的配额管制，也是自由港的进一步延伸，是一个国家对外开放的一种特殊的功能区域。

自由贸易区除了具有自由港的大部分特点外，还可以吸引外资设厂，发展出口加工企业，允许和鼓励外资设立大的商业企业、金融机构等促进区内经济综合、全面地发展。自由贸易区的局限在于，它会导致商品流向的扭曲和避税。如果没有其他措施作为补充，第三国很可能将货物先运进一体化组织中实行较低关税或贸易壁垒的成员国，再将货物转运到实行高贸易壁垒的成员国。为了避免出现这种商品流向的扭曲，自由贸易区组织均制订原产地原则，规定只有自由贸易区成员国的原产地产品才享受成员国之间给予的自由贸易待遇。理论上，凡是制成品在成员国境内生产的价值额占到产品价值总额的 50% 以上时，此类产品均应视为原产地产品。

8.5 国际物流方式的选择

8.5.1 直接联系国际快递公司

直接联系国际快递公司可以拨打其公布的 400 或 800 服务电话。但直接联系国际快递公司发货时，如果货主的发货量较少，基本上无法获得价格折扣。国际快递公司提供三种物流方式可供选择：商业快递、邮政包裹、EMS。商业快递是服务质量相对较高，时效性相对较强，可追踪性相对较好，费用也相对较高的方式；邮政包裹是时效性相对较低，追踪效果相对较差，费用也相对较低的方式；EMS 则由于时效性和价格都相对适中，成为许多卖家选择较多的一种物流方式。

不同的国际快递公司提供的物流服务各有优势。UPS(联合包裹国际快递有限公司)发往美国的时效性和价格较有优势;EMS 的清关能力较强。卖家应根据货物的性质、客户所处的地区、客户的运输要求等信息来选择物流方式。具体可以参照如下做法:

(1) 在运输方式的选择上,卖家应为客户做全方位的考虑,包括运费、安全性、运送速度、是否需要交纳关税等。

(2) 在满足货物安全性和速度的情况下,应尽量为客户选择费用低廉的服务方式。EMS虽然在服务质量与时效性上都比其他四大国际快递公司(DHL(敦豪国际快递有限公司,德国邮政控股)、TNT(天地快件有限公司,荷兰邮政控股)、Fed Ex(联邦快递有限公司)、UPS)逊色,但其具有非常明显的价格优势。

(3) 卖家可以列出常用的物流方式及折扣,让客户自行选择物流方式。

8.5.2　选择国际货运代理公司代为发货

由于绝大部分小卖家的发货量都不大,很难直接与 UPS、DHL、TNT、Fed Ex 及邮局等承运商进行协商,获得比较大的优惠折扣,因此,联系各主要城市的国际货运代理公司(简称国际货代公司)上门收件代为发货成为不少小卖家的选择。国际货代公司可以直接给予小卖家相对优惠的折扣。但是选择国际货代公司的缺点是一旦发生异常情况,有索赔需求时,通常效率较低。

1. 国际货运代理

《中华人民共和国国际货物运输代理业管理规定》(1995)对国际货运代理所做的定义是:接受进出口货物收货人、发货人的委托,以委托人的名义或者自己的名义,为委托人办理国际货物运输及相关业务并收取服务费的行业。换句话说,国际货运代理是根据客户的指示,并为客户的利益而揽取货物运输的人,其本身并非承运人。

2. 国际货运代理的业务范围

国际货运代理的业务范围如下:

(1) 揽货、订舱(含租船、包机、包舱)、托运、仓储、包装。

(2) 货物的监装、监卸,集装箱装拆箱、分拨、中转及相关的短途运输服务。

(3) 报关、报检、报验、办理保险。

(4) 缮制签发有关单证、交付运费、结算及交付杂费。

(5) 国际展品、私人物品及过境货物运输代理。

(6) 国际多式联运、集运(含集装箱拼箱)。

(7) 国际快递(不含私人信函)。

(8) 咨询及其他国际货运单代理业务。

3. 国际货代公司的服务流程

国际货代公司的服务流程如下:

(1) 卖家与国际货代公司联系(可以在线下寻找)。

(2) 货代公司根据卖家实力在快递公司标准运费的基础上给予一定的折扣(一般发货量

越大,折扣越大)。

(3) 卖家获得订单,联系货代公司发货,一般货代公司都有上门取货的服务。

(4) 货代公司将货物通过快递公司发送出去,并提供给卖家货物跟踪号以供查询和收款。

4.判断国际货代公司资质的方法

判断国际货代公司资质的方法有以下三种:

(1) 根据该货代公司是否持有《(国际)快递业务经营许可》来判断。一般能直接承接(国际)快递业务的货代公司都有国家邮政局颁发的《(国际)快递业务经营许可》,没有《(国际)快递业务经营许可》的货代公司则需要通过其他渠道将货物转交给能直接承接国际快递业务的货代公司进行发货。

(2) 根据企业营业执照上载明的经营范围来判断该货代公司是否能够承接国际快递业务的代理。

(3) 通过国家商务部网站查询货代公司是否有登记备案。

8.6　跨境电子商务物流

8.6.1　跨境电子商务的概念

跨境电子商务是指分属不同关境的交易主体,通过电子商务平台达成交易,进行支付结算,并通过跨境物流送达商品、完成交易的一种国际商业活动。

跨境电子商务的三个要素如下:

(1) 交易双方分属不同关境。

(2) 通过自营或者第三方平台支付交易。

(3) 需要通过国际物流送往他国。

跨境电子商务有狭义和广义两层含义。

从狭义上看,跨境电子商务实际上基本等同于跨境零售(B2C)。跨境零售指的是分属于不同关境的交易主体,借助计算机网络达成交易,进行支付结算,并采用快件、小包等行邮的方式通过跨境物流将商品送达消费者手中的交易过程。跨境电子商务在国际上流行的说法叫 Cross-border E-commerce。

从广义上看,跨境电子商务基本等同于外贸电商(B2B+B2C),它是指分属不同关境的交易主体,通过电子商务的手段将传统进出口贸易中的展示、洽谈和成交环节电子化,并通过跨境物流送达商品、完成交易的一种国际商业活动。

跨境电子商务形式上是基于互联网开创的一种交易手段和渠道,是"互联网+外贸"的一种商务模式,本质上是全球供应链的整合。

8.6.2　跨境电子商务物流模式

1.国际邮政小包

国际邮政小包常见的有中国邮政小包、中国邮政 e 邮宝、新加坡邮政小包、香港邮政小包、比利时邮政、俄罗斯邮政等，是现阶段中小型企业B2C跨境电子商务最为普及的跨境物流配送模式。中国邮政(EMS)网点遍及全国各个乡镇，覆盖面广，可以为任何地方的国内卖家服务，对于卖家而言十分便捷。中国邮政是将卖方投递的货物通过国际空邮寄送到国外客户手中的一种服务。同时，国际邮政小包受制于其规定的重量、体积、产品属性等，但因卖方在投递后报关报检等手续皆由邮政代办，依旧受到生产销售电子产品、饰品、配件、服装、工艺品等一些少量易包装轻工业产品中小企业的青睐。总而言之，国际邮政小包的优点包括；交寄方便，价格相对较低；邮政网点遍布全球，覆盖面广。劣势在于投递时间长；价格波动大，折扣率不统一；寄送过程中易掉件，丢包率高；退换货困难，用户体验差；受商品体积、重量限制。目前各个国家正在不断收紧清关政策，致使邮政小包的优势面临严重威胁，许多中小跨境电子商务企业应着手探索其他便利的跨境物流模式。

2. 国际快递

国际快递是中小型企业跨境电子商务另一种常用的物流模式，是在两个或者两个以上的国家(或地区)进行的物流业务，由国际快递公司将货物从一个国家(或地区)寄送到另一个国家(或地区)的服务。常见的国际快递有 EMS、DHL、TNT、Fed Ex、UPS；国内快递有顺丰快递、申通快递等。从国际上的五大快递可以发现，不同的国家、地区对各个国际快递公司的市场反应程度不同。作为国内中小型企业跨境电子商务，在选择合作物流快递时，应该了解各自货物销往国家及地区的快递公司的竞争优势和派送优势，方便节约快递配送成本。国际快递的特点是可以根据不同的客户群体在不同的国家(或地区)对任何合规商品，不论其种类、体积、重量、大小都可以实现全球范围内3～5天的物流速递。其优点是时效性强，货物安全性较高，丢包率低，可以实时进行网上物流追踪，唯一的劣势是物流费用高。

3. 跨境专线物流

跨境专线物流是指结合目的国(或地区)的快递业务数量而定制的跨境物流路线，特点是"四个固定"，即固定的起止点、固定的运输路线、固定的运输工具、固定的运输时间，而设计的跨境物流线路以实现规模化批量转运。这种物流服务模式是国内公司收件后通过航空包仓的方式运输到目的国，再通过国外的公司进行分拣与派送。物流专线有利于解决各企业因为运输时间和运输量不足导致的货物延迟运送的问题，为有固定路线的企业跨境电子商务带来很多优惠与便利，是解决物流问题较好的方案。目前，市场上比较常用的专线物流产品有美国专线(国际E邮宝(ePacket))、俄罗斯专线(Russian Air)、中东专线(Aramex快递)、西班牙专线、澳洲专线等。专线物流的投递周期一般是7～14天或者14～21天。跨境专线物流的优势在于规模化效应使费用略低于商业快递，时效性略高于邮政物流，丢包率也较低，为有固定销售线路的跨境电子商务企业带来了很多便利；劣势包括专线物流遇到退货时较难处理，费用比邮政小包也高了不少，同时物流专线在国内覆盖的地区有待拓展，而且其到达目的国(或地区)后仍然需要和当地的邮政或物流公司合作，存在继续派送延迟的可能，在时效性方面与商业快递相比仍存劣势。

4. 海外仓集货物流

海外仓的模式是指跨境电子商务企业在接到订单后，从设在目的国(或地区)的货仓直接发货送达买家的一种集货物流模式。海外仓的设置者可以是从事跨境电商的卖家，也可以是外贸交易平台,还可以是物流服务商。而每个外贸交易平台的经营侧重点不同。例如,速卖通平台不同于 ebay 等平台,其本身不参与海外仓的建设,但其鼓励第三方物流公司参与为卖家提供海外仓的服务。基于良好的购物体验,目的国(或地区)当地的买家也更愿意购买有海外仓服务的产品。海外仓模式在货品流动方面分为三个流程(分别为头程运输、仓储管理和本地派送),并实现在仓储、分拣、包装、派送等方面在目的国(或地区)一站式的控制与管理,有效缩短了货品配送时间。海外仓集货物流成本费用主要由头程费用、税金、目的国当地派送费用、仓储管理服务费等组成。

海外仓模式的优势主要在于:成本适中;产品配送时间短,能有效改善客户体验;退换货在目的国(或地区)进行,灵活有效;产品销售的品类更丰富,大而重的货品也能销售。海外仓模式的劣势在于:如果有滞销的产品,将难以处理;出于海外仓储管理在成本层面的考虑,对库存管理提出了更高的要求。

跨境电子商务物流模式对比如表 8-5 所示。

表 8-5 跨境电子商务物流模式对比

物流模式	物流成本	配送时间	运输风险	运送货物种类	用户体验	物流信息跟踪
国际邮政小包	较低	较长	较高	较少	较差	一般
国际快递	较高	较短	较低	较少	较好	较好
国际物流专线	较高	较短	一般	较多	一般	一般
海外仓	较高	最短	较低	较多	较好	较好

8.6.3 影响跨境电子商务物流模式选择的主要因素

1. 物流成本

物流成本费用包括建设跨境物流网络的费用,跨境商品的通关税及各种税费,还有快递的运输费用等。一方面,不同物流模式的物流成本也存在较大差别,例如,国际邮政小包一般为国营,且有国家税收补贴,对于小批量物品,物流成本相对较低;国际物流专线对大批货物集中运输,利用规模效应降低了物流运输成本;海外仓的前期建设投入较大,但真正开始运营后其物流成本有条件降到很低。另一方面,物流成本在跨境电商经营成本中所占比例较大,如果物流成本太高,不仅降低了商品的利润,同时使一些价格较低的商品缺少价格竞争力,甚至不可能采用跨境电商的模式。

2. 产品配送时间

跨境电子商务产品从一国运输到另一国所需的物流配送时间很长,一些中小型跨境企业为了降低跨境成本,一般会选择价格较低的国际邮政小包和国际物流专线。据调查发现,通过国际邮政小包寄往欧美国家的商品大多数都要超过 20 天的运送时间,有的甚至超过1个月,到达巴西、俄罗斯等国物流欠发达的边远地区所需的时间就更长了。

3. 物流信息跟踪

跨境物流分为境内运输段和境外运输段,境内外的物流信息化程度发展不一致,不同国家物流渠道的信息系统无对接等原因，导致并非所有的物流模式都可以通过系统进行信息跟踪。例如，四大国际物流公司运营的快递都可以实时查询到物流运态，而对于国际邮政小包，有些国家可查询到包裹信息，有些国家查询不到或信息不准确。无法跟踪物流信息或查询到的物流信息与实际物流信息不相符的情况就会导致国外用户购物体验差，易降低客户的满意度与忠诚度。

8.6.4 跨境电子商务企业选择跨境物流模式应考虑的要素

1. 货物类型

每个行业的产品在包装、规格、材料、质量等方面各有不同，因此，在选择物流模式时应根据各自的产品属性，选择合适的物流模式，以节约物流成本，增加企业利益。例如，鞋类、服装等轻薄柔软的产品可以选择国际邮政小包，此类产品不怕挤压，不用担心货物在运输过程中发生损害，运费较低。又比如，国际物流上对带电产品(带磁、木制品类似)有严格的限制，因此在物流模式或线路的选择上，只能选择支持带电产品的线路或模式。

2. 交易量规模

跨境电子商务企业根据国外客户的订单准备出口货物，每个订单的订单量大小成为跨境电子商务企业选择物流模式的重要因素之一，根据交易量的规模选择价格最实惠的物流模式。对于交易量规模较大的订单，跨境电子商务企业可以选择国际物流专线或者国际快递(特别是国际快递采取的是折扣式定价机制，对订单量大、能集中发货的客户提供较大的折扣)。这两种模式的优势很明显，当物流规模较大时，运输费用相对较低，配送时间短，安全性较高。对于销售量比较稳定的地区，交易量规模较大，还可以采用海运的运输方式，大大降低物流成本。

3. 配送范围

跨境电子商务企业在选择物流模式时，首先应根据客户所在地区的各物流企业发展成熟度进行市场研究和对比，从而选择在当地发展状况良好、配送范围广泛、能够满足跨境企业需求的跨境物流模式。例如，很多快递无法直接到达偏远的地区，这时就是国际邮政发挥作用的时候，利用其遍布全球的邮政网点，可以将商品送到世界的每个角落。如果市场范围内有专线支持，专线在物流时间和成本上都有优势；如果最终客户是个人，企业当然还需要与当地快递公司配合，完成最后入户配送。

4. 企业实力

企业实力的强弱直接影响跨境物流的选择，实力雄厚的企业可以建立自己的物流系统，制定合适的物流需求计划，保证物流服务的质量。当然海外仓也是最好的选择，除去前期的运营成本，海外仓不论在运输费用、配送时效性、运送安全性、货物多样性、客户体验及满意程度上都占有很大的绝对优势。实力有限的中小型跨境电子商务企业在选择物流模式时就存在诸多限制条件，只能在现有的物流模式中选择相对适合企业的物流。相对高昂的物流费用减少了跨境企业的利润，长此以往就会影响到企业自身实力的发展。

5. 客户要求

商界秉持着"顾客就是上帝"的真理，一切以顾客为先，顾客的要求对跨境企业的物流模式选择有着关键的作用。在客户对于时效性要求较强的情况下，国际快递可以在5~7天内将货物送到客户手中。海外仓模式利用自身优势，可在客户所在地发货，在当地直接发国内快递，使客户享受国内快递的快速服务，省去大量在运输、转运、清关、商检上的时间。如果客户对货物运输的物流时间没有特殊要求，跨境电子商务企业就可以自由选择物流模式，既可以选择在价格上较实惠的专线物流，也可以选择时效长但价格最低的国际邮政小包，以此控制商品的物流成本。

本 章 小 结

本章首先介绍了国际物流的概念及特点，分析了国际物流与国际贸易的关系；其次，介绍了国际物流的业务流程；再次，介绍了国际物流的运输方式，详细介绍了国际海洋运输、国际公路运输、国际铁路运输、国际航空运输的优、缺点，以及国际集装箱运输的概念、优点及方式和国际多式联运的概念、必备要件、优点及涉及的当事人；之后，介绍了各种类型的国际物流中心；最后，介绍了跨境电子商务的概念及物流模式，以及影响跨境电子商务物流模式选择的主要因素，分析了跨境电子商务企业选择跨境物流模式应考虑的要素。

讨 论 案 例

海外仓储服务

在跨境电商行业蓬勃发展的进程中，迸发出了很多行业的周边服务。如FBA头程、小包、专线、海外仓储等。海外仓储服务在近两年比较火。下面就一起来了解什么是海外仓储服务？有什么优势？

什么是海外仓储服务？

海外仓储服务是由海外仓物流服务商提供的一项除本国外在其他国建立的海外仓储物流服务，可以为跨境卖家提供目的国的仓储，用来存放卖家在跨境平台上售卖的产品。当然，海外仓储并不是只提供字面上的仓储服务，大部分的物流服务商都会提供一站式(包括分拣、包装、派送等)的服务，海拓通海外仓储还提供 FBA 退换货、转仓、重打或代贴标签、FBA 产品检测、代缴关税、保险等服务。

海外仓储服务有什么作用？

跨境卖家选择了海外仓储服务，可以大大缩短配送时间，降低物流运费，且为客户收到产品后，提供轻松的退换货。有了良好的购物体验后，也可以增加客户回购率，同时，提高产品销量以及品牌口碑，而且海外仓储服务并不局限于亚马逊平台，在速卖通、eBay、wish 等跨境电商平台中也可以使用。

海外仓储服务有什么优势?

(1) 海外仓的优势来自发货的速度以及客户体验,比如,一个包裹从中国发出需要 15 天左右,在海外仓发出则只需要 3~7 天,同时从物流跟踪信息上来看是从本地发出的,而非中国,并且海外仓整体价格很有优势,与小包的价格相当,比快递便宜 20%~50%。

(2) 使用海外仓可以降低物流成本,另外由于发货速度加快,卖家可以提高产品的售价,增加毛利,在使用海外仓后,每件产品的毛利提高了 20~30 元人民币。

(3) 提高客户满意度。现在买家越来越注重网购的时效和售后服务。海外仓可以提供退换货服务,海外仓可以让买家更快地收到商品,并且支持退换货。

(4) 不再因为无法派送国家或是非本地出货而错过订单。

(5) 有利于开拓市场。使用海外仓可以拥有与当地卖家相同的竞争力。因为海外仓更能得到国外买家的认可;另外一方面,如果卖家注意口碑营销,自己的商品在当地不仅能够获得买家的认可,也有利于卖家积累更多的资源去拓展市场,扩大产品销售领域与销售范围(突破航空禁运、重量、体积等物流限制,可拓展电子商品、汽配、家居、运动等优势品类)。

(6) 大幅提升利润空间。成本的降低、市场的开拓、客户满意度的提高等,都大大提升了利润空间。

(资料来源:连连跨境支付. 什么是海外仓储服务?有什么优势. https://global.lianlianpay.com/article_logistics/17-4294.html.)

根据材料思考以下问题:

1. 海外仓的应用能为跨境电子商务的发展带来哪些好处?
2. 什么样的跨境电商企业适合选择海外仓物流服务?请说明理由。

配套实训

1. 物流运费计算方式介绍:国内物流及国际物流的运费算法。
2. 物流运费计算练习。
3. 根据实物商品打包后的重量计算运费。

课后习题

一、名词解释

1. 海关　2. 报关　4. 保税仓库　5. 保税区　5. 自由经济区

二、填空题

1. 对港澳地区货物的铁路运输_____(属于、不属于)国际铁路货物联运。
2. 国际多式联运具有_____、_____、_____、_____、_____等优点。

3．海关承担着四项基本任务，包括_____、_____、_____、_____。

4．具有报关资格的企业有三种：_____、_____、_____。

5．保税仓库的类型包括_____、_____、_____和_____。

6．我国设立的第一个保税区是_____。

三、简答题

1．各种国际物流运输方式之间相比较，分别具有哪些优缺点？

2．简述集装箱作为运输设备应满足的要求。

3．什么是国际多式联运，开展国际多式联运必须具备哪些条件？

4．简述商品检验的内容及商品检验的时间和地点的选择方式。

5．列举常见的国际物流中心，并分别阐述其含义。

6．跨境电子商务企业选择跨境物流模式应考虑的要素有哪些？

参 考 文 献

[1]　阿里巴巴商学院. 电商运营[M]. 2 版. 北京：电子工业出版社，2019.

[2]　马莉婷，李捷，陈宇，等. 电子商务概论[M]. 2 版. 北京：北京理工大学出版社，2019.

[3]　廖小平，李俚. 现代物流采购与库存管理[M]. 北京：科学出版社，2019.

[4]　黄中鼎. 现代物流管理[M]. 4 版. 上海：复旦大学出版社，2019.

[5]　曾剑，邹敏，曾玉霞，等. 物流管理基础[M]. 4 版. 北京：机械工业出版社，2018.

[6]　王冬霞. 电子商务概论及实训[M]. 3 版. 北京：科学出版社，2018.

[7]　张余华. 现代物流管理[M]. 3 版. 北京：清华大学出版社，2017.

[8]　干冀春，王子建. 电子商务理论与实务[M]. 2 版. 北京：北京理工大学出版社，2017.

[9]　马士华，林勇. 供应链管理[M]. 5 版. 北京：机械工业出版社，2016.

[10]　胡燕灵，马洪娟，王英伟. 电子商务物流管理[M]. 2 版. 北京：清华大学出版社，2016.

[11]　冯耕中，刘伟华. 物流与供应链管理[M]. 2 版. 北京：中国人民大学出版社，2014.

[12]　殷延海. 物流运营方案设计与分析实践教程[M]. 2 版. 北京：清华大学出版社，2012.

[13]　毕婷婷. 利丰的虚拟供应链[J]. 公司理财，2011(7)：90-93.

[14]　王转. 配送与配送中心[M]. 北京：电子工业出版社，2010.

[15]　赵红梅. 虚拟整合供应链网络价值创造研究[D]. 成都：西南财经大学，2009.